U0906069

本书为中国・文物出版社和日本・平凡社合作出版《中国石窟・天水麦积山》的中文版，收录麦积山石窟自北魏迄明代计83窟龛的雕塑、壁画和外景，以及有关的论文等。

中國石窟

天水麦积山

麦积山石窟艺术研究所编

文物出版社

再版编辑　王　戈
责任印制　王　芳

图书在版编目（CIP）数据

天水麦积山／麦积山石窟艺术研究所编．—2 版．—北京：文物出版社，2013.7（2023.6 重印）

ISBN 978-7-5010-3736-0

Ⅰ.①天…　Ⅱ.①麦…　Ⅲ.①麦积山石窟-宗教石刻-摄影集　Ⅳ.①K879.214

中国版本图书馆 CIP 数据核字（2013）第 126928 号

中国石窟

天水麦积山

麦积山石窟艺术研究所　编

*

文物出版社出版发行

（北京市东城区东直门内北小街 2 号楼）

邮政编码：100007

http：//www.wenwu.com

文物出版社印刷厂有限公司印刷

新　华　书　店　经　销

开本：965mm×1270mm　1/16　印张：20　插页：1

2013 年 7 月第 2 版　2023 年 6 月第 2 版第 8 次印刷

ISBN 978-7-5010-3736-0　定价：380.00 元

天水麦积山

著者

王朝闻（中国艺术研究院副院长、研究员）

金维诺（中央美术学院教授）

孙纪元（天水麦积山石窟艺术研究所所长、副研究员）

张宝玺（甘肃省文物考古研究所助理研究员）

傅熹年（中国建筑技术发展中心建筑历史研究所高级建筑师）

邓健吾（成城大学教授）

蒋毅明（天水麦积山石窟艺术研究所资料室主任）

李西民（天水麦积山石窟艺术研究所美术室主任）

黄文昆（文物出版社编辑）

何静珍（敦煌研究院研究人员）

摄影

张宝玺

陈志安（文物出版社摄影师）

摄影助理

花平宁/孙永刚（天水麦积山石窟艺术研究所摄影师）

翻译

于可可（邓健吾《麦积山石窟的研究及早期石窟的两三个问题》）

英译

薹信祐尔

装帧

三村淳

仇德虎

责任编辑

黄文昆

山本恭一/林屋祥一

目　录

图版目录

193　第 92 窟　左壁　比丘尼　西魏
194　第 92 窟　右壁　比丘　西魏
195　第 162 窟　正壁、左壁　西魏
196　第 161 窟　正壁　坐佛（部分）　西魏
197　第 161 窟　左壁　佛弟子（部分）　西魏
198　第 161 窟　右壁　佛弟子（部分）　西魏
199　第 60 龛　坐佛、菩萨　西魏、隋
200　第 60 龛　右侧　菩萨（部分）　隋
201　第 60 龛　左侧　菩萨　西魏
202　第 60 龛　坐佛（部分）　西魏、隋
203　第 54 龛　坐佛（部分）　西魏、北周
204　第 54 龛　左侧　菩萨（部分）　西魏、北周
205　第 141 窟　正壁　佛龛　北周
206　第 141 窟　正壁左侧　菩萨（部分）　北周
207　第 141 窟　右壁后部　佛龛　北周
208　第 141 窟　左壁后部　佛龛　北周
209　第 45 窟　坐佛、菩萨　北周
210　第 55 龛　坐佛　北周
211　第 18 龛　坐佛（部分）　北周
212　第 36 窟　正壁左侧　菩萨　北周
213　第 36 窟　右壁后部　坐佛（部分）　北周、宋
214　第 36 窟　正壁右侧　菩萨（部分）　北周
215　第 22 窟　坐佛、佛弟子　北周
216　第 22 窟　正壁、左壁　佛弟子、菩萨（部分）　北周
217　第 22 窟　正壁龛内　坐佛（部分）　北周
218　第 62 窟　正壁　北周
219　第 62 窟　左壁　北周
220　第 62 窟　右壁　北周
221　第 62 窟　正壁、左壁　菩萨　北周
222　第 3 窟　千佛　北周
223　第 31 龛　北周
224　第 4 窟　前廊　北周
225　第 4 窟　廊左壁上部　维摩诘变龛　宋
226　第 4 窟　廊右壁上部　维摩诘变龛　宋
227　第 4 窟　廊左壁　力士　宋
228　第 4 窟　廊右壁　力士（部分）　宋
229　第 4 窟　廊正壁　天龙八部之一　北周
230　第 4 窟　廊正壁　天龙八部之一　北周
231　第 4 窟　廊正壁　天龙八部之一　北周
232　第 4 窟　廊正壁　天龙八部之一　北周
233　第 4 窟　廊正壁　天龙八部之一　北周
234　第 4 窟　廊右侧顶部　北周
235　第 4 窟　廊正壁龛上　飞天　北周
236　第 4 窟　廊右侧顶部　平棋　北周
237　第 4 窟　廊左侧顶部　平棋　北周
238　第 4 窟　廊正壁龛上　飞天　北周
239　第 4 窟　廊正壁龛上　飞天　北周
240　第 4 窟　廊正壁龛上　飞天　北周
241　第 4 窟　廊正壁龛上　飞天　北周

144 第43窟 外景 西魏
145 第30窟 外景 西魏
146 第43窟 龛内左侧 菩萨（部分） 宋
147 第43窟 龛内右侧 菩萨（部分） 宋
148 第43窟 龛壁左侧 供养菩萨 宋
149 第43窟 前部左侧 力士（部分） 宋
150 第43窟 前部右侧 力士（部分） 宋
151 第127窟 正壁 佛龛 西魏
152 第127窟 正壁龛内 佛项光（部分） 西魏
153 第127窟 正壁龛内 佛项光（部分） 西魏
154 第127窟 正壁龛内右侧 菩萨 西魏
155 第127窟 左壁龛内右侧 菩萨（部分） 西魏
156 第127窟 右壁龛内左侧 菩萨（部分） 西魏
157 第127窟 正壁龛上右侧 涅槃经变（部分） 西魏
158 第127窟 正壁龛内右侧 菩萨（部分） 西魏
159 第127窟 正壁龛上左侧 涅槃经变（部分） 西魏
160 第127窟 左壁龛上 维摩诘经变 西魏
161 第127窟 右壁龛上 西方净土变 西魏
162 第127窟 前壁门上右侧 七佛（部分） 西魏
163 第127窟 前壁门左侧 十善十恶（部分） 西魏
164 第127窟 窟顶右披 萨埵太子本生（部分） 西魏
165 第127窟 窟顶左披 萨埵太子本生（部分） 西魏
166 第127窟 窟顶正披 本生故事 西魏
167 第127窟 窟顶前披 睒子本生 西魏
168 第127窟 窟顶天井 帝释天 西魏
169 第127窟 窟顶右披 萨埵太子本生（部分） 西魏
170 第127窟 窟顶前披左侧 睒子本生（部分） 西魏
171 第127窟 窟顶前披左侧 睒子本生（部分） 西魏
172 第135窟 左壁 佛龛 西魏
173 第135窟 立佛、菩萨 西魏、宋
174 第135窟 倚坐佛（部分） 北周
175 第135窟 正壁中间龛上 涅槃经变（部分） 西魏
176 第135窟 正壁右侧龛上 涅槃经变（部分） 西魏
177 第135窟 前壁左侧龛上 涅槃经变（部分） 西魏
178 第110窟 前壁门上、窟顶 壁画 西魏
179 第20窟 外景
180 第20窟 正壁、左壁 坐佛、菩萨 西魏
181 第20窟 正壁 坐佛 西魏
182 第44窟 正壁 坐佛、菩萨 西魏
183 第44窟 正壁龛内 坐佛（部分） 西魏
184 第44窟 正壁右侧 菩萨（部分） 西魏
185 第44窟 左壁 佛弟子（部分） 西魏
186 第87窟 右壁前部 佛弟子（部分） 西魏
187 第88窟 正壁左侧 菩萨（部分） 西魏
188 第172窟 正壁、左壁 坐佛、菩萨、佛弟子（部分） 西魏
189 第132窟 内景 西魏
190 第146窟 正壁龛内 坐佛（部分） 西魏
191 第146窟 正壁右侧 菩萨 西魏
192 第147窟 正壁 佛龛 西魏

95　第 133 窟　第十号造像碑　北魏
96　第 133 窟　第十号造像碑　北魏
97　第 133 窟　第十一号造像碑（部分）　北魏
98　第 133 窟　第十一号造像碑（部分）　北魏
99　第 133 窟　第十二号造像碑　北魏
100　第 133 窟　第十三号造像碑　北魏
101　第 133 窟　第十六号造像碑　北魏
102　第 138 窟　坐佛　北魏
103　第 139 窟　左窟　菩萨、力士　北魏
104　第 139 窟　内景　北魏
105　第 140 窟　右壁前部　壁画　北魏
106　第 140 窟　正壁左侧　菩萨　北魏
107　第 140 窟　右壁前部　比丘尼（部分）　北魏
108　第 142 窟　正壁　北魏
109　第 142 窟　左壁　北魏
110　第 142 窟　右壁　北魏
111　第 142 窟　右壁、正壁　比丘尼、菩萨　北魏
112　第 142 窟　正壁、左壁　菩萨、比丘　北魏
113　第 142 窟　正壁、右壁　象头山瑞像　北魏
114　第 142 窟　正壁、左壁　牛头山瑞像　北魏
115　第 159 窟　正壁、右壁　坐佛、菩萨　北魏
116　第 159 窟　右壁　菩萨　北魏
117　第 159 窟　正壁、左壁　影塑　北魏
118　第 159 窟　正壁右侧　交脚菩萨　北魏
119　第 159 窟　正壁右侧　供养人　北魏
120　第 163 窟　右壁　倚坐佛　北魏
121　第 163 窟　右壁　菩萨（部分）　北魏
122　第 163 窟　左壁　北魏
123　第 98 龛　立佛、菩萨（部分）　北魏
124　第 98 龛　立佛（部分）　北魏
125　第 16 窟　正壁　坐佛　北魏
126　第 120 窟　正壁　坐佛（部分）　北魏
127　第 120 窟　右壁后部　菩萨（部分）　北魏
128　第 120 窟　正壁右侧　供养人　北魏
129　第 120 窟　正壁左侧　供养人　北魏
130　第 102 窟　正壁　坐佛（部分）　西魏
131　第 102 窟　右壁　文殊（部分）　西魏
132　第 102 窟　正壁右侧　佛弟子（部分）西魏
133　第 102 窟　正壁左侧　菩萨（部分）　西魏
134　第 102 窟　左壁　维摩诘　西魏
135　第 123 窟　正壁　西魏
136　第 123 窟　右壁　西魏
137　第 123 窟　左壁　西魏
138　第 123 窟　右壁　文殊　西魏
139　第 123 窟　左壁　维摩诘　西魏
140　第 123 窟　右壁前部　侍者　西魏
141　第 123 窟　左壁前部　侍者　西魏
142　第 123 窟　右壁前部　侍者（部分）　西魏
143　第 123 窟　左壁前部　侍者（部分）　西魏

46 第76窟 左壁 菩萨 北魏
47 第76窟 正壁右侧下部 供养人 北魏
48 第76窟 左壁前部 供养人 北魏
49 第76窟 右壁后侧下部 供养人 北魏
50 第76窟 正壁左侧下部 供养人 北魏
51 第169窟 正壁、左壁 交脚菩萨、菩萨 北魏
52 第69窟 北魏
53 第69窟 右壁 菩萨（部分） 北魏
54 第93窟 正壁右侧 影塑 北魏
55 第115窟 内景 北魏
56 第115窟 右壁 菩萨 北魏
57 第115窟 左壁 菩萨 北魏
58 第115窟 正壁 坐佛 北魏
59 第115窟 右壁后部 因缘故事 北魏
60 第114窟 正壁 坐佛 北魏
61 第114窟 左壁 菩萨、佛龛 北魏
62 第155窟 正壁 佛龛、菩萨 北魏
63 第155窟 正壁左侧上部龛 北魏
64 第155窟 左壁 佛弟子、佛龛 北魏
65 第23窟 正壁、右壁 坐佛、菩萨 北魏
66 第23窟 正壁右侧下部 供养人 北魏
67 第154窟 右壁前部 比丘尼 北魏
68 第154窟 窟顶 飞天 北魏
69 第154窟 前壁左侧 力士（部分） 北魏
70 第154窟 正壁左侧 力士（部分） 北魏
71 第85窟 右壁后部 佛弟子（部分） 北魏
72 第85窟 右壁前部 菩萨（部分） 北魏
73 第83窟 前壁右侧 力士（部分） 北魏
74 第112窟 前壁右侧 力士（部分） 北魏
75 第122窟 正壁左侧 比丘尼（部分） 北魏
76 第122窟 右壁、正壁 菩萨、比丘（部分） 北魏
77 第121窟 右壁、正壁 菩萨、比丘 北魏
78 第121窟 正壁龛内左壁 佛弟子 北魏
79 第121窟 右壁、正壁 菩萨、比丘（部分） 北魏
80 第121窟 正壁、左壁 比丘尼、菩萨 北魏
81 第121窟 正壁、左壁 比丘尼、菩萨（部分） 北魏
82 第101窟 正壁左侧 比丘尼 北魏
83 第101窟 右壁、正壁 菩萨、比丘 北魏
84 第101窟 左壁 交脚菩萨（部分） 北魏
85 第101窟 正壁左侧 比丘尼（部分） 北魏
86 第133窟 窟室前部 北魏、宋
87 第133窟 窟室前部 罗睺罗受记（部分） 宋
88 第133窟 第三号龛 北魏
89 第133窟 第一号龛内右壁 菩萨 北魏
90 第133窟 第十一号龛 龛楣 北魏
91 第133窟 第六号龛内右壁 菩萨（部分） 北魏
92 第133窟 第九号龛内右壁 佛弟子（部分） 北魏
93 第133窟 第一号造像碑 碑阳 北魏
94 第133窟 第一号造像碑 碑阴 北魏

242 第 4 窟　廊正壁龛上　飞天（部分）　北周
243 第 4 窟　廊正壁龛上　飞天（部分）　北周
244 第 4 窟　廊正壁龛上　飞天　北周
245 第 4 窟　第七号龛内正壁、右壁　坐佛、佛弟子、菩萨　隋、宋、明
246 第 4 窟　第六号龛内左壁　菩萨　隋、宋、明
247 第 4 窟　第六号龛内右壁　菩萨（部分）　隋、宋、明
248 第 9 窟　内景　北周、明、清
249 第 48 窟　龛外右侧　力士（部分）　北周
250 第 48 窟　左侧龛内　坐佛　元
251 第 48 窟　两龛中间　力士（部分）　北周
252 第 26 窟　窟顶正披　涅槃经变（部分）　北周
253 第 26 窟　窟顶右披　涅槃经变（部分）　北周
254 第 26 窟　窟顶左披　涅槃经变（部分）　北周
255 第 26 窟　窟顶正披右侧　涅槃经变（部分）　北周
256 第 27 窟　窟顶正披　法华经变（部分）　北周
257 第 26 窟　窟顶正披左侧　涅槃经变（部分）　北周
258 第 27 窟　窟顶左披　法华经变（部分）　北周
259 第 94 窟　内景　隋
260 第 94 窟　右侧　菩萨、佛弟子　隋
261 第 94 窟　左侧　佛弟子、菩萨　隋
262 第 67 龛　倚坐佛、菩萨　隋
263 第 67 龛　右侧　力士（部分）　隋
264 第 14 窟　正壁、左壁　菩萨、力士　隋
265 第 14 窟　正壁左侧　菩萨（部分）　隋
266 第 13 龛摩崖造像及周围窟龛
267 第 12 窟　正壁右侧　菩萨（部分）　隋
268 第 12 窟　正壁左侧　菩萨（部分）　隋
269 第 12 窟　前壁左侧　佛弟子（部分）　隋
270 第 12 窟　前壁右侧　佛弟子（部分）　隋
271 第 37 窟　右侧　菩萨（部分）　隋
272 第 24 窟　右侧　菩萨（部分）　隋
273 第 24 窟　左侧　菩萨（部分）　隋
274 第 24 窟　右侧　佛弟子（部分）　隋
275 第 160 窟　右壁　供养人　隋
276 第 160 窟顶右侧　飞天　隋
277 第 5 窟　外景　隋、唐
278 第 5 窟　廊正壁左侧　摩醯首罗天　隋、明
279 第 5 窟　廊正壁右侧　佛龛　隋、明
280 第 5 窟　廊正壁右侧　龛楣及龛上壁画　唐
281 第 5 窟　廊右侧顶部　平棋　唐
282 第 5 窟　廊正壁右侧龛上　西方净土变、供养人（部分）　唐
283 第 5 窟　廊正壁右侧龛上　供养人（部分）　唐
284 第 165 窟　正壁、左壁　菩萨、侍者　宋
285 第 165 窟　右壁、正壁　菩萨、侍者　宋
286 第 165 窟　右壁　菩萨（部分）　宋
287 第 165 窟　左壁　菩萨（部分）　宋
288 第 165 窟　正壁右侧　侍者（部分）　宋
289 第 165 窟　正壁左侧　侍者（部分）　宋
290 第 191 龛　龛外右侧　交脚菩萨　宋

291 第191龛 龛外左侧 交脚菩萨 宋
292 第191龛 龛内 坐佛（部分） 宋
293 第191龛 龛内右侧 佛弟子（部分） 宋
294 第191龛 龛下 迦楼罗（部分） 宋
295 第191龛 龛下左侧 狮子 宋
296 第35龛 正壁龛内 坐佛 元
297 第25龛 菩萨（部分） 明
298 第1窟 释迦涅槃（部分） 明

忆麦积山艺术　——代序

王朝闻

1953年7月的一个空气清新的晴天，我们——麦积山勘察团的朋友们，在甘肃省的主人陪同下，由天水步行，经过小得似乎只有牧羊人才行走的道路，沿着还有废旧磨坊的峡谷上行，终于老远看见衬托着蓝天的白云、形体好像一堆麦秸的麦积山。晚上，我们睡在崖下那座听得见野猪叫声或哄走野猪的土枪声的瑞应寺里。白天，在早已朽坏因而多年不能攀登、新近才修复的一部分栈道上，往来于涅槃窟、千佛廊、散花楼、七佛阁、牛儿堂和许多小得不能容人的石龛之间，我们或远或近、或俯或仰地观赏那些大约是从公元五世纪开始，经过隋、唐、宋直至明代的许多大大小小的泥塑佛像。也有为数很少的石雕佛像，可是，绝大多数是泥塑。在佛的头顶、肩部等处常见宿鸟和松鼠的爪痕，好在佛的脸部大多完整无损。也许因为附着在陡壁外面的木构建筑早已不存在，人们没有梯道可以攀登，而且远离城镇，附近又不见村庄，所以这些泥塑所遭受的破坏很小。应该承认，麦积山石窟的规模，显然不像云冈、龙门那么宏伟；壁画虽也很古老，但在数量上远逊于敦煌莫高窟；然而麦积山石窟艺术毕竟以独特的风采和魅力媲美于云冈、龙门和敦煌，而并列为中国的四大石窟。还应看到，麦积山的佛像作为人间相的写照，没有四川大足宝顶石雕或云南筇竹寺泥塑那样浓厚的世俗气；然而作为为宗教服务的雕塑，在神性与人性的关系的结合方面，应当说是很自由又很严谨的。佛的神态既不显得冷酷无情，也不过于缺乏神性因而显得市俗气太重。把人性与神性结合得那么自然和融洽的艺术匠师，没有给我们留下名姓，也很难揣测他们那创造性的构思过程。但他们富于魅力的创造成果，对于并不信仰宗教的我，不只钦佩他们的智慧和才能，而且对他们所创造的美感到陶醉。

任何事物作为和社会关系的体现都具有复杂性，不应当作出只有某一种意义的武断，正如茶可以解渴提神也可以体现主人对客人的敬意，医生对病人隐瞒死神的逼近并不等于可耻的欺骗，……这些都是不难理解的常情。可是经过“史无前例”的十年浩劫，处于偏僻之地的麦积山石窟艺术，居然能保存下来，真是不幸中的万幸。如今，由文物出版社和日本平凡社合作，要给麦积山石窟出版一本大型的专册，作为多卷集《中国石窟》中的一卷，对读者多方面地认识中国文化是很有必要的。

在1954年，文化部社会文化事业管理局编印了《麦积山石窟》画册。郑振铎先生为画册写了长序，对考察团的工作作了热情的肯定。有一百六十一幅图版和测绘图的这本画册，对读者了解麦积山石窟艺术颇有参考价值。三十多年来我没有机会再去麦积山，但我家里还有一些从麦积山复制的石膏像，因此仍可以常常间接地接触着麦积山石窟艺术，不免回忆起1953年在那里的一段有趣的生活。

在麦积山，我第一次走进狭小的第123窟，立即被其中的泥塑——特别是那个1米来高的女童的美所吸引，或者说我发现了前人对美的杰出的创造。在麦积山石窟雕塑群中，对我最富于魅力的是这个魏塑。在后来的宗教艺术作品中，不少的少女塑像往往妩媚有余而天真不足，都没有超过麦积山这个女童对我的艺术魅力。在1954年2月号《人民画报》上，发表了我在那前一年11月7日写成的《麦积山石窟艺术》。在那一篇文章里，描述过我对这个泥塑的感受:“我们似乎在什么地方见过她，又记不起在什么地方见过她。”现在我仍然觉得这些形象使我感到亲切。宣传宗教的艺术中出现这么动人的形象令我感到神奇。我还在那篇文章里说过,“容或在人们的想象中闪现过这样的形象，可是在造型艺术上难得看到这样夸张而确切的描写。”我没有可靠材料可以说明，一千几百年前的艺术匠师，能够这么惊人地创造出如此优美的形象，究竟主要是基于现实的童女给予他的印象，还是他那特定的审美理想作用于想象活动所使然？也许，这两个因素在他的艺术构思里都起了作用。

第123窟内，童女站在右壁、童男站在左壁。他们好象是尊像们的侍者，在结构上有点像释迦牟尼左右经常随侍着的弟子阿难和迦叶。也许，这两个服饰与佛教没有直接关系的童男、童女，在窟内正是以供养人身份出现的。不论他们的身份究竟如何，他们的表情却显示了对宗教的虔诚。坐佛的脸接近长方形，长颈，所谓神秘的微笑包含在端静的神态之中，代表了魏塑佛像的共同特点。然而与坐佛相互衬托着和呼应着的童男童女，却是在佛教雕塑里难得见到的。作为坐佛的侍从，不只表现了他们对佛的虔诚，更诱人的表现了少年人自身那憨厚中的聪慧、庄重中的稚气、严肃中的活泼……与其说这不过是艺术匠师再现他印象中的人物，不如说这可能是艺术匠师表现他理想中的人物，——也就是依靠想象，塑造了并非已经存在而是可能存在的人们愿望中的人物。然而，如果这真是尚未存在的愿望中的人物的表现，却又可能使我们感到似曾相识的熟悉和亲切。可见，作者真是善于将存在与可能存在二者在对立中统一起来的艺术大师。

如果说，这两个人物的创造表现了艺术匠师为宗教服务的被动性与表现自己对向往的生活中的美的主动性的对立统一，我以为在这样的创造里，主动性对于被动性占据着主导的地位。我无从判断这位艺术匠师是不是虔诚信仰佛教的信徒，也不知道他是不是也和善男信女一样企求神佛为他解除某些苦恼，从而把自己的信仰寄托在泥塑里。我只觉得，以钟爱的态度塑造了这一对童男童女的艺术匠师，肯定挚爱着他那理想中的人世间的生活。我儿时从庙里看见过大概是清代塑造的十八层地狱的丑恶景象，不只是感到厌恶，也感到恐惧，因而即使到了老年，那种令人恐惧的印象也曾再度出现在恶梦里，如果说上述两种雕塑都是为宗教作宣传的，作为诱导的前者较之作为恐吓的后者应更有实际的效果。今天我完全把它们当作艺术品来观赏，也许因为我看到过那种用上刀山、下油锅恐吓人的雕塑，觉得它们丑恶，所以就更乐于观赏像麦积山第 123 窟这样的泥塑。

在此，我不愿重复 1953 年对麦积山艺术的介绍，无意对其它各窟的作品一一发表观感，这不等于说只有第 123 窟的童男童女才是值得观赏的。每个读者都可能得到自己的独特感受，写序文以代言人自居未必是符合需要的。可能有人会说，宗教艺术拥有这么动人的形象就使它更有“麻醉性”。只是，在不信宗教的我看来，这样优美动人的艺术形象是具有很高审美价值的。

写这篇短文的同时，我作为休息而阅读了法国作家儒勒·凡尔纳的中篇小说《一张彩票》。在冰岛以南的风暴里，子爵号渔船撞上了浮动的冰山，年轻船员奥勒在一张彩票上给未婚妻写了几句诀别的话，把它装在一只玻璃瓶里希望它能被人发现。这种既是彩票又是信件的东西，终于转到他未婚妻于尔达手里。有点迷信的人们乐于购买这张只有百分之一的机会中大奖的彩票。开彩时它很可能变成一张分文不值的废纸，但于尔达从感情的角度看来它却是拥有永久价值的无价之宝。她拒绝出售这张彩票，不是以为可能中彩，她只把它看作遇难者临终的诀别，只是想把它当作值得留念的东西珍藏起来。这使我想到麦积山艺术，显然是佛教善男信女们崇拜的偶像，却又对我们提供了适应我们兴趣的审美价值。显然，任何客体对个性不同的主体，审美的意义都不是单一的。

在读过了这本书《中国石窟·天水麦积山》之后，愿大家对麦积山艺术都有自己的理解和感受。

1985 年 12 月于北京东郊

1 麦积烟雨

3 第78龛 正壁、右壁 北魏

4　第78龛　右壁　坐佛　北魏

5 第78龛　正壁　坐佛　北魏

◀ 6　第78龛　正壁　坐佛（部分）　北魏

7　第78龛　正壁右侧上部龛　北魏

8　第78龛　正壁左侧上部龛　北魏

9　第78龛　正壁右侧　菩萨（部分）　隋

10　第78龛　正壁左侧　菩萨（部分）　北魏

11 第78龛　佛坛　供养人　北魏

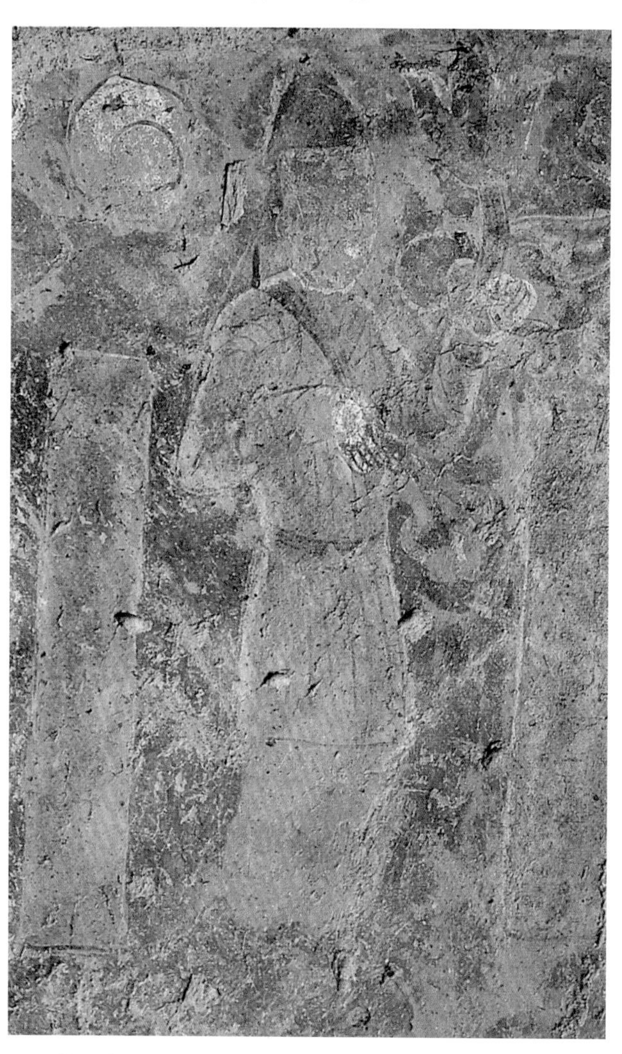

12 第78龛　佛坛　供养人　北魏

13 第78龛　佛坛　供养人　北魏

14 第78龛　壁画残片　火头明王　北周～隋

15 第78龛　壁画残片　飞天　北周～隋

▶ 19　第74龛　右壁、正壁　坐佛、菩萨　北魏

16　第74龛　正壁　北魏、清

17　第74龛　正壁右侧　菩萨（部分）、佛龛　北魏

18　第74龛　正壁左侧　菩萨（部分）、佛龛　北魏

20 第74龛　正壁左侧　菩萨（部分）　北魏

21 第74龛　右壁　坐佛（部分）　北魏

▶ **25** 第80窟　左壁　菩萨　北魏

22 第75龛　坐佛　北魏

23 第71龛　右壁　菩萨　北魏

24 第71龛　正壁、左壁　坐佛、菩萨　北魏

26 第80窟　左壁　菩萨（部分）　北魏

27 第100窟　正壁、左壁　佛龛、菩萨　北魏

28 第128窟　正壁左侧上部龛内　思惟菩萨　北魏

29 第128窟　正壁　坐佛（部分）　北魏

30 第128窟 右壁 北魏

31 第128窟 左壁 北魏

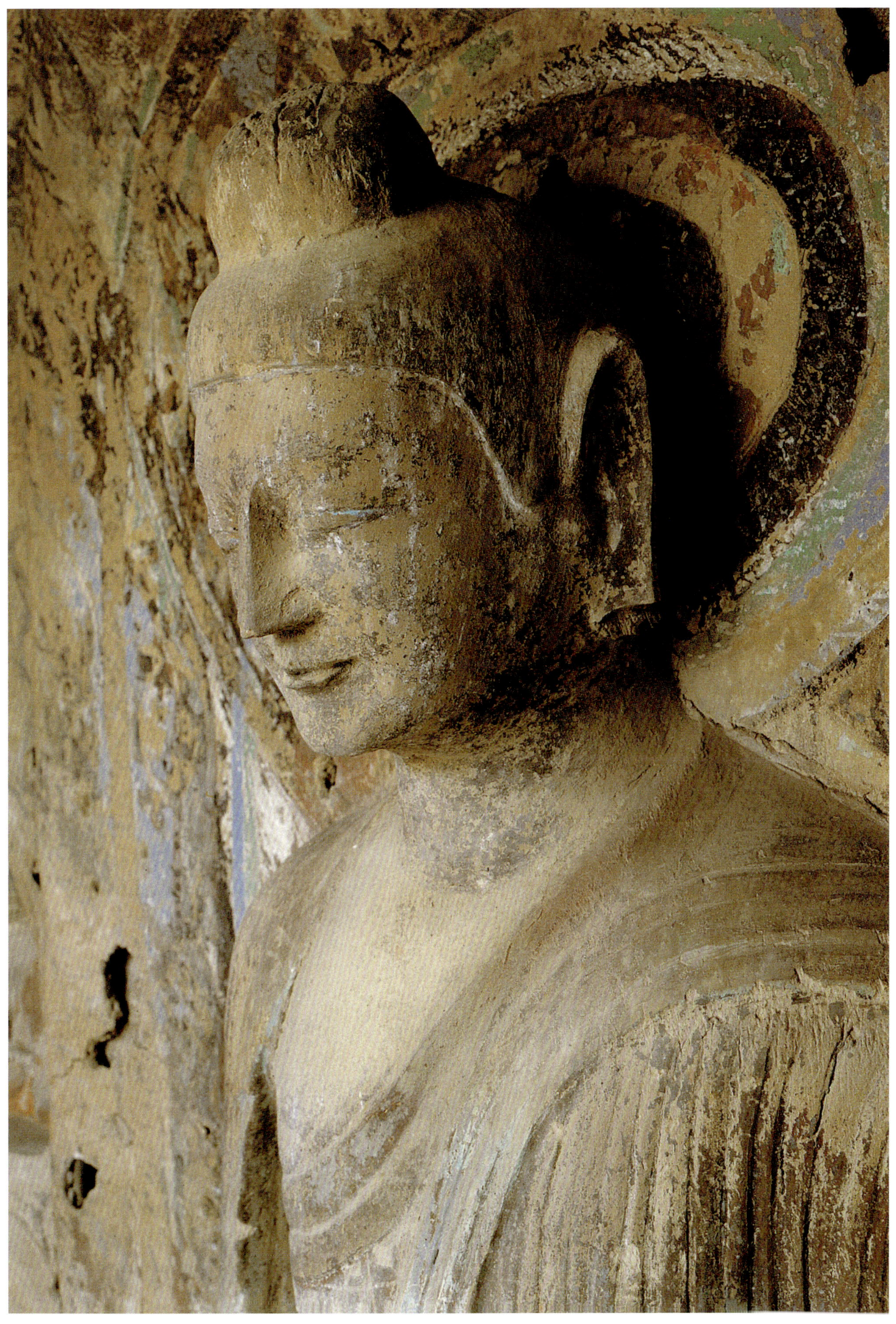

32 第148窟　正壁　坐佛（部分）　北魏

33 第148窟 正壁 北魏

34 第148窟 正壁右侧上部龛 北魏

35 第148窟 正壁左侧上部龛 北魏

36 第90龛　内景　北魏、宋

37 第90龛　左壁　佛项光（部分）　北魏

38 第90龛　正壁左侧　佛弟子（部分）　宋

39 第144窟　正壁右侧上部龛　北魏

40 第156龛　正壁　坐佛　北魏

41 第143龛　坐佛　北魏

42 第76窟 内景 北魏

▶ 43 第76窟 右壁 北魏

44 第76窟　窟顶　北魏

45 第76窟　右壁　菩萨　北魏

46 第76窟　左壁　菩萨　北魏

47 第76窟 正壁右侧下部 供养人 北魏

48 第76窟 左壁前部 供养人 北魏

49 第76窟 右壁后侧下部 供养人 北魏

50 第76窟 正壁左侧下部 供养人 北魏

51 第169龛　正壁、左壁　交脚菩萨、菩萨　北魏

52 第69龛　北魏

53 第69龛　右壁　菩萨（部分）　北魏

54 第93窟　正壁右侧　影塑　北魏

55 第115窟　内景　北魏

56 第115窟　右壁　菩萨　北魏

57 第115窟　左壁　菩萨　北魏

58 第115窟　正壁　坐佛　北魏

59 第115窟　右壁后部　因缘故事　北魏

60 第114窟 正壁 坐佛 北魏

61 第114窟 左壁 菩萨、佛龛 北魏

62 第155窟 正壁 佛龛、菩萨 北魏

63 第155窟 正壁左侧上部龛 北魏

◀ **64** 第155窟　左壁　佛弟子、佛龛　北魏

65 第23窟　正壁、右壁　坐佛、菩萨　北魏

66 第23窟　正壁右侧下部　供养人　北魏

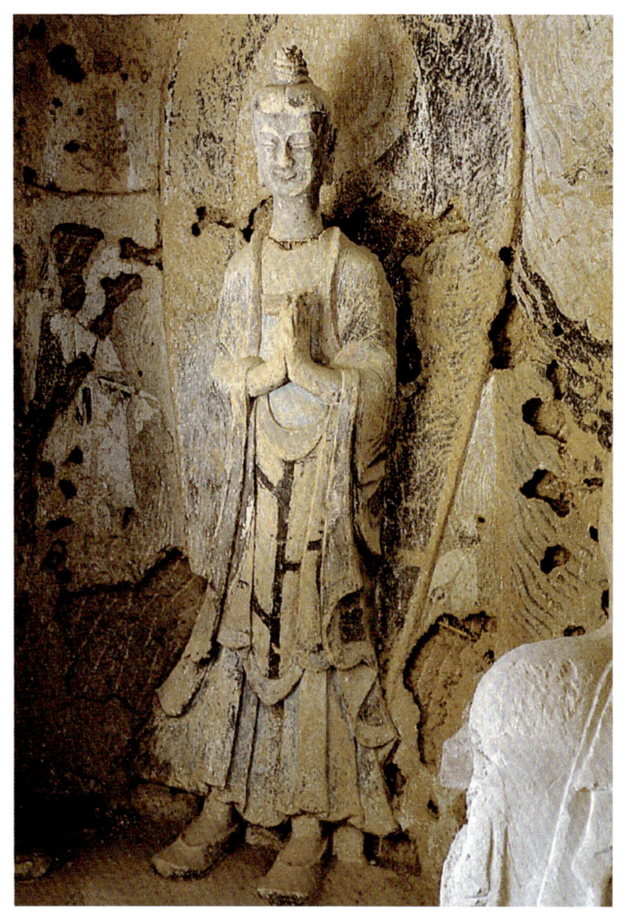

67　第154窟　右壁前部　比丘尼　北魏

68　第154窟　窟顶　飞天　北魏

69　第154窟　前壁左侧　力士（部分）　北魏

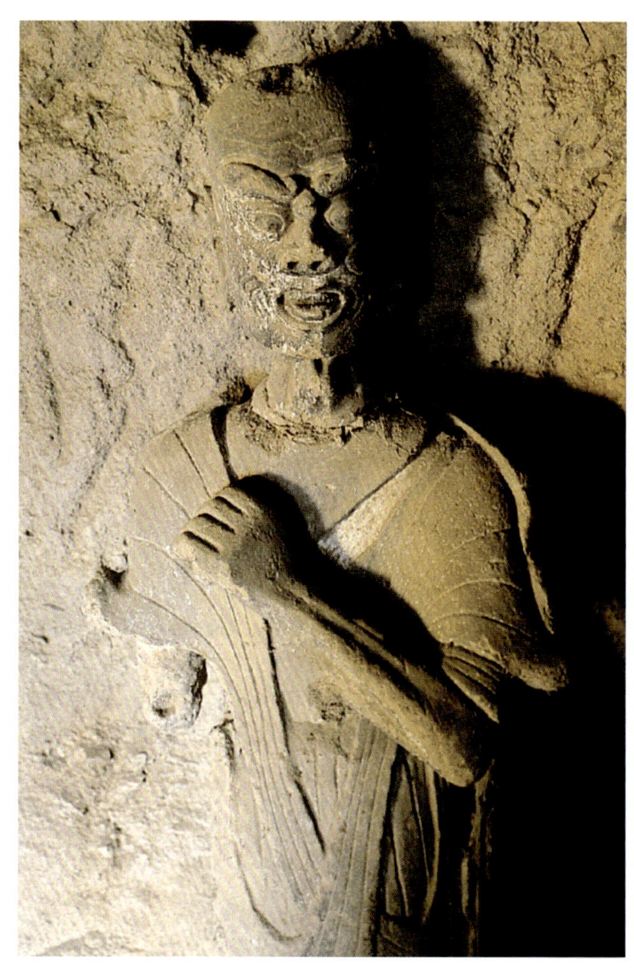

70　第154窟　正壁左侧　力士（部分）　北魏

71 第85窟 右壁后部 佛弟子（部分） 北魏

72 第85窟 左壁前部 菩萨（部分） 北魏

73 第83窟 前壁左侧 力士（部分） 北魏

74 第112窟 前壁右侧 力士（部分） 北魏

▶ **77** 第121窟　右壁、正壁　菩萨、比丘　北魏

75 第122窟　正壁左侧　比丘尼（部分）　北魏

76 第122窟　右壁、正壁　菩萨、比丘（部分）　北魏

78 第121窟　正壁龛内左壁　佛弟子　北魏

79 第121窟　右壁、正壁　菩萨、比丘（部分）　北魏

80 第121窟　正壁、左壁　比丘尼、菩萨　北魏

81 第121窟　正壁、左壁　比丘尼、菩萨（部分）　北魏

82 第101窟 正壁左侧 比丘尼 北魏

83 第101窟 右壁、正壁 菩萨、比丘 北魏

84 第101窟 左壁 交脚菩萨（部分） 北魏

85 第101窟 正壁左侧 比丘尼（部分） 北魏

87 第133窟　窟室前部　罗睺罗受记（部分）　宋

88 第133窟　第三号龛　北魏

89 第133窟　第一号龛内右壁　菩萨　北魏

90 第133窟　第十一号龛　龛楣　北魏

91 第133窟　第六号龛内右壁　菩萨（部分）　北魏

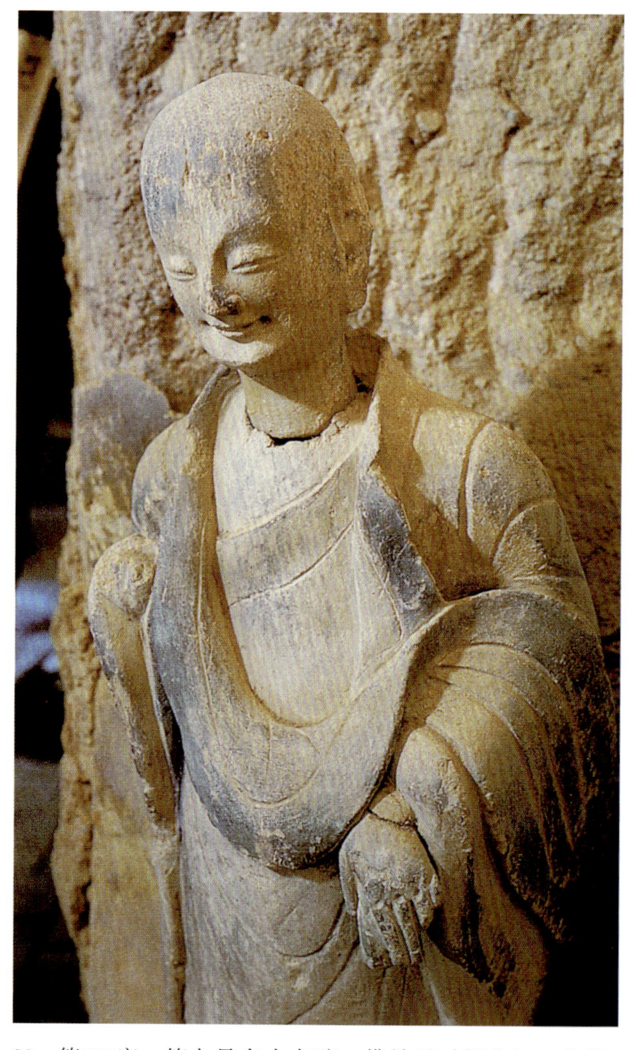

92 第133窟　第九号龛内右壁　佛弟子（部分）　北魏

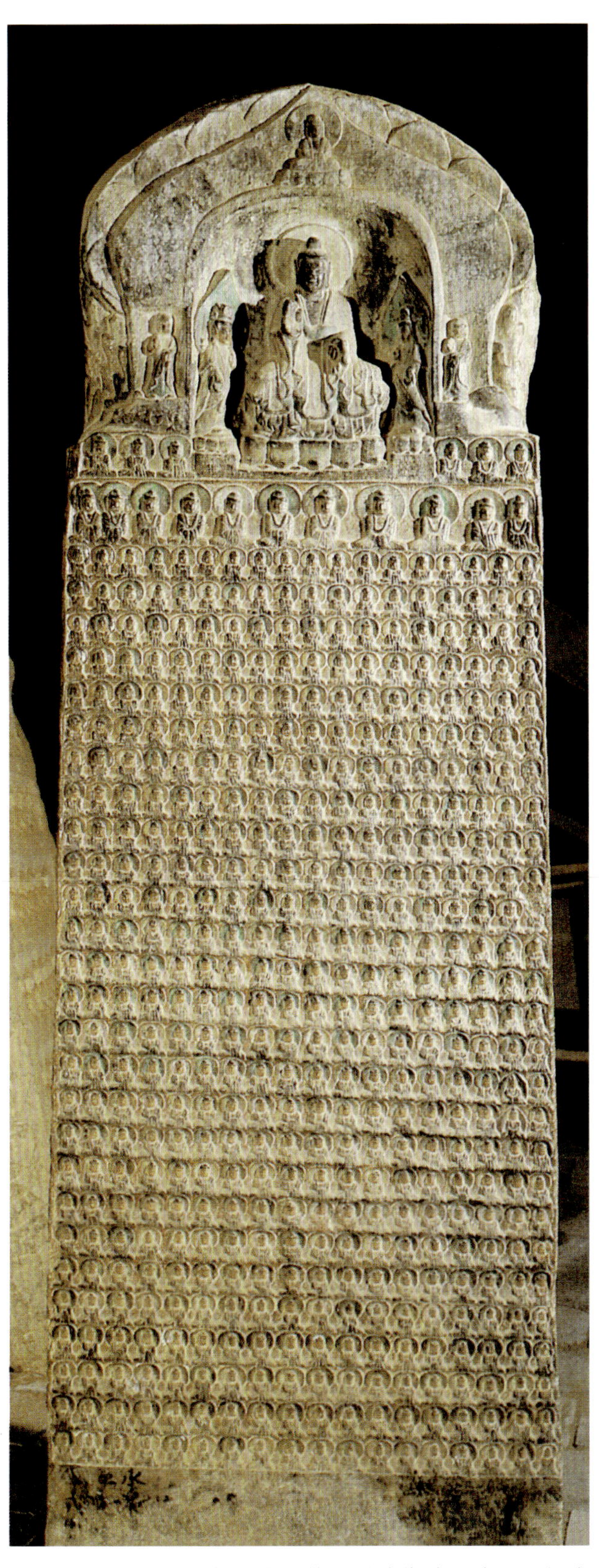

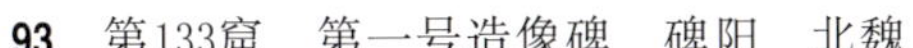

93 第133窟　第一号造像碑　碑阳　北魏

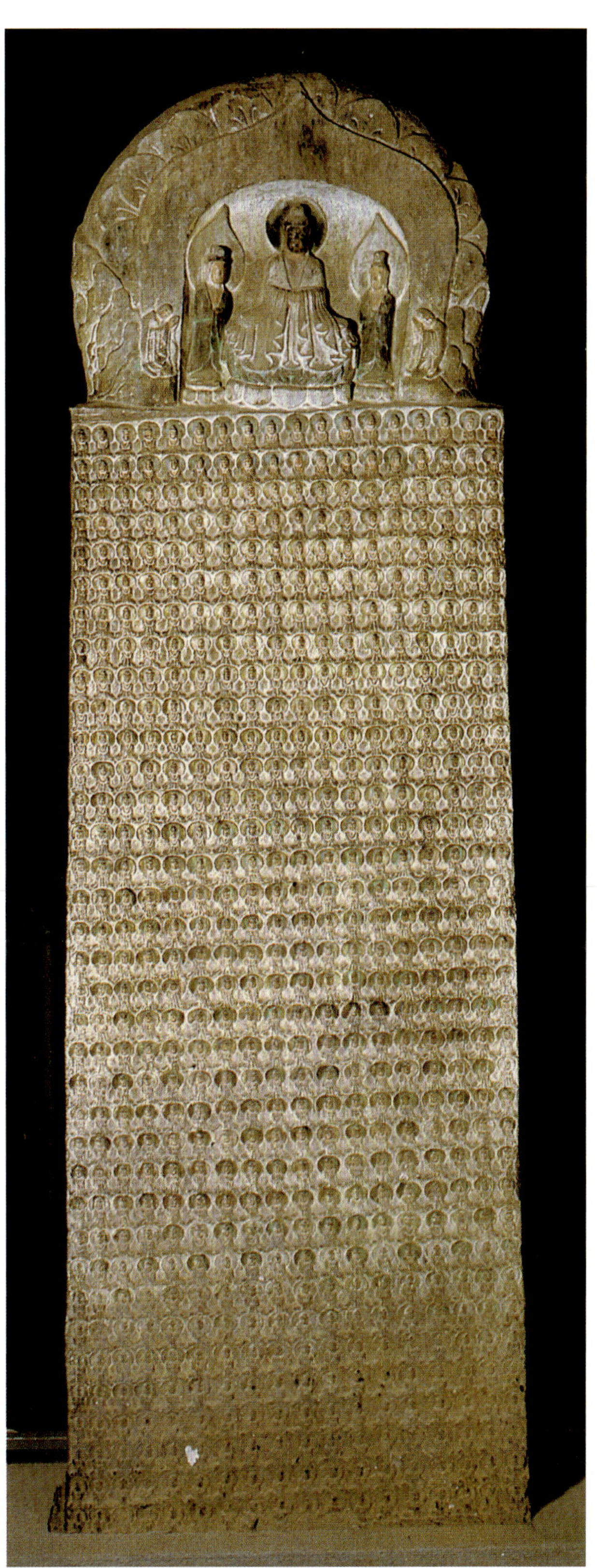

94 第133窟　第一号造像碑　碑阴　北魏

95　第133窟　第十号造像碑　北魏

96 第133窟 第十一号造像碑 北魏

97　第133窟　第十一号造像碑（部分）　北魏

98　第133窟　第十一号造像碑（部分）　北魏

99 第133窟　第十二号造像碑　北魏

100 第133窟　第十三号造像碑　北魏

101 第133窟 第十六号造像碑 北魏

102 第138龛 坐佛 北魏

103 第139窟 左壁 菩萨、力士 北魏

104 第139窟 内景 北魏

105 第140窟　右壁前部　壁画　北魏

106 第140窟　正壁左侧　菩萨　北魏

107 第140窟　右壁前部　比丘尼（部分）　北魏

108　第142窟　正壁　北魏

109　第142窟　左壁　北魏

◀ **110** 第142窟　右壁　北魏

111 第142窟　右壁、正壁　比丘尼、菩萨　北魏

112 第142窟　正壁、左壁　菩萨、比丘　北魏

113 第142窟　正壁、右壁　象头山瑞像　北魏

114 第142窟　正壁、左壁　牛头山瑞像　北魏

115 第159窟　正壁、右壁　坐佛、菩萨　北魏

116 第159窟　右壁　菩萨　北魏

117 第159窟　正壁、左壁　影塑　北魏

118 第159窟　正壁右侧　交脚菩萨　北魏

119 第159窟　正壁右侧　供养人　北魏

120 第163窟　右壁　倚坐佛　北魏

121 第163窟　右壁　菩萨（部分）　北魏

122 第163窟　左壁　北魏

123 第98龛　立佛、菩萨（部分）　北魏

124 第98龛　立佛（部分）　北魏

◀ **125** 第16窟　正壁　坐佛　北魏

126 第120窟　正壁　坐佛（部分）　北魏

127 第120窟　右壁后部　菩萨（部分）　北魏

128 第120窟　正壁右侧　供养人　北魏

129 第120窟　正壁左侧　供养人　北魏

130 第102窟　正壁　坐佛（部分）　西魏

131 第102窟　右壁　文殊（部分）　西魏

132 第102窟　正壁右侧　佛弟子（部分）　西魏

133 第102窟　正壁左侧　菩萨（部分）　西魏

134 第102窟 左壁 维摩诘 西魏

135　第123窟　正壁　西魏

136　第123窟　右壁　西魏

137 第123窟　左壁　西魏

 第123窟　右壁　文殊　西魏

139 第123窟　左壁　维摩诘　西魏

140 第123窟　右壁前部　侍者　西魏

141 第123窟　左壁前部　侍者　西魏

142 第123窟　右壁前部　侍者（部分）　西魏

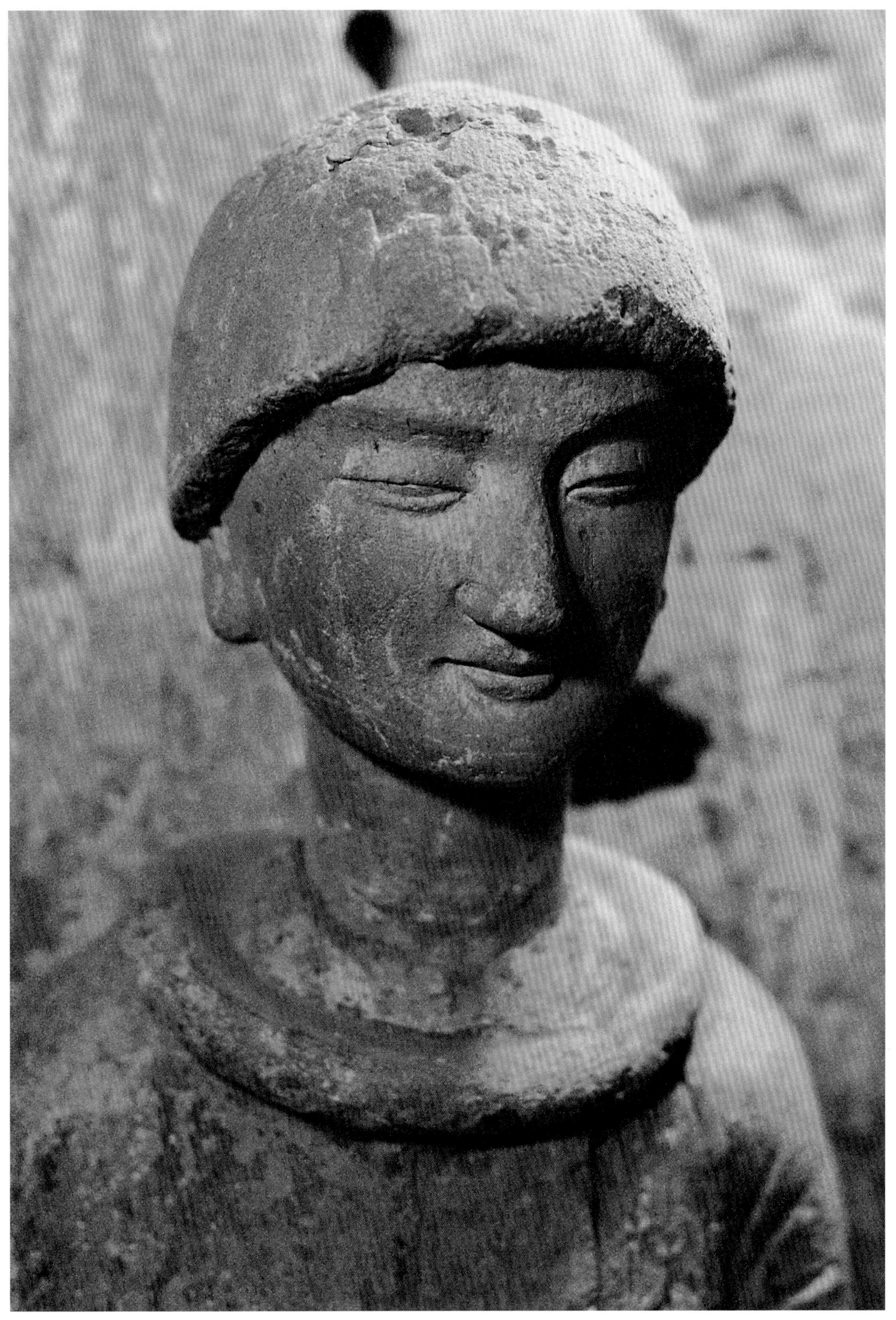

143 第123窟　左壁前部　侍者（部分）　西魏

144 第43窟 外景 西魏

145 第30窟 外景 西魏

146 第43窟 龛内左侧 菩萨（部分） 宋

147 第43窟 龛内右侧 菩萨（部分） 宋

148 第43窟 龛壁左侧 供养菩萨 宋

149 第43窟 前部左侧 力士（部分） 宋

▶ 151 第127窟　正壁　佛龛　西魏

150 第43窟　前部右侧　力士（部分）　宋

152 第127窟　正壁龛内　佛项光（部分）　西魏

153 第127窟 正壁龛内 佛项光（部分） 西魏

154　第127窟　正壁龛内右侧　菩萨　西魏

155 第127窟　左壁龛内右侧　菩萨（部分）　西魏

156 第127窟 右壁龛内左侧 菩萨（部分） 西魏

157 第127窟 正壁龛上右侧 涅槃经变（部分） 西魏

158　第127窟　左壁龛内左侧　菩萨（部分）　西魏

159　第127窟　正壁龛上左侧　涅槃经变（部分）　西魏

160 第127窟 左壁龛上 维摩诘经变 西魏

161 第127窟 右壁龛上 西方净土变 西魏

162 第127窟　前壁门上右侧　七佛（部分）　西魏

163 第127窟　前壁门左侧　十善十恶（部分）　西魏

164 第127窟　窟顶右披　萨埵太子本生（部分）　西魏

166 第127窟　窟顶正披　本生故事　西魏

165 第127窟 窟顶左披 萨埵太子本生（部分） 西魏

167　第127窟　窟顶前披　睒子本生　西魏

168　第127窟　窟顶天井　帝释天　西魏

169 第127窟　窟顶右披　萨埵太子本生（部分）　西魏

170 第127窟　窟顶前披左侧　睒子本生（部分）　西魏

171 第127窟　窟顶前披左侧　睒子本生（部分）　西魏

▶ 173 第135窟 立佛、菩萨 西魏、宋

172 第135窟 左壁 佛龛 西魏

174 第135窟　倚坐佛（部分）　北周

175　第135窟　正壁中间龛上　涅槃经变（部分）　西魏

176　第135窟　正壁右侧龛上　涅槃经变（部分）　西魏

177 第135窟　正壁左侧龛上　涅槃经变（部分）　西魏

178 第110窟　前壁门上、窟顶　壁画　西魏

179 第20窟　外景

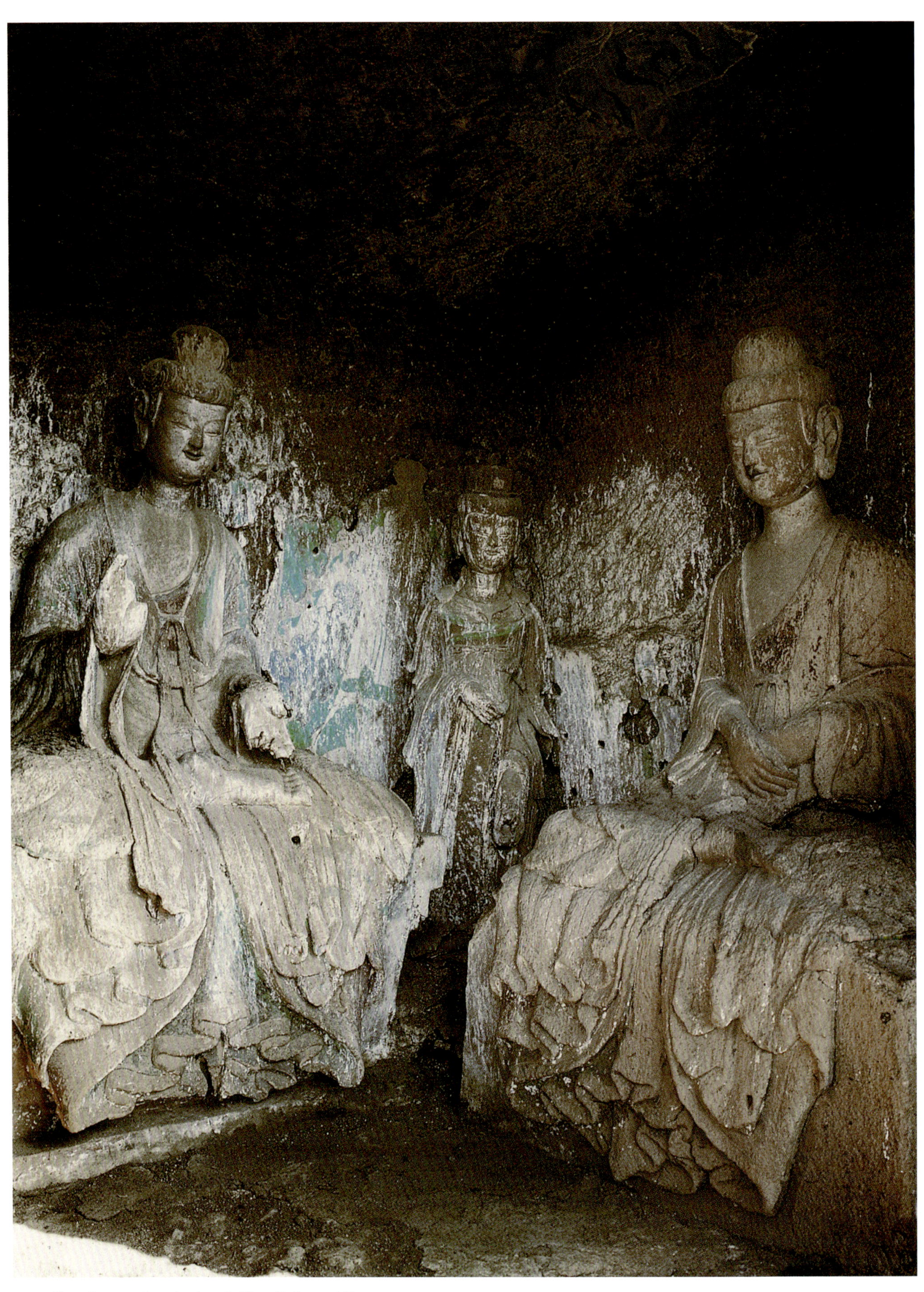

180 第20窟 正壁、左壁 坐佛、菩萨 西魏

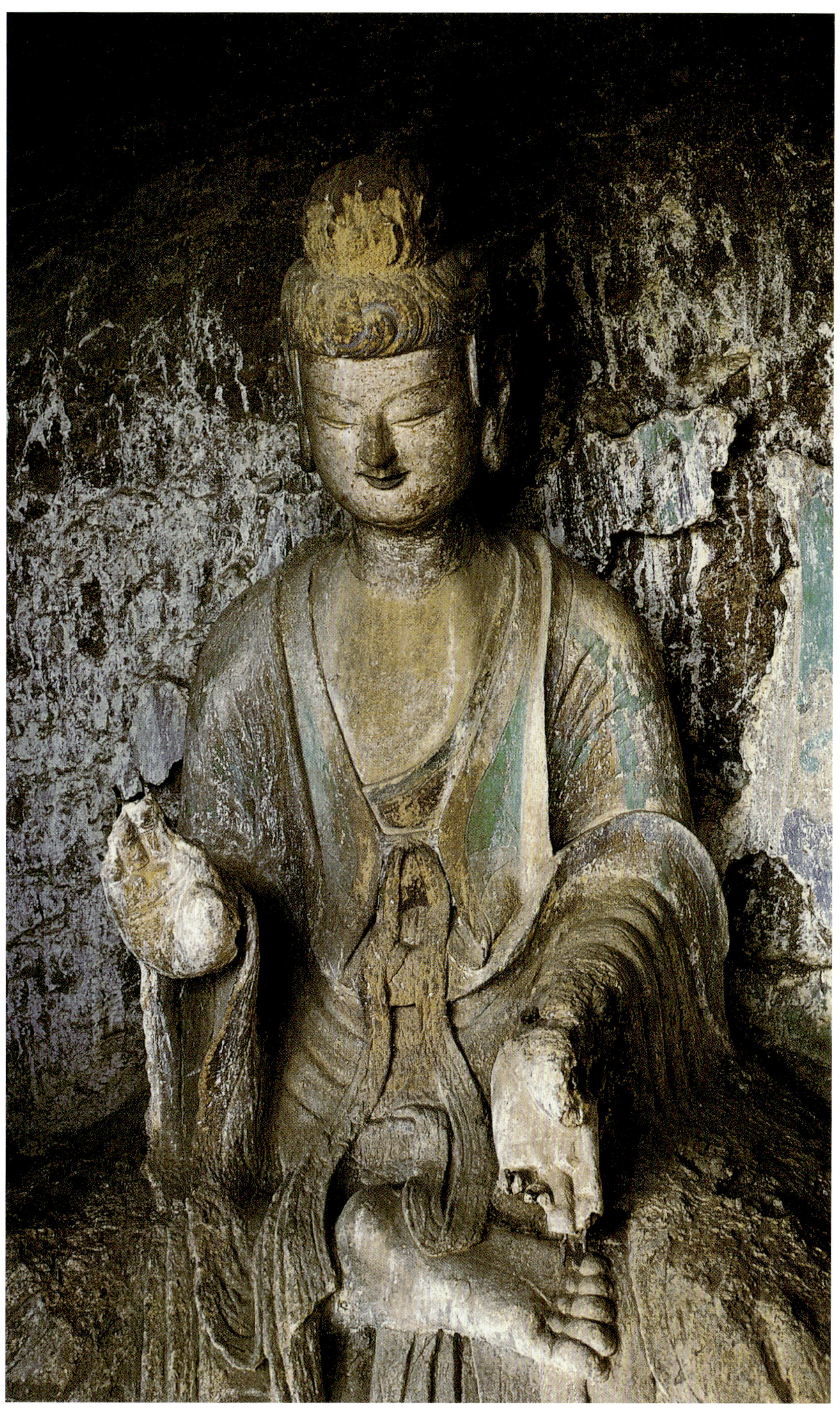

181 第20窟　正壁　坐佛　西魏

◀ **182** 第44窟　正壁　坐佛、菩萨　西魏

183 第44窟　正壁龛内　坐佛（部分）　西魏

184 第44窟　正壁右侧　菩萨（部分）　西魏

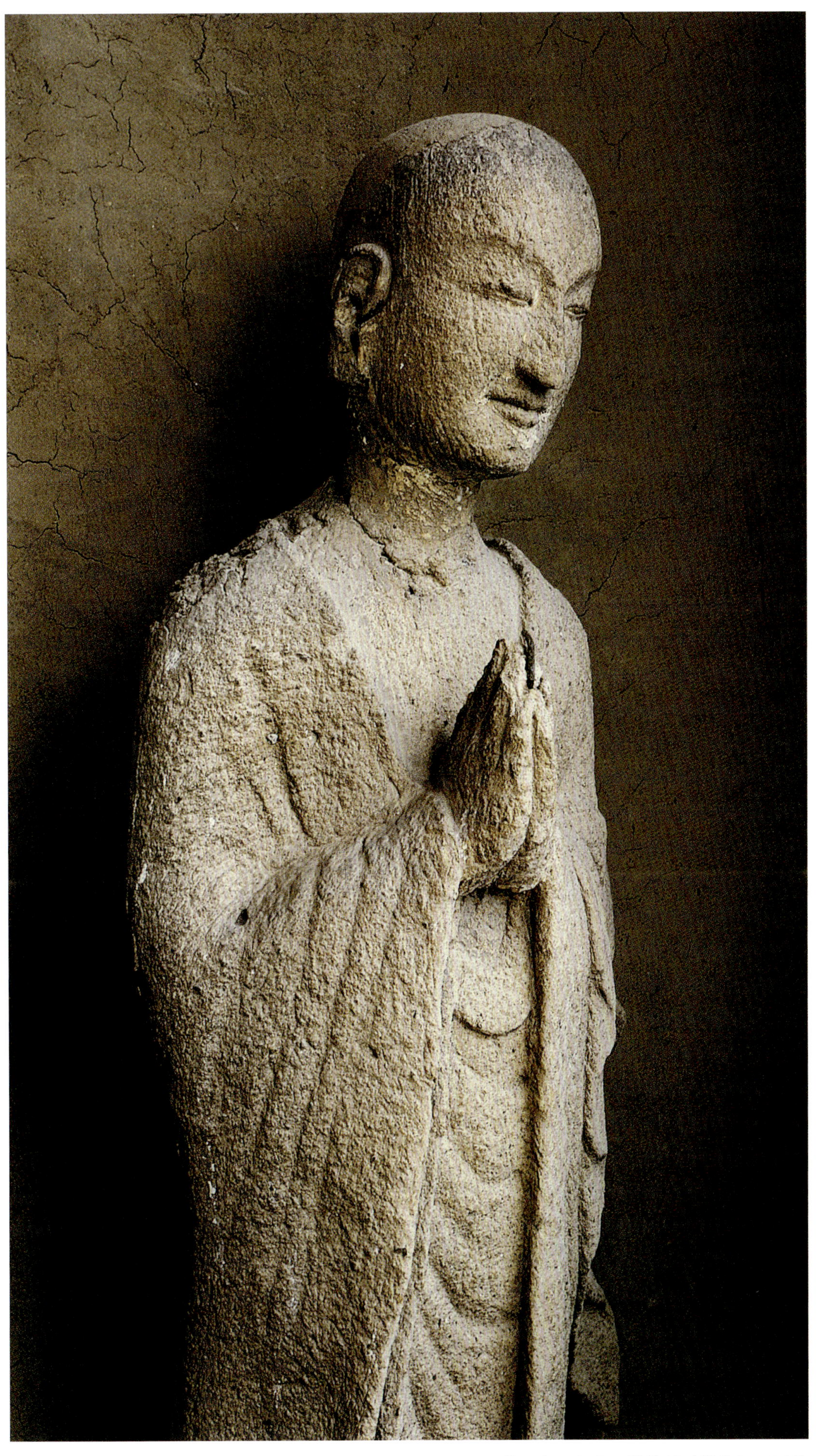

185 第44窟　左壁　佛弟子（部分）　西魏

186 第87窟　右壁前部　佛弟子（部分）　西魏

187 第88窟　正壁左侧　菩萨（部分）　西魏

188 第172窟　正壁、左壁　坐佛、菩萨、佛弟子（部分）　西魏

189 第132龛　内景　西魏

190 第146龛　正壁龛内　坐佛（部分）　西魏

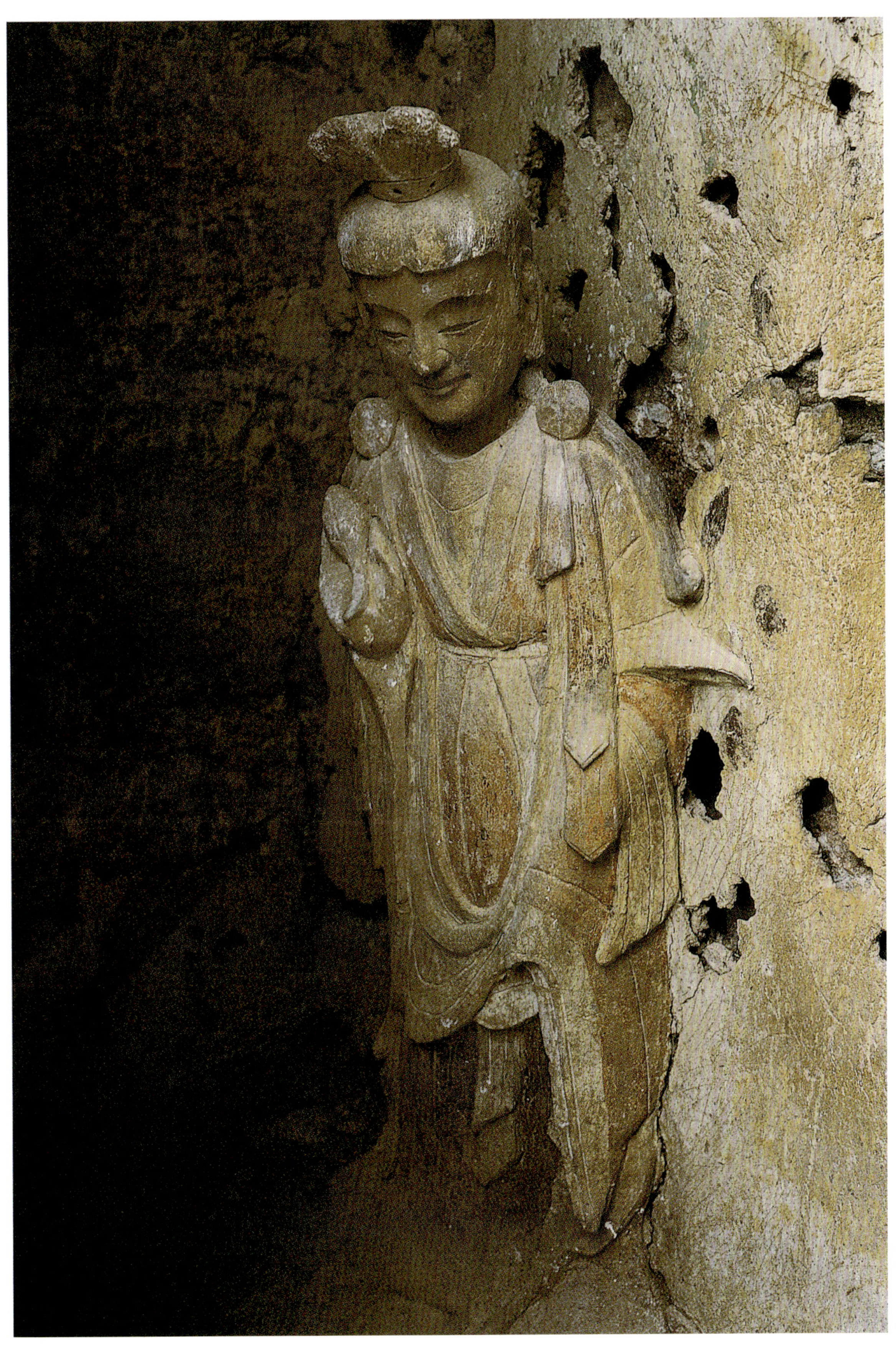

191 第146龛　正壁右侧　菩萨　西魏

◀ **192** 第147龛　正壁　佛龛　西魏

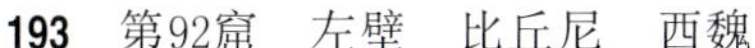

193 第92窟　左壁　比丘尼　西魏

194 第92窟　右壁　比丘　西魏

195 第162窟　正壁、左壁　西魏

196 第161窟　正壁　坐佛（部分）　西魏

197 第161窟　左壁　佛弟子（部分）　西魏

198 第161窟　右壁　佛弟子（部分）　西魏

199 第60龛　坐佛、菩萨　西魏、隋

200 第60龛　右侧　菩萨（部分）　隋

201 第60龛　左侧　菩萨　西魏

202　第60龛　坐佛（部分）　西魏、隋

203 第54龛 坐佛（部分） 西魏、北周

204 第54龛　左侧　菩萨（部分）　西魏、北周

◀ **205** 第141窟　正壁　佛龛　北周

206 第141窟　正壁左侧　菩萨（部分）　北周

207 第141窟 右壁后部 佛龛 北周

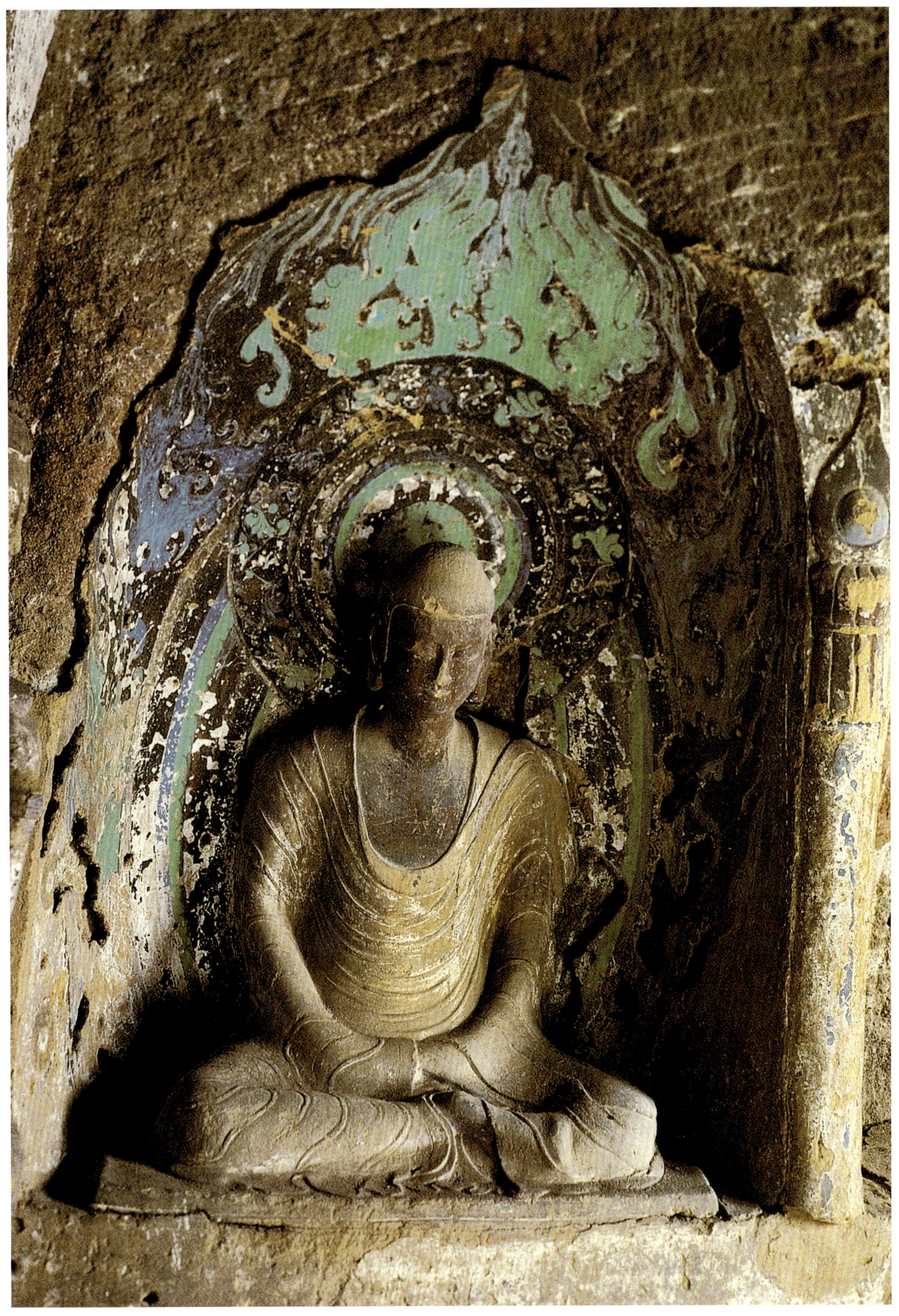

208　第141窟　左壁后部　佛龛　北周

209 第45龛　坐佛、菩萨　北周

210 第55龛　坐佛　北周

211 第18龛　坐佛（部分）　北周

212 第36窟　正壁左侧　菩萨　北周

213 第36窟　右壁后部　坐佛（部分）　北周、宋

214 第36窟　正壁右侧　菩萨（部分）　北周

215 第22窟　坐佛、佛弟子　北周

216 第22窟　正壁、左壁　佛弟子、菩萨（部分）　北周

217 第22窟　正壁龛内　坐佛（部分）　北周

218 第62窟　正壁　北周

219　第62窟　左壁　北周

220　第62窟　右壁　北周

▶ 222 第 3 窟　千佛　北周

221　第62窟　正壁、左壁　菩萨　北周

▶ **224** 第4窟　前廊　北周

223 第31龛　北周

225 第 4 窟 廊左壁上部 维摩诘变龛 宋

226 第 4 窟 廊右壁上部 维摩诘变龛 宋

227 第 4 窟 廊左壁 力士 宋

228 第 4 窟 廊右壁 力士（部分） 宋

229 第4窟　廊正壁　天龙八部之一　北周

230 第 4 窟 廊正壁 天龙八部之一 北周

231 第 4 窟 廊正壁 天龙八部之一 北周

232　第 4 窟　廊正壁　天龙八部之一　北周

233　第 4 窟　廊正壁　天龙八部之一　北周

234　第 4 窟　廊右侧顶部　北周

235　第 4 窟　廊正壁龛上　飞天　北周

236　第4窟　廊右侧顶部　平棋　北周

237　第4窟　廊左侧顶部　平棋　北周

238 第4窟　廊正壁龛上　飞天　北周

239 第4窟　廊正壁龛上　飞天　北周

240 第4窟 廊正壁龛上 飞天 北周

241 第4窟 廊正壁龛上 飞天 北周

242 第4窟 廊正壁龛上 飞天（部分） 北周

243 第4窟 廊正壁龛上 飞天（部分） 北周

244 第4窟 廊正壁龛上 飞天 北周

245 第 4 窟　第七号龛内正壁、右壁　坐佛、佛弟子、菩萨　隋、宋、明

246 第 4 窟　第六号龛内左壁　菩萨　隋、宋、明

247 第 4 窟　第六号龛内右壁　菩萨（部分）　隋、宋、明

248　第9窟　内景　北周、明、清

249　第48窟　龛外右侧　力士（部分）　北周

250　第48窟　左侧龛内　菩萨　元

251　第48窟　两龛中间　力士（部分）　北周

252 第26窟 窟顶正披 涅槃经变（部分） 北周

253 第26窟 窟顶右披 涅槃经变（部分） 北周

254 第26窟 窟顶左披 涅槃经变（部分） 北周

255 第26窟　窟顶正披右侧　涅槃经变（部分）　北周

256 第27窟　窟顶正披　法华经变（部分）　北周

257 第26窟　窟顶正披左侧　涅槃经变（部分）　北周

258 第27窟　窟顶左披　法华经变（部分）　北周

259　第94龛　内景　隋

260　第94龛　左侧　佛弟子、菩萨　隋

261　第94龛　右侧　菩萨、佛弟子　隋

262 第67龛 倚坐佛、菩萨 隋

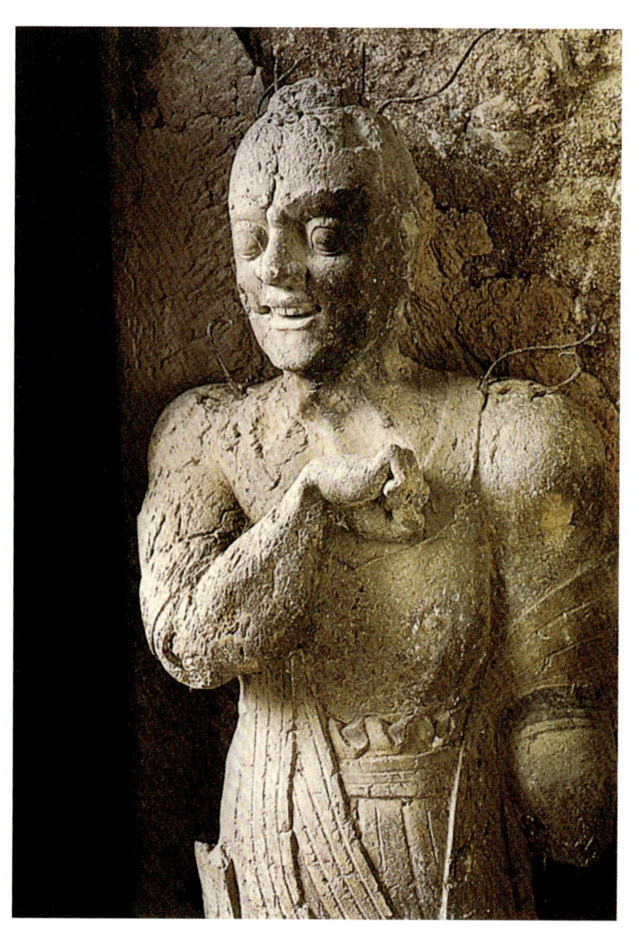

263 第67龛 右侧 力士（部分） 隋

264 第14窟 正壁、左壁 菩萨、力士 隋

265 第14窟 正壁左侧 菩萨（部分） 隋

 第13龛摩崖造像及周围窟龛

267 第12窟　正壁右侧　菩萨（部分）　隋

268 第12窟　正壁左侧　菩萨（部分）　隋

269 第12窟　前壁左侧　佛弟子（部分）　隋

270 第12窟　前壁右侧　佛弟子（部分）　隋

271 第37龛 右侧 菩萨（部分） 隋

272 第24窟 右侧 菩萨（部分） 隋

273 第24窟 左侧 菩萨（部分） 隋

274 第24窟 右侧 佛弟子（部分） 隋

275 第160窟　右壁　供养人　隋

276 第160窟　窟顶右侧　飞天　隋

277 第 5 窟 外景 隋、唐

278 第 5 窟 廊正壁左侧 摩醯首罗天 隋、明

279 第 5 窟 廊正壁右侧 佛龛 隋、明

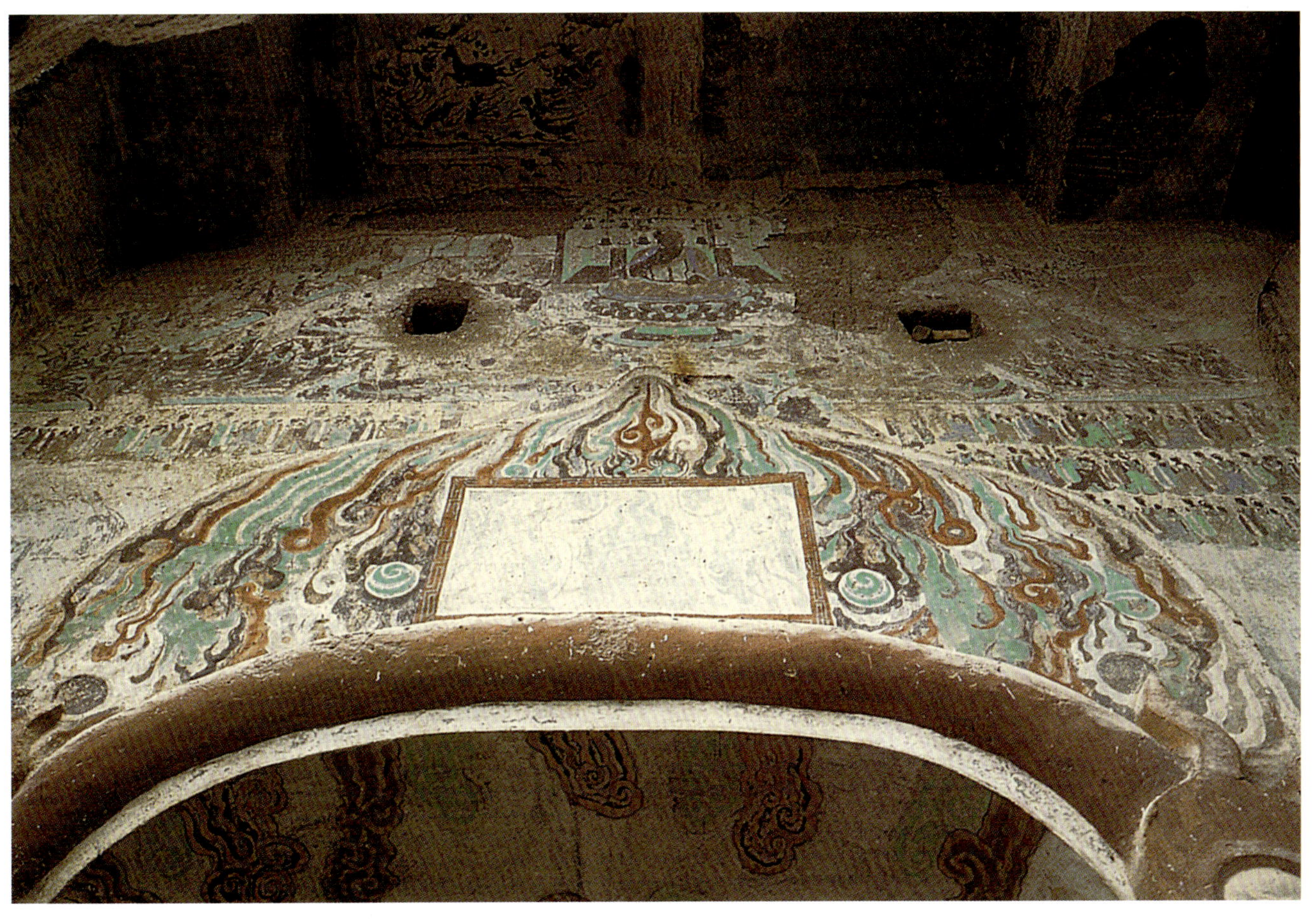

280 第5窟 廊正壁右侧 龛楣及龛上壁画 唐

281 第5窟 廊右侧顶部 平棋 唐

▶ **284** 第165窟　正壁、左壁　菩萨、侍者　宋

282 第5窟　廊正壁右侧龛上　西方净土变、供养人（部分）　唐

283 第5窟　廊正壁右侧龛上　供养人（部分）　唐

285　第165窟　右壁、正壁　菩萨、侍者　宋

286 第165窟　右壁　菩萨（部分）　宋

287 第165窟　左壁　菩萨（部分）　宋

288 第165窟　正壁右侧　侍者（部分）　宋

289 第165窟　正壁左侧　侍者（部分）　宋

290 第191龛　龛外右侧　交脚菩萨　宋

291 第191龛　龛外左侧　交脚菩萨　宋

292 第191龛　龛内　坐佛（部分）　宋

293 第191龛　龛内右侧　佛弟子（部分）　宋

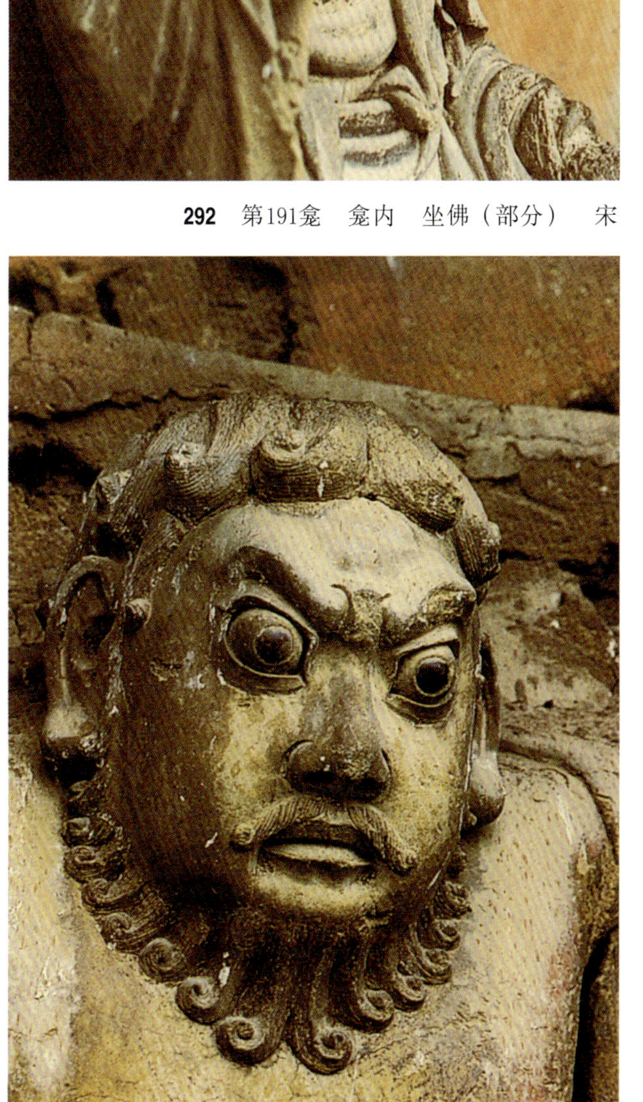

294 第191龛　龛下　迦楼罗（部分）　宋

295 第191龛　龛下左侧　狮子　宋

296 第35窟　正壁龛内　坐佛　元

297 第25龛　菩萨（部分）　明

298 第1窟　释迦涅槃（部分）　明

麦积山石窟的兴建及其艺术成就

金维诺

图 1　麦积山石窟和瑞应寺

一　“始建于姚秦”,“六国共修”

关于麦积山石窟的兴建与沿革，有许多不同的估计。为了弄清这些问题，不能不从实地考察获得直接的资料，以之与文献相印证。

1962 年我带领中央美术学院美术史系学生在麦积山实习时，仔细考核了一些铭记，并追寻了一些铭刻的原来所在，这对于了解麦积山洞窟的兴建与变革，多少提供了一些线索。

在攀登第 4 窟散花楼时，偶然发现上层阶梯转角的崖面有极不清楚的铭刻，经反复识读，知为 1953 年麦积山勘察团已经著录过的“登第 4 窟阶梯石壁刻石”。这崖面残留的极不明显的刻字早为勘察团发现，而我们多次来此参观却未曾注意到，说明勘察团的工作是极为细致的。这次经仔细识读并摹拓，又增补了一些字。兹录当时所能辨认的文字于下：

“麦积山阁胜迹，始
建于姚秦，成于元魏，约七
百余年，四郡名显。绍兴
二年岁在壬子，兵火毁
□。至十三年，尽境安宁，
重修再造，二十七年丁丑，方就
绪。此□因□迹□□，
阎桂才刻石以记之。”

这一石刻题记虽甚简略，但为我们提供了几个重要的事件年代。阎桂才在南宋绍兴二十七年（公元 1157 年）刻石记载阁道绍兴二年（公元 1132 年）曾毁于兵火，到十三年（公元 1143 年）重新修造，二十七年（公元 1157 年）方就绪。使我们知道麦积山在南宋时的兴废状况以及再建木构栈道等工程历时近十四年。阎桂才称“麦积山阁胜迹，始建于姚秦，成于元魏，约七百余年，四郡名显”。他在南宋时记述这些明确的时代，显然是古代遗迹犹存或有碑刻为依据的。这和《方舆胜览》的记述“麦积山在天水县东南百里，状如麦积，为秦地林泉之冠，上有姚秦所建寺”;“瑞应院在麦积山，后秦姚兴凿山而修，千崖万象，转崖为阁，乃秦州胜境”是相符的。明姚隆运在崇祯十五年《麦积山开除常住地粮碑》上也说:“其古迹系历代敕建者，有碑碣可考。自姚秦至今一千三百余年，香火不绝。林壑幽峭，松桧阴森，有瀑布泻出苍崖之间，天然奇景也”[②]（图 1)。

关于建寺沿革，宋嘉定十五年（公元 1222 年)《四川制置使司给田公据》碑[③]上转引瑞应寺主持重遇状称:“伏睹本寺继传名相，历劫胜因，群山围绕，中间突起一峰，镌凿千龛，现垂万象。上下万仞，中有三泉，文殊、普贤、观音圣水。万民祈祷，无不感应。始自东晋起迹，敕赐无优□□，□□给□供赡；次七国重修，敕赐石岩寺；大隋敕赐净

① 麦积山勘察团《麦积山勘察团工作报告》，《文物参考资料》一九五四年第二期。

② 明崇祯十五年九月十五日庚午举人姚隆运撰《麦积山开除常住地粮碑》，现存麦积山石窟艺术研究所。

③ 《四川制置使司给田公据》碑，现存麦积山石窟艺术研究所。

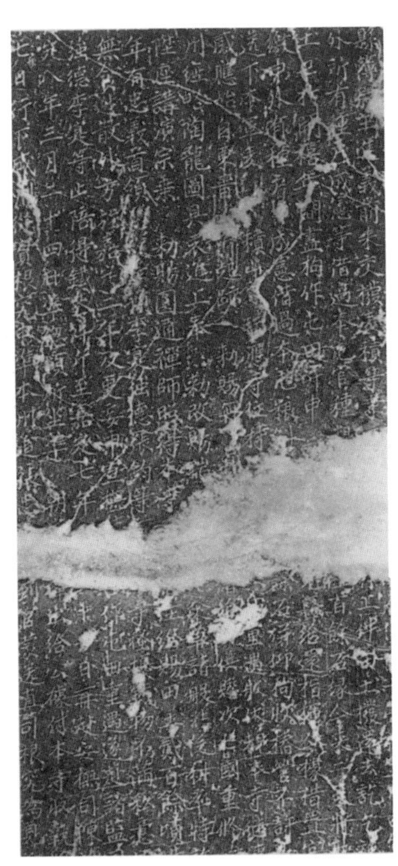
图 2 南宋《四川制置使司给田公据》碑拓片（部分）

念寺；大唐敕赐应乾寺；圣朝大观元年于绝顶阿育王塔傍地产芝草三十八本。蒙秦州经略陶龙图具表进上。奉敕改赐瑞应寺”（图 2）。可知东晋时麦积山已建寺。姚兴时，江南仍为东晋，是所记始建时代并无不同。

再从《高僧传·玄高传》可知玄高曾“杖策西秦，隐居麦积山。山学百余人，崇其义训，禀其禅道。时有长安沙门释昙弘、秦地高僧隐在此山。与高相会，以同业友善”[④]。玄高是公元 420 年左右经此去西秦，当时昙弘及秦地高僧以及山学百余人在此活动[⑤]，说明在此以前当姚兴时期麦积山已经是禅僧聚集之地了。

这些碑碣文献关于麦积山创建时期的记载，显然是有一定根据的。但是，这些始建窟龛至今是否还有所留存？现存的较早窟龛是什么时代遗物？这些一直是大家共同关心的问题。而炳灵寺建弘元年龛的发现，给予我们一个启示，在无重大改革时期，佛教造像样式常常几十年间变化不大。如建弘造像从其大体形制来看，如无确凿铭记，常常会误认为是五世纪晚期的作品。由于有原来铭记作依据，我们才知道正是它所代表的这一时期的凉州造像样式影响了云冈等地的造像。麦积山的早期龛窟是接近建弘时期的作品还是接近云冈昙曜时期的作品，也是值得探索的一个问题。

麦积山现存早期窟多集中在西崖中部，也就是第 169、69、74、76、78 等窟所在的崖面上。第 74 窟和 78 窟是差不多同时开凿的形制相同的双窟。两窟经过周密规划，结构严谨。原为平顶方形窟，高约 4.50、宽 4.70 米。窟前崖面坠毁，原来应有木构栈道。窟内正壁左右上侧各开约 80 厘米见方的小龛一个，内分别塑思维菩萨、交脚菩萨及胁侍。正壁与东、西壁有叠涩高台基（高 0.90 米），平面形成凹字形，上塑三佛二菩萨。佛与菩萨均紧靠窟壁，是以木为胎的泥塑。第 74 窟正面及东面佛像头部残毁，而菩萨保存完整；第 78 窟正面佛像仅残手部，而西侧菩萨为隋代塑像，似自他窟移来。佛均结跏趺坐，正面佛作施无畏印，东西二佛作禅定印。发作波纹高肉髻，面形丰颐，高鼻修眉。衣领作折带纹，衣纹绕膝而下，左右分开垂台上，衣纹为斜平压线，简洁有致。菩萨头戴宝冠，颈有项圈，面相圆润，辫发宝缯垂肩；袒上身，斜披络腋，下著裙，天衣飘绕壁间；一手拈花于胸前，一手携瓶低垂腿旁。壁画大部剥落，仅存佛头光、背光之片断，尚可见到两层重叠之现象。上层黑色千佛是在底层红色千佛基础上重绘的。二层壁画风格相近，上层也是北魏作风，底层当稍早，或北魏太武帝拓跋焘灭法时遭受破坏，以后经重绘。麦积山文物保管所 1978 年 7 月在第 78 窟清理出倒置菩萨身下壁画两方，一方残高 18、宽 40 厘米，上绘飞天两身。折腰屈膝，长裙露足，作奏乐状；一方残高 40、宽 60 厘米，绘火头明王及供养人像。均为红地色，人物面部有晕染，为北朝晚期至隋代的画风。可知后代又曾重绘。1965 年曾在第 78 窟台基上剥出供养人 18 身，壁画人像高 23 厘米，上下二列，各 9 身。供养人戴巾帻，巾角披肩，上着交领窄袖短袍，腰束带；下穿宽腿束脚裤，着尖头乌皮靴。手持花或供具。各供养人均有榜题，左侧上列第一身男像，榜书“仇池镇……经生王□□供养十方诸佛时”，下列第三身男像榜书”仇池镇杨□□□养□□□□□□”。考察供养人服饰，系太和改制前的鲜卑服装，而仇池镇系北魏太平真君七年（公元 446 年）设置，这时正值拓跋焘灭法之际，诏令诛沙门毁佛寺，因此这些供养人像可能画于文成帝复法以后、

④ 梁·慧皎《高僧传》卷十一《释玄高》(《大正藏》卷 50, p.397)。

⑤ 昙摩毗在建弘元年（公元420年）于炳灵寺修无量寿佛龛，玄高从麦积山率众来随昙摩毗受法，当亦在此前后。参见《炳灵寺与佛教艺术交流》(《中国石窟·永靖炳灵寺》，文物出版社 1989 年版)，

太和改制之前，即公元452年至486年之间，也就是与背光上黑色千佛的制作同时，当为北魏重修此窟之供养人。"供养十方诸佛"亦指壁画千佛。

底层壁画与塑像的制作稍早，但早到什么时间一直是大家所探索的问题。如第二层壁画重绘于文成帝复法后，则下层壁画与塑像当完成于太武灭法之前（公元446年以前）。太武帝拓跋焘于太平真君四年（公元443年）平定仇池，始巩固了对天水一带的占领，至七年（公元446年）下令诛杀沙门、焚毁佛寺，仅三年时间。所以，北魏领秦州之初，麦积山不会有大规模雕造活动。在此之前，公元431年大夏灭西秦，赫连氏占有这一带，以后吐谷浑和仇池也相继在这里进行过统治，由于战乱连年，都不会有大规模开凿石窟的可能。只有崇信佛法的后秦与西秦；有在此造窟开龛的可能。而第74、78等窟的佛像又与炳灵寺第169窟的造型相近。佛头后脑靠壁，面相丰颐、高鼻、修眉，手作禅定印或说法印，虽经后代一再重修，造像具有某些晚期影响，但其凿窟兴造之始当在姚秦至西秦时期。

图3　第76窟主尊佛座正面铭记

羌人姚苌得到西州豪族的支持与北地、新平、安定羌胡十余万户的拥护，于晋太元十一年（公元386年）在关中建立了后秦。姚苌在政治上有一定作为。史籍上称他"修德政，布惠化，省非急之费，以救时弊"，"立太学，礼先贤之后"，令诸镇"各置学官，考试优劣，随材擢取"⑥。其子姚兴继位，经济、文化上更有发展，关中"俗阜年丰，还安辑"。姚兴大兴儒学法治。天水姜龛、东平淳于岐、冯翊、郭高等都是当时的"耆儒硕德"，教授长安，"诸生自远而至者万数千人"。姚兴"于听之暇，引龛等于东堂讲论道艺，错综名理"⑦。姚兴又大力提倡佛教，请鸠摩罗什于逍遥园澄玄堂演说佛经。姚兴与鸠摩罗什及沙门僧略、僧迁等八百余人考校佛经。罗什持胡本，姚兴执旧经，以相考校。由于姚兴的支持，鸠摩罗什得以重译诸经。姚兴为了维护后秦的统治，提倡讲学和翻译佛经，对当时的封建文化与佛学的传播，做出了一定的贡献。秦州是其故里，在秦州林泉之冠的麦积山修建佛教寺院是必然的。直到现在，似乎还残留着某些有关的遗迹。

值得注意的还有第76窟，1953年勘察团未能攀上此窟，只从望远镜里窥视到其中有一佛二菩萨造像，定为魏窟。这是一个1米见方的小窟，除主尊佛像与左、右壁二菩萨外，壁上部有小龛一周，内皆为坐佛。壁下部尚有影塑供养人数身。窟顶之壁画飞天尤翠丽如新。在主尊方形佛座前面有铭记。表层只有墨线长条空格，已不见字迹（或者是重修时尚未来得及题铭）。在中央剥蚀部分露出底层铭记二行（图3）：

"南燕主安都侯□□㐫

姬□□□后□造……"

按南燕未曾领有秦州，麦积山如何竟出现南燕题铭，颇值得玩味。根据历史记载⑧：慕容德于隆安二年（公元398年）正月率户四万徙滑台，称燕王，统府行帝制，改后燕永康三年为元年。次年慕容德引师而南，进据琅邪、莒城，北入广固，即皇帝位于南郊，又改元为建平元年，是为南燕。慕容德在前秦时就任过张掖太守。其兄慕容纳为广武太守，去职后，与母公孙氏就弟德家于张掖。慕容德从苻坚南征，曾留金刀于母处。后慕容纳和德的儿子都被张掖太守苻昌杀害，公孙氏与纳妻段氏得到狱掾呼延平的救助逃入羌中。段氏于羌中生慕容超。慕容超后娶呼延平女，并随凉州民徙于长安，变姓改名后，逃归南燕，于建平五

⑥　唐·房玄龄等《晋书》卷一百一十六《姚苌载记》。

⑦　《晋书》卷一百一十七《姚兴载记》。

⑧　《晋书》卷一百二十七《慕容德载记》、卷一百二十八《慕容超载记》，宋·司马光《资治通鉴》卷一百一十～一百一十六。

年到达广固，见到叔慕容德“呈以金刀，具宣祖母临终之言”，被封为北海王，拜侍中、骠骑大将军、司隶校尉，开府置佐吏。十一月德立超为太子。德死，超即皇帝位，改建平六年为太上元年（公元405年）。

慕容超由于母亲段氏和妻子呼延氏仍在后秦，于是在三年（公元407年）七月遣中书令韩范聘秦。姚兴许还超母妻。八月秦使兼员外散骑常侍韦宗还聘。超北面受诏，复遣仆射张华、给事中宗正元入长安，送太乐伎一百二十人。姚兴大悦，还超母妻，十月慕容超遣征虏将军公孙五楼率骑二千迎于境上。超亲率六宫迎于马耳关。四年正月大赦。尊父北海王为穆皇帝，母段氏为皇太后，居长乐宫，妻呼延氏为皇后。

根据以上记载，说明南燕确曾数度报聘于后秦，遣使称藩。铭记称“南燕主安都侯”，安都侯可能为后秦所册封。例如：弘始三年（公元401年）凉王吕隆遣使请降于秦，拜为镇西大将军、凉州刺史、建康公；弘始四年秦拜秃发傉檀为车骑将军、广武公；拜北凉王沮渠蒙逊为镇西将军、沙州刺史、西海侯；拜西凉王李暠为安西将军、高昌侯；赫连勃勃奔于秦州，亦拜为安北将军、五原公；弘始十一年（公元409年）秦遣使册拜谯纵为大都督、相国、蜀王；弘始十三年（公元411年）拜西秦乞伏乾归都督陇西、岭北杂胡诸军事、征西大将军、河州牧、单于、河南王。可知南燕称藩于秦，慕容超并北面受诏，同样会受册封。而安都侯封地适在燕领地。汉时文帝四年封齐悼惠王子志为安都侯，安都城当在齐境内。张守节《史记正义》称：安都故城在瀛州高阳县西南三十九里，则属涿郡。涿郡在三国魏黄初中改名范阳。慕容垂曾封慕容德为范阳王。后秦可能亦因之封慕容超为安都侯。故有“南燕主安都侯”之称。这正符合在后秦境内题铭不得不写秦封号的情况。

第76窟题虽剥蚀不全，但主要字迹已可显示其内容为南燕主安都侯妻□□姬的造像铭。弘始九年（公元407年）慕容德遣使迎母妻归国，其妻呼延氏在行将东归之际，命人开龛还愿，按当时情况，亦在情理之中。所以后秦佛教胜地麦积山出现南燕主安都侯妻室造像铭，并非偶然。南燕王慕容超有安都侯封号亦可补史籍之未详。

麦积山第76窟底层铭记既有南燕题铭，此窟当建于弘始九年。但窟中造像与壁画曾经后代重新妆銮。现存壁画供养人部分尚涂有灰浆，似准备重绘，与台座铭记被涂尚未及重题一样。窟顶莲花藻井，四周伎乐飞天一周，色彩明丽，似为北魏晚期所绘。从中部莲心仍可见到底层原有莲花较偏后，重绘时莲心移向前部。此窟虽经重修，但窟内布局以及主要造像仍可窥见初建时之形制，窟建于弘始九年（公元407年），又早于炳灵寺建弘元年（公元420年）龛十三年。这一题铭的发现，不仅证实麦积山确实创建于十六国姚秦时期，史称“六国共修”盖亦有所据，而且对于佛教造像形制的发展，又提供了新的研究资料⑨。

主尊佛像着通肩袈裟，手作禅定印。舟形背光。衣纹与炳灵寺第169窟南壁五坐佛相似，作阴刻线纹，颈部较长，面部经过一再重妆，方额、细眉，眉眼间距较大，而眼、鼻、唇相近，嘴角微微上翘，略具笑意。佛光两侧，上为小龛坐佛，中为壁画禅定佛各二，下为影塑供养人。男供养人敛发袭冠，着交领长袍，女供养人高髻长裙，肩披风衣。两侧壁各一菩萨立像，舟形背光。脚下莲台较高，其形制与第74、78窟菩萨大体相同，其上均为小龛坐佛一列。壁面中段为壁画供养人，其下亦为影塑供养人。西壁女供养人像存留尚全、亦着长袖衣裙，束发高髻，肩披风衣。由于窟主是女眷，女供养像占多数，影塑供养人亦以此

⑨ 关于麦积山第76窟“南燕主安都侯”题铭及全窟之供养人题记，均待进一步研究，在此不过作初步推测，以引起注意。希望今后能配合使用放射性碳素年代测定等科技方法加以印证。

图4 北魏第69、169龛

图5 北魏第128窟平面

窟为最早。从供养人的形象与服饰可以了解到当时鲜卑族汉化的情况。与此窟供养人服饰相同的尚有第93窟，可能也是同时期或稍后开凿的。

在第74窟西侧的第69、169龛为同时兴建的双龛（图4）。第169龛主尊为交脚弥勒，左右为菩萨立像。其形制甚古；第69龛主尊坐佛着通肩袈裟，左手执衣角，右手施无畏印。形象与南朝造像相近，左右二立菩萨，服饰重叠厚重，勘察团疑经西魏重修。在第69、169二龛间浮塑交龙，为麦积山仅有的一例。交龙的出现与燕的立国有密切关系，《晋书·慕容皝载记》称：前燕九年（晋咸康八年）迁都龙城，十二年四月"时有黑龙白龙各一见于龙山，（慕容）皝亲率群寮观之，去龙二百余步，祭以太牢。二龙交首嬉翔，解角而去。皝大悦，还宫，赦其境内，号新宫曰和龙，立龙翔佛寺于山上"。因燕有立龙翔佛寺的传统，麦积山初期这一仅见的交龙龛，似与南燕也有某些关系。

图6 第128窟正壁

第76、93、69、169、74、78等窟龛最早可能开凿于后秦至西秦统治这一地区的期间，但是经过后代一再重修，造像与壁画都不同程度地杂有晚期的因素。

图7 第128窟左壁

二 "成于元魏"，"穷造形之巧"

公元452年，文成帝拓跋濬继位，佛教得以恢复和发展。拓跋濬认为佛教能"助王政之禁律，益仁智之善性"[⑩]，实际上是利用儒佛结合以巩固政权。他命沙门统昙曜在平城西武州塞开窟造像，"雕饰奇伟，冠于一世。"兴光元年（公元454年）又于五级大寺"铸释迦立像五，各长一丈六尺，都用赤金二十五万斤。"其子拓跋弘天安元年（公元466年）"起永宁寺，构七级佛图，高三百余尺，基架博敞，为天下第一。又于天宫寺造释迦立像，高四十三尺，用赤金十万斤，黄金六百斤。皇兴中，又构三级石佛图，榱栋楣楹，上下重结，大小皆石，高十丈，镇固巧密，为京华壮观。"到太和元年（公元477年），京都城内寺院上百所，僧尼二千多。地方寺院有六千四百七十八所，僧尼多至七万七千二百五十八人。在这段期间，麦积山开窟修龛也盛况空前。现存第70、71、80、90、100、128、148、144、143、156、115、114、155等窟都可能兴建于此时。

图8 第128窟右壁

麦积山这时的造像题材仍以三世佛为主，或主尊为一佛二菩萨。实际上是前期（后秦与西秦）造像的继续与发展，只是洞窟形制较前复杂

⑩ 北齐·魏收《魏书》卷一百一十四《释老志》。以下引文同。

图 9　第 128 窟前壁

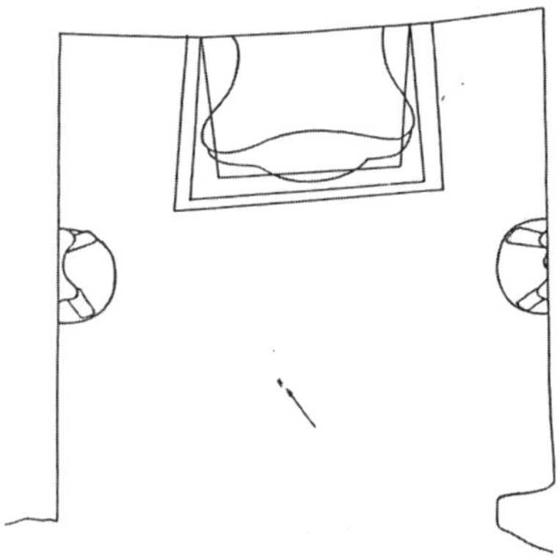

图 10　北魏第 115 窟平面

图 11　第 115 窟正壁

图 12　第 115 窟左壁

（图 5～9）。第 100 窟、第 128 窟为方形平顶窟，正壁坐佛仍结跏趺坐于方形台座上，左右两壁则各开一大龛，佛像置于龛内。这样既扩大了窟内空间，又突出了正壁佛像。第 80 窟、第 148 窟均为方形平顶窟，形制与造像风格相近。正壁有通窟平台，主尊结跏趺坐于方形台座，两侧贴壁各有菩萨立像一身。其上各开一小龛，内为思维菩萨。坐佛两侧，从上至下各开三小龛，内为坐佛或释迦、多宝并坐像。第 80 窟两侧龛下，各有三身供养人影塑，高约 33 厘米。供养人头戴巾帻或纱冠，身着交领长袍，卷袖拱手而立。窟左右两壁，上部各开小龛一列。坐佛置于正中大龛内，龛内两侧又开有小龛。

第 90、91、114、115 等窟均为平顶方形窟，第 115 窟（图 10～13）布局与第 76 窟相近，正壁主尊结跏趺坐于方形台座上。左右两壁各一菩萨立于莲台上。佛座前有墨书铭记：

“唯大代景明三年九月十五日台逵上邽镇司□
张元伯稽首白常住三宝今在此麦积山□□
□□□为菩萨造石室一区愿三宝兴
□法轮常转众僧□□天所□□右愿国
祚永昌万代不绝八方偻负天人庆㒩右愿弟
子所有诸师父母□命之者神生兜率西奉□
尊□□寿教悟无生忍□现在之者愿使四大
□像木□□慎□□二宜命不□□□□
弟子夫妻媳□现世之中众灾消灭百□告
常为国之良辅学者联□达内列
诸典诜□年□历代不□及一
切众生普同成佛
愿子□养大愿是见佛”

此铭记书于表层白色灰浆之上，实为重修之题铭，因此窟中造像与壁画形制均较古，不类景明年间雕造。

西崖第 98 龛摩崖三尊大像，一般都定之为隋塑。从现存的外表看来，确有隋唐至明清重妆痕迹，但是原来究系何时初创，却值得研究。西崖大部分是北朝窟龛，只第 67、94 等少数窟为隋代利用有限的剩余壁面开凿，第 98 龛摩崖大像占据西崖主要壁面，如系隋后所塑，必然会破坏以前的窟龛。但除第 167 龛（北魏）被明代从残存的须弥座塑出云头来承接大像足部而受到影响之外，看不出有大量破坏旧窟痕迹。相反，两旁的西魏窟似均为有了大像以后才雕造的。特别值得注意的是大佛项光与右胁侍背光有北朝卷草纹饰一圈，一直通到第 123 窟外壁。也就是在第 123 窟开凿前，这些纹饰早已有了，因此在开凿第 123 窟窟门时，不得不破坏这些纹饰。第 123 窟与同列的第 120 等窟均为北魏晚期至西魏所开窟。第 98 龛大像原塑在其之前，当塑造于北魏中期或更早。大像经过后代一再重修，北朝遗风犹存。左侧菩萨已大部塌毁，右侧菩萨保留尚完整，胁侍菩萨头部均侧向中间大像。

北魏孝文帝元宏采取了促进封建化和汉化的多种改革，同时仍提倡佛法，承明元年（公元 476 年）于平城永宁寺设大法供，度良家男女为僧尼百余人，并立寺造塔，广为功德。元宏善文学，好读书，博览经史，善谈老庄，尤精释义；太和三年（公元 479 年）幸永宁寺，设会行道听讲，命中书省和秘书省与僧徒讨论佛义。在他的倡导下，北方义学大兴。北方原以禅法为重，不以讲经为意，有的甚至不懂经义，只知坐禅诵经。自孝文提倡义学，到宣武，孝明之世，译经讲论之风颇盛。这在一定程度上影响到佛教造像的题材与形象的变革。太和改制后，北魏佛像样式发生某些变化，与南朝重经义而影响到佛教形象的塑造，情况是相同的，甚至也直接受到了南朝造像的影响。

北魏上下奉佛，仍以建功德造像立寺为主。正像杨衒之在《洛阳伽蓝记》中所说："王侯贵族，弃象马如脱屣；庶士豪家，舍资财若遗迹。于是招提栉比，宝塔骈罗。争写天上之姿；竟模山中之影。金刹与灵台比高，高殿共阿房等壮。岂直木衣绨绣，土被朱紫而已哉。"宣武帝元恪立瑶光、景明、永明诸寺。瑶光寺有五层浮图，去地五十丈，尼房五百余间；景明寺处形胜之地，有一千余间。复殿重房，交疏对霤。青台紫阁，浮道相通。虽外有四时，而内无寒暑。房檐之外，皆是山池，松竹兰芷，垂列阶墀。含风团露，流香吐馥。宣武之弟文献王元怿所立景乐寺，堂庑周环，曲房连接，轻条拂户，花蕊被庭。至于六斋，常设女乐。歌声绕梁，舞袖徐转，丝管寥亮，谐妙入神。以是尼寺，丈夫不得入，得往观者，以为至天堂。麦积山这一时期雕造之盛，装饰之富丽，也超过以往。

图 13　第 115 窟右壁

第 23、82、83、84、85（图 14～16）、86、89、91、108、121、122、126、154、156 等窟相继建于此时。第 23 窟主尊褒衣博带，衣领高耸，高鼻薄唇，面容清癯；菩萨姿态生动，拈花侍立，是太和改制后秀骨清像的代表作。这时的造像仍以三世佛为主要题材。除胁侍菩萨，还出现二弟子、二力士的形象，也出现塑于门楣上的七佛及千佛等。

图 14　北魏第 85 窟正壁

第 101、120、133、138、139、140、142、159、163、164 等窟均建成于北魏末年。其中第 142 窟保存塑像最多，色彩亦保存较好，最能显示北魏佛教"殚土木之功，穷造形之巧。佛事精妙，不可思议。绣柱金铺，骇人心耳"这样奢丽浮华的风尚。窟中现存大型圆塑九身，影塑七十二身。正壁释迦牟尼佛内着僧衹支，外着通肩袈裟。左手作与愿印。右手作施无畏印，长袖垂裳，叠褶重纹悬于台座；东壁迦叶佛左手执衣，右手作施无畏印，衣纹简洁而清丽；西壁弥勒佛作交脚像，两肩天衣飘举，璎珞环佩缠身，金碧朱紫，眩人心目。释迦两侧为二菩萨，天衣璎珞飘动。庄严焕烂；其左侧又有比丘一身，长袍大袖，和颜悦色，似具智慧而善教化；其右侧又有比丘尼一身，结发素饰，双手托钵，虔诚慈祥俨若爱道。前壁窟门两侧为力士。现仅存右侧力士，弓身瞪眼，孔武有力。佛与菩萨弟子像间，各起五层小台，上塑佛传故事。这些影塑佛传故事与第 133 窟造像碑上的佛传雕刻，代表这一时期佛传题材塑造的新水平。

图 15　第 85 窟左壁

三　西魏"再修崖阁，重兴寺宇"

一般人都把第 127 窟定为北魏窟，因正壁作为主尊的石造三尊像接近北魏晚期风格。但是从窟内泥塑与壁画来看，似均较晚。特别是从与相邻的第 120 窟、第 121 窟的关系考察，它不能早于这两个相邻的洞窟。

图 16　第 85 窟右壁

第 120 窟后壁曾被第 127 窟凿通。经修补才又被隔开（图 17）。第 121 窟顶部亦与第 127 窟地面相通。第 120 窟、121 窟均为小窟，如为后建，当避开大窟，不会在第 127 窟近旁开凿，特别不会凿破大窟。因此从打破关系考察，第 127 窟系后开。由于崖面已满，不得不打一通

图 17 第120窟后壁曾被第 127 窟凿通，又经修补，壁上留有痕迹。

道，深入崖内凿窟，但计划不周，仍在前壁凿通第 120 窟的后壁；铲平地面时，又打透了第 121 窟窟顶，所以其时代是较晚的。第 121 窟为北魏窟，第 120 窟为北魏晚期窟，第 127 窟当为西魏初年窟。

第 120 窟南壁佛像背光左侧有墨书铭记数条。其中有："亡弟天水郡□□王真供养佛时"、"叔陇骧将军天水太守王宗供养佛时"、"□□武□（兴）镇将王胜□□□□"、"叔假伏波将军□（白）石县令王□供养佛时"。王宗、王胜等名不见史籍，但武兴镇置于正始三年（公元 506 年），随即改为东益州[11]；白石县地于大统十二年（公元 546 年）置凤林县[12]。因此，从题铭可知此窟约建于北魏晚期（最迟亦在西魏初年），可以作为北魏与西魏间断代的标准。

麦积山《秦州雄武军陇城县第六保瑞应寺再葬佛舍利记》[13]石刻称："昔西魏大统元年，再修崖阁，重兴寺宇"。说明西魏初年麦积山仍兴修寺宇，佛事不衰。特别是大统四年文帝文皇后乙弗氏出家为尼，徙居秦州，依子秦州刺史武都王元戊之际，当为极盛时期。魏世宫闱佛法颇盛，出家为尼者自孝文皇帝冯氏姊妹，继有宣武皇后高氏、孝明皇后胡氏。所居瑶光寺"尼房五百余间，绮疏连亘，户牖相通。珍木香草，不可胜言"。据云寺中"椒房嫔御，学道之所，掖庭美人，并在其中。亦有名族处女，性爱道场，落发辞亲，来依此寺，屏珍丽之饰，服修道之衣。投心八正，归诚一乘"[14]。乙弗后因为政治上的原因出家为尼，侍婢尚有数十人。而文帝"思好不忘，后密令养发，有追还之意。"[15]作为太子钦和地方官吏秦州刺史武都王戊的母亲，不会不为之兴建寺宇。第 127 窟规模宏丽，非一般家族财力物力所能及。此窟建于西魏初年，且壁画七佛之侍从中有落发女尼形象，当为尼寺，似为乙弗后所建者。

第 127 窟正壁主尊石造像一龛，光背浮雕飞天，姿态生动，似随乐音翱翔于天宇；佛作说法相，仪容庄严，广袖悬裳纹饰富于韵律；菩萨端严秀丽，恬静感人。此龛无疑是麦积山造像中的精品。正壁壁画为涅槃经变，虽大部剥蚀，所余人物动态亦极生动。西壁为西方净土变，广殿净宫，青台紫阁，莲池伎乐，法音梵舞，创西天极乐之净域实为现存大型经变嚆矢。东壁为维摩诘经变，壁面上部画《文殊师利问疾品》，文殊与维摩诘相对，维摩诘"有清羸示病之容，隐几忘言之状"；中央画天女，罗衣轻裾，广袖飘拂，云髻修眉，仪态娇美；下部两侧画《方便

[11] 《资治通鉴》卷一百四十六、唐·李吉甫《元和郡县志》卷二十二。

[12] 《元和郡县志》卷三十九陇右道凤林县条。

[13] 宋代石刻，现存麦积山石窟艺术研究所。

[14] 北魏·杨衒之《洛阳伽蓝记》卷一。

[15] 唐·李延寿《北史》卷十三《后妃列传·文帝文皇后乙弗氏传》。

品》里的国王大臣问疾场面，冕旒衮衣，侍从簇拥，王者的声势愈益突出了维摩诘“辩才无碍，游戏神通”所受到的尊崇。把《问疾品》、《方便品》等有机地组合在同一画面里，这也是现存最早的实例。

表现新题材的还有十善十恶图。第127窟入口上方为七佛，门西侧绘十善图，门东侧绘十恶图。全图大部被熏黑，但绘画水平之高，仍可从隐约显露之处得以窥见。

门上方七佛图中之侍者中有落发之女尼，举止文静，形容秀丽，虽服修道之衣，独具闺阁之姿。其它壁画中，除供养人，少有比丘尼形象入画，绘制也无此精丽。如上述，此窟出现比丘尼形象当与乙弗后在此出家为尼有一定关系，从全窟壁画内容之新颖、构图之完善，绘制之精美，也应与来自京都的匠师有关。所以此窟似是武都王元戊为母乙弗后建造之功德窟。

乙弗后是一个悲剧性的人物，史籍上称她美容仪，少言笑，性好节俭，蔬食故衣，“珠玉罗绮绝于服玩，又仁恕不为嫉妒之心，帝益重之，生男女十二人，多早夭，唯太子及武都王戊存焉。”虽位至帝后，终因西魏欲结好柔然，另纳悼后，被迫出家为尼。到大统六年，无能的文帝又企图以乙弗后之死来换取边境的安宁，遂强迫乙弗氏自尽。史载乙弗后临死犹挥泪说：“愿至尊享千万岁，天下康宁，死无恨也。”与武都王元戊诀别，并“遗语皇太子，辞皆凄怆；恸哭久之；侍御咸垂涕失声，莫能仰视；召僧设供，令侍婢数十人出家，手为落发；事毕，乃入室，引被自覆而崩，年三十一。”死后，元戊为她在麦积崖凿龛而葬，号为寂陵⑯。

图18 第43窟正壁后代所修塑像（宋代），塑像背后通后室（墓室）

寂陵就是现编第43窟（图18），鸱吻飞檐，石柱阁廊。虽因后来移葬永陵而被废置，犹存建筑遗迹，同第127窟均为西魏时期窟龛之典型。早期窟多集中西崖中部，逐步向两边及上下发展，作为陵墓的寂陵，建窟时当为主要崖面之边缘。鉴于西崖已满布窟龛，无余隙，修窟工程才自西魏转向东崖发展，第1、2、28、30等窟当均晚于寂陵。

图19 西魏第123窟左壁

与第127窟大型维摩诘经变同时而稍早出现的雕塑维摩诘变相，见于第102、123窟。这两窟时代接近于第120窟。造像所表现的中心人物释迦牟尼、文殊师利、维摩诘分居三壁，每像两侧有菩萨或侍从（图19、20）。这是表现《维摩诘经》中《菩萨行品》文殊与维摩诘在释迦前听法。文殊的虔静端严，维摩诘的文智洒脱，塑造出不同人物的性格与气质。又有菩萨的端丽，侍者的虔诚，各各不同。整窟造像都显示了当时匠师的高度技艺水平，可与壁画维摩变相媲美。

图20 第123窟右壁

建于西魏时期的洞窟还有第135、44、43、20、87、88、132、146、147、92、162、161、60、54、64、117、158、28、30等窟。第28、30窟与第43窟一样，都是模仿木构寺院殿宇的崖阁，在崖面外表，上雕屋脊瓦楞、鸱吻飞檐，下凿四柱长廊，廊后为主窟。第135窟在摩崖大佛东侧，与第127窟相对称，是西崖三大窟之一，为长方形方楣平顶窟。正壁上部八王分舍利图尚存城廓殿宇、战骑车舆，犹可见人物之生动、色彩之明丽；窟中靠东有石造一佛二菩萨立像，菩萨头部系宋代补塑，与第127窟石造像情况相近，为西魏初年建窟时所立。衣纹简洁生动，为北朝石刻造像精品。

第44窟在寂陵（第43窟）右侧，前部已塌毁，后壁正中开圆券形龛，主尊坐佛，右手作施无畏印，左手作与愿印，发作旋纹，高肉髻，眉目秀长微微俯视，高鼻薄唇，；内着僧祇支，外着通肩袈裟，右襟披

⑯ 同⑬。

图 21 魏沙弥法生造龛碑拓片

于左臂下垂于膝。内衣结带飘于外衣之上。右足置于左股上，外露于袍；下裾分为两半，装饰性的褶襞排列规整，其间露出后裾下垂之卷曲边缘，悬裳两侧微微内收。衣饰的厚重感，佛的慈祥仪态，有机地结合在一起，再加上明丽的色彩，组成了富有感染力的佛国净土气氛。胁侍菩萨戴三瓣花冠，辫发披肩，上身裸，下着长裙，两臂天衣环绕，手执净瓶或衣饰，形容端丽。左壁一比丘，侧身合掌而立，文静虔诚。第20窟主尊为三世佛（未来佛弥勒像已残毁），其造型与第44窟相近，更趋圆润柔丽，均为西魏时期造像的代表性作品。

第44、20窟塑像，凡是结构较纤细或转屈之处，如手指、飘带内，都有2～4毫米粗的方棱铁筋，这是泥塑制作中用铁筋加固的最早实例。麦积山泥塑有一千五百多年的历史，虽然有的崖面崩塌，风吹雨淋，而遗留的造像仍很坚固，有的面目如新，显示出古代匠师具有高度的技艺与经验，值得我们去研究和探索。

西魏的大部分窟仍为北魏流行的方形平顶窟，主题也多为三世佛，有的不开龛，有的左右壁开龛或三壁开龛。龛内外均有壁画。窟顶壁画多作莲花、飞天、祥云，大型窟则画有帝释天、本生故事，四壁画有大型经变，如涅槃经变、西方净土变、维摩诘经变、七佛和十善十恶图等新的题材。

麦积山西魏洞窟还有一个很不引人注意的残破小窟，此窟却对洞窟断代具有一定意义，这就是第109窟。麦积山有一方沙弥法生造龛碑（图21）。关于造龛题记中的法生，是否洛阳龙门石窟景明四年比丘法

图 22 西魏第109窟正壁龛内主尊

图 23　第 109 窟左壁和前壁左侧造像

图 24　第 109 窟右壁和前壁右侧造像

生造像记中的法生，勘察团在报告中只是作为一个问题提出，而日本学者町田甲一先生则认为是同一个人，并以之推论存放此碑的第 127 窟为景明年间所造。首先，此碑原非第 127 窟之物，勘察团已记明据瑞应寺僧普净说是从邻窟移来。以另一窟与本窟无关的碑记来推论建窟的年代，显然是不实际的，而第 127 的时代已如前所论，为西魏初年建，不是北魏景明年修造。普净说的邻窟是泛指第 127 窟附近的窟，不一定是旁边的第 120 窟或第 158 窟。而且即使就在旁边某窟里，也还得寻求石碑原来存放的位置，才能了解它与原来洞窟的建造关系。石碑既不是在壁面上雕造，原来总是有一个固定位置的。因此重要的是要找到原来镶砌此碑的洞窟，才能以之论证两者的关系，也才有可能探讨沙弥法生与景明年间的比丘法生是否同一人。

图 25　第 109 窟左壁第二身坐佛和弟子

第 127 窟两旁的第 120、158 窟，是两个很小的窟，都没有放置石碑的地方，窟外也没有痕迹，所以都不是与此碑有关的窟。在附近有镶砌石碑痕迹的只有第 108、109 窟。这两窟的窟门上方各有一凿成的长方形凹入的平面。另外在第 154 窟的门上有同样凿出的浅底平面。原来均为刊石或题铭处。第 154 窟离 127 窟较远，不会是从那里移来。而第 108 窟门上方形凹入尺寸较大，与此碑不符。只有第 109 窟方形凹入高 51、宽 43 厘米，而石碑残高 45、宽 38 厘米，每边加上残损和砌接的空隙，则应正相符合，所以此法生造龛碑原来应是此窟的造像铭记。第 109 窟内造像为七佛一铺：正壁圆券龛内一佛（图 22），左、右壁各三佛一弟子；前壁两侧为二力士（图 23、24）。按窟内现状，龛内主尊早已残失，左、右壁后部佛坛圮毁，第一尊佛均已不在原位；一尊移到了正壁龛内代替主尊，肉髻已损，着通肩袈裟，作禅定印；另一尊禅定佛则被置于相邻第 108 窟内右壁前的地上。右壁第二尊，内髻低平，偏袒右肩，右手由偏衫下伸出作施无畏印，左手执衣角，结跏趺坐。左壁第二尊，与右壁形制大体相同。左、右壁第二身（图 25、26），均着通肩袈裟，结跏趺坐，双手拢于广袖之中置于胸前，作闭目参禅之状。拢袖置于胸前的姿态，在麦积山塑像中似仅见于此窟，极为特别，但与法生造龛碑上的小像却恰好吻合。法生碑上部也作一列五小龛，中间一佛右手作施无畏印，左手执衣角。右侧佛像两手拢袖置于胸前，与窟内造像为同一种造型，其他诸佛形象亦相近。所以，从碑上的佛像与窟中塑像相同，亦可证明此沙弥法生碑确是第 109 窟造像铭记。

图 26　第 109 窟右壁第二身坐佛和弟子

第 109 窟五佛分别坐于龛内或两壁高坛上，与北周第 36、35、26、27 等窟流行之形制大体相同，是其时代已接近。但碑铭作"大魏”，当仍为元魏晚期建造，可能建成于无年号之西魏废帝、恭帝时。此际法生尚为沙弥，显然不会是景明年间在龙门石窟为皇帝和王室造功德的比丘法生。第109窟有“大魏”碑铭，弟子与力士塑像也均保存西魏样式，所以第109窟可以作为西魏末年石窟的断代标准。

图27　北周第62窟正壁

四　“散花楼”与“七佛龛”

西魏时，宇文泰崇信佛法，在他支持下，皇室立大中兴寺，尊道臻为大统，又命昙显撰《菩萨藏品经要》及《百二十法门》，礼拜唱导，香火不绝。至宇文氏代立，北周虽重经学，佛道亦盛。诸帝并常立寺，赞帝下诏立大陟岵、大陟屺二寺，大度僧尼，宇文护赞助译经。宗室宇文导、宇文广父子相继刺史秦州，麦积山在魏周之际佛事亦盛。宇文广属吏李充信营造的著名的七佛阁即建于此时。现存第141、45、55、53、18、39、36、22、82、62、48、31、3、9、26、27、4等窟，都是这一时期所建造。

图28　第62窟左壁

北周流行的中小型窟（图27～31），平面多为方形，四面披盝顶，四角雕出石柱，顶部雕出梁、枋与之相接，交角饰以莲心。窟内布局严谨，或三壁开龛，或左右各开三龛。主尊多为七佛，胁侍为菩萨、弟子。第141窟佛像肉髻低平，头微微前倾，着通肩袈裟，衣纹简洁，肩宽胸平，悬裳质薄纹密，与身躯之平净形成对比；菩萨上身袒露，下着裙，端严俊秀。有的窟顶尚残留有佛传故事之涅槃（第26窟）、多宝释迦并坐（第27窟）等壁画，构图精致，绘制优美，是这一时期具有较高水平的代表性作品。有的窟平面作马蹄形，穹窿顶，主尊为三世佛。如第45窟右侧已塌，现存造像正中为一佛二菩萨，左侧存一佛，造型较第141窟丰满圆润，悬裳短而丰厚，与造像风格一致。

图29　第62窟右壁

关于李充信所建七佛阁，当时著名的文人庾信撰有《秦州天水郡麦积崖佛龛铭》。他在序中说：“大都督李充信者，籍于宿植，深悟法门。乃于壁之南崖，梯云凿道，奉为亡父造七佛龛。似刻浮檀，如攻水玉。从容满月，照耀青莲。影现须弥，香闻忉利。如斯尘野，还开说法之堂；犹彼香山，更对安居之佛。”⑰从中可知李充信建成七佛龛时为大都督，当在宇文广逝世的天和五年（公元570年）前后。五代时的《玉堂闲话》亦称：“有庾信铭记，刊于岩中”⑱。麦积山的七佛阁即由此而著名。但麦积山七佛阁不止一个，究竟那一个是李充信所建，尚是一个问题。一般人称为七佛阁的有上、中、下三个。所谓下七佛阁，实际上是三个不同时期窟组合在一起，原非七佛龛，可置而不论。中七佛阁，经过明清重修，原来面目不清。上七佛阁，规模宏伟。属于较早期的艺术风格，一般都认为是大都督李充信所建。但是值得注意的是上七佛阁石刻铭记甚多。独不见“刊于岩中”的庾信铭记；而且上七佛阁虽可能在北周时已开始凿造，但并未完工，塑造彩绘一直延续到隋、初唐才全部完成；五代《玉堂闲话》将散花楼与七佛阁并称，显然不是指同一个建筑，如果散花楼就是上七佛阁，七佛龛应是专指另一刊有庾信铭记的李充信所建的七佛阁。从以上三点分析，现在的上七佛阁不会是李充信所建。

图30　第62窟前壁

上七佛阁工程浩大，非短短几年时间所能建成，王室宇文氏总管秦州，李充信既为宇文广属吏，不可能有这样的财力和地位来创建麦积山最大的佛窟；就是创建了，也不可能在未完成的情况下请庾信刊铭于

图31　第62窟外壁

上。但是上七佛阁（实际应称之为散花楼）的下面，另一个规模稍小而仍很堂皇的七佛阁（第 9 窟），因为崖质疏松，主要是凿窟泥塑造像，却有可能在短期内完工；其中造像虽经后代重妆，壁面也一再经过重绘，但是从破损处仍然可见底层纹饰。窟内左起第三龛佛座露出底层悬裳褶纹，有明显的北周风格（图 32）；第四龛须弥座上部中央，露出底层衣纹，也系北周风格。第 9 窟原来龛沿与其上部的千佛崖系同时规划凿造，千佛崖（现编第 3 号)系北周造像，也证实第 9 窟为北周建造；七佛龛内均经后代重新涂绘，宋以前铭记或其残迹都可能被上层覆盖，如左起第三龛西壁上就露出北朝墨书文字。庾信铭记所说:“壁累经文，龛重佛影”的情况与此是相符的。五代所见《秦州天水郡麦积崖佛龛铭》或其遗迹，在今后修整过程中，仍有在此再发现的可能。该窟中间一龛造像为一佛二弟子，其余六龛均为一佛二菩萨，造像均经重妆或者重塑，现存木阁亦为近代所建，但从整窟结构布局仍可窥见北周的规模与形制。因此，从几个方面比较起来，第 9 窟应是李充信所建七佛龛。

图 32 第 9 窟内左起第三龛佛座露出底层北周原塑悬裳

第 4 窟在东崖的最高处，距地面 50 余米。原为七间八柱殿堂式崖阁。石柱均利用原崖面雕凿而成，高大宏伟。由于历代地震等原因，中间六柱已崩毁。柱后为长廊，廊顶雕平棋藻井，中画佛传故事；廊长 31.5 米、高 8.75 米，东西两侧各塑一力士，高约 4.5 米，其上部壁间分别开龛塑文殊、维摩；廊后为一列七个佛龛，内塑佛、弟子、菩萨，每龛龛内壁上部为烧制的影塑千佛。除影塑为北周开窟时预先烧制，塑像多成于隋唐之际，其后又经过多次妆銮。龛檐就崖雕成垂帐，犹存北周遗制；龛间浮塑龙天八部，剥蚀处可见石胎，生动之形态颇为动人；其上有壁画，大多已漫漶，为唐初所绘，供养人神态如生；在龛帐的上部为七铺伎乐散花飞天，每铺四个天人，有的奏乐，有的散花。天人脸面手足均为薄肉浮塑，衣饰则彩绘。塑绘巧妙地结合在一起，使天人更矫健活泼。伎乐翱翔于天际，鲜花随乐音而翻舞，成为这一宏伟壮丽佛窟中最吸引人的画面，七佛阁之所以被称为散花楼，也正是出于对这些壁画的高度赞美。

散花楼与千佛廊、李充信七佛龛可能同时规划兴建，但是由于工程浩大，又遇上周武帝宇文邕在建德三年（公元 574 年）下诏灭佛，中途停顿。宇文邕励精图治，决心灭佛，废毁酷烈。隋费长房《历代三宝记》卷十一称:“建德敦牂迄于作鄂，毁破前代关山西东数百年来官私所造一切佛塔，扫地悉尽。融刮圣容，焚烧经典。八州寺庙，出四十千，尽赐王公，充为宅第。三方释子，灭三百万，皆复军民，还归编户”⑲。在麦积山自然不能例外。一直到宣、静二帝继位，在丞相杨坚的支持下，复兴佛法，塔寺才得以修复，麦积山散花楼才继续施工建造。

杨坚代周立国。仍极力提倡佛教，开皇元年（公元 581 年)“普诏天下，任听出家，仍令计口出钱，营造经像”⑳。据法琳《辩正论》记载㉑：自开皇之初，终于仁奉之末，所度僧尼二十三万人；海内诸寺，三千七百九十二所；凡写经论四十六藏，一十三万二千八十六卷，修治故经三千八百五十三部”。隋文帝杨坚统治期间，全国制作佛像多达一十万六千五百八十躯；妆修佛像一百五十万八千九百四十许躯。

麦积山《秦州雄武军陇城县第六保瑞应寺再葬佛舍利记》（图 33）也记载：隋文帝仁寿四年，再修崖窟，敕葬舍利建塔，赐净念寺。现存第 94、67、13、37、24、160、14、5、12、24、25 等窟均为隋代所建。

⑰ 《庾子山集》卷十二。

⑱ 五代·范资《玉堂闲话》一书已佚，宋·李昉等《太平广记》卷三百九十七辑有麦积山条，收录此文。

⑲ 《大正藏》卷 49，p.94。

⑳ 唐·魏徵等《隋书》卷一《高祖纪》。

㉑ 《大正藏》卷 52，p.509。

图 33　宋《秦州雄武军陇城县第六保瑞应寺再葬佛舍利记》碑拓片

第 13 龛是摩崖大像，在散花楼之下，高约十余米，与西崖大像相对应。主尊为倚坐佛，胁侍菩萨亦短壮，略存隋代遗制。第 94 窟平面马蹄形，正中坐佛着通肩袈裟，手作定印，衣纹稠密，多作环形线，使造型秀俊而不失于丰润；两侧弟子、菩萨躯体圆实，塑造精致。此窟佛像承北周遗制，而菩萨弟子启隋代新型。第 14 窟前部已塌，残存正壁佛龛及两侧菩萨，左壁力士一身。菩萨及力士均为隋代原型。菩萨端严温婉，力士孔武有力。神情肌肤真切动人，为隋塑之精品。隋代窟龛除马蹄形平面、穹窿顶，亦有平面方形、四面披顶，造像多一佛二菩萨、一佛二弟子二菩萨或四菩萨，造型更趋写实，肌肤圆润，衣饰简洁。

隋代以后，麦积山崖面已布满窟龛。地震崩塌亦严重。唐宋以后无新洞窟开凿，多利用旧窟重妆或改塑。第 165 窟原为北朝窟，宋代重塑观音及胁侍，形象更加世俗化，与内地同时期造像具有相同的程式化特点。第 91、90 窟亦均是北朝窟，宋代改造，弟子等形象亦真实感人。明清亦多重妆旧塑，但原型多失，唯第 25 龛高大的坐佛，是明天启七年（公元 1627 年）木匠僧人本羊、妆贴匠人侯尽兄弟等人所制作，代表了这一时期麦积山匠师的较高水平。

五　“似刻浮檀、如攻水玉”

麦积山石窟始创于后秦，历经西秦、北魏、西魏、北周到隋代的凿造，又经唐宋和明清的不断妆修，在现存的一百九十四个洞窟中，保存了造像七千二百多身，壁画九百多平方米。雕造的时间长，遗存的数量多，无论在题材、内容、塑绘技艺、形象塑造上，都极为丰富、多样，并具有独创性。北朝时期在麦积山较早地出现大型经变（西方净土变、维摩诘经变、涅槃经变以及极为少见的十善十恶图），而又幸运地保存下来，这不仅意味着中原佛教艺术在当时已有光辉的创造，并且显出它是南北文化不断交融的成果。每一个新的题材与样式的出现，都正是佛教思想与信仰倾向变化的体现。麦积山所在的秦州靠近河西走廊的东端，是东西交流的枢纽之一。它既有凉州传来的西部消息，又是受到中原文化直接影响的地区。它比敦煌和凉州的样式，更具有中原特色。从麦积山一部分北朝造像与洛阳永宁寺塔出土的塑像造型之相似和技艺之接近，可以证实这一点。同时，麦积山又是通向巴蜀的孔道。南北朝都先后争夺秦州，而来往于南北的僧俗学者，每每取道于此；因此它也是南北交会之处，比其它地区受到更多的南朝影响。一些新题材，特别是接近南方样式的题材在这里出现得最早，应不是偶然的。从大型维摩诘变塑像的神情气质，不难看出南朝的某些造型特点。我们也不能忽视，秦州还是氐、羌、鲜卑等许多少数民族与汉族杂居的地区，因此艺术上也就具有多民族的因素，这在早期的供养人像上体现得尤其鲜明。

麦积山艺术的创造性，还表现在同一题材的不同处理上。佛传故事是见于新疆、敦煌、云冈、龙门等地石窟的最流行的题材，但是在麦积山，不仅壁画、石刻中塑造了不同形象并创作了新颖的构图，而且还创造了由影塑组合的形式，别开生面。塑绘结合的散花天女更是生动感人，这不仅仅因为运用了新颖的表现技法，适合于信徒们由下向上观赏，还由于这种塑绘结合的手法，加强了翱翔在天宇似真实又虚幻的感觉，同时这样的虚实结合也增强了天女姿态、神情的表现。

麦积山和敦煌、凉州、龟兹等地石窟造像大都是泥塑。彩装泥塑不同于石雕或木雕。无论质感、雕造手法、色彩妆銮都有所不同，因此这些地方的泥塑不同于云冈、龙门的石造像，也不同于寺观的木雕或金铜佛。但就是泥塑也有地区、时代、民族的不同特点。龟兹泥塑夸张、生动，富于变化，和龟兹乐舞一样，西域风情流于意表。凉州造像承西来之式样，融合土著良工之意匠，寓纯朴于粗犷。敦煌彩塑精湛绚丽，中原传统与西域影响相互交融，含慈祥于庄严，藏纯洁于端丽。麦积胜境，东西高僧禅居布道，南北学者参拜吟咏，氐、羌豪族交替供养，王室显宦长期经营。艺汇南北，技融东西；造像尽捏塑之便捷而重其神似，彩塑极妆銮之明丽而去其浮华，麦积山佛教艺术所具有的独特风格与卓越成就是值得高度评价的。只有注意到佛教造像的不同地区的特点，才能认识到各时代各族匠师在艺术上的创造。麦积山遗存的大量西魏与北周的造像，更集中显示了艺术家在塑造形象上的成就；所作禅定像，垂目静坐，澄怀味象，似含笑而无思念，表现了无所羁绊和宽广慈祥的心境；思惟像似沉思，似沉缅于暝想中，然而舒展的仪表却显示着思维的通达；弟子矜持，菩萨温婉，仪态自然，神情生动。第123窟文殊、维摩的侍从，是依据佛经内容塑造的，它不是一般的供养人或僧徒，却从世俗中吸取了原型。塑像单纯洗练，仪容端丽虔诚。男侍的那种淳朴真诚，使人随时联想到在当地所遇到的那种待人接物的乡情。女侍的虔诚端丽，也与众不同。她的虔诚不是一种为生活所累而谋求超脱人间的一般世俗信徒的虔诚。她的端丽，也不是那种“端丽柔弱似妓女之貌”(《释氏要览》卷中㉒)。她娇美、稚气、纯真，对现实生活的追求与对佛国世界的向往于她都具有吸引力。因此，所表现的虔诚，不是基于脱离现实苦难，不是那种苦行者的意愿，而是在时代思潮影响下的童稚的真诚。艺术匠师在制作宗教的造像中，生活却使他不自觉地（或自觉地）塑造了他所了解的人与情思。这也是麦积山的艺术不可能不具有自己的特色和取得独特成就的原因。艺术家的写实是一种创作，而不是机械的模仿。表现宗教形象不是具体描摹某一个人，但是成功的塑造，常常使观众觉得在生活中似曾相识，艺术家的认识与思想，藉助宗教造像感染着信徒与观众。

麦积山泥塑的地方特点还表现在造像形制和手法的某些方面。例如衣饰的厚重不同于石雕，也不同于其他地方的泥塑。秦州气温偏寒，而

㉒ 《大正藏》卷54，p.288。

某些造像的衣着多类绵质或毛质，柔软而厚重。另外，影塑多，不仅身轻婉约的飞天楚楚动人，佛传故事中的人物或现实社会中的供养人像也神态如生；王者庄重潇洒，孩童幼稚活泼，妇女秀丽端庄。影塑利用模制再行加工的技术，创造了多种形象。泥塑在体态的变化与线条的处理上也有其创造。麦积山佛像的悬裳是多样而富有变化的。但是这些柔和而流畅的衣褶，不只是为了交代衣着与形体的关系以及服饰的变化，而且有利于人物神情的表现。悬裳下垂的直线或重复的曲线，富于装饰性，且真实合理；既显示了衣袍的重叠、层次与质感，而又加强了静穆和神秘的宗教气息。于是，佛的庄严仪表与富有规律的衣饰，就统一在同一气氛中了。

以佛教题材为表现内容的艺术，不可能不按照佛教仪轨的要求来描绘，而艺术家依照自己的理解与生活感受来创造，常常又突破了经典与仪轨的某些限制,寄托了自己的认识、情感、希望和理想。麦积山的艺术尽管在题材上与其他佛教遗址大同小异，但形象却有着它自己的特色，特别是“似刻浮檀、如攻水玉”[23]的泥塑,曲折而又丰富地反映了它所经历的时代与地区的人情与风土。

〔附记〕本文所附麦积山石窟墨线图，均为1962年中央美术学院美术史系实习队所绘。

㉓ 北周·庾信《秦州天水郡麦积崖佛龛铭》。

麦积山雕塑艺术的成就

孙纪元

一

天水，汉代的上邽，为古代关陇巴蜀咽喉之地，也是丝绸之路上的一个重镇。

天水境内的麦积山，位于天水市东南，地处秦岭西端，气候宜人，景色秀丽，被誉为“秦地林泉之冠”[①]。十六国时，名僧玄高“隐居麦积山”[②]，聚集僧人百余人，这里变成佛徒凿窟修禅的胜地，麦积山石窟也已经开始了它的创建史。

麦积山石窟群就开凿于陡峭的崖壁上，由于当地潮湿多雨，几经地震，造成了崖面崩塌，一些雕塑被毁坏，壁画大部脱落，没有以资判断具体开窟时间的任何记载。据南宋嘉定十五年（公元1222年）《四川制置使司给田公据》碑称“始自东晋”。明崇祯十五年（公元1642年）《麦积山开除常住地粮碑》称“自姚秦”。结合麦积山现存文物遗迹来看，可以认为当地碑刻记载是可信的。

麦积山石窟自后秦、西秦，又经北魏、西魏、北周、隋、唐，至宋、元、明、清各代营建。但当年的窟、龛、造像总数已无法查考，现存窟龛194个，造像7200余身（其中泥塑包括石胎泥塑共3513身，石雕25身和石造像碑18块，包括千佛在内的石造像共3662身），是我国著名的佛教艺术宝库，而雕塑，特别是泥塑，其历史之悠久，数量之多和艺术价值之高，在国内外均属罕见。

北魏初，鲜卑贵族为了巩固其在北方的统治，期望佛教来为他们“敷导民俗”[3]，于是在京城内外修庙宇造佛像。这就为佛教艺术的进一步传播和发展创造了良好的社会条件。佛教艺术使中国传统雕塑、绘画从宫廷扩展到了民间，其影响之广泛和延续时间之绵长是以往任何时代的其它艺术品所无法比拟的。

石窟寺在我国出现之前，传统雕塑品的制作主要用于帝王的宫殿和陵墓，如秦代咸阳阿房宫前的十二个铜人[①]、临潼始皇陵前的兵马俑，还有众多的石人、石兽和陶俑、木俑等。而用于民间则大量是小型的装饰性雕塑，如各地出土的器皿旋盖上的人面形、鸟形、兽形等。

佛教艺术的传入，使中国传统艺术从内容到形式发生了巨大的变化，并且逐渐遵照统治阶级的意愿而加强了社会政治作用。北魏在道武帝拓跋珪时期，已经崇信佛教，认为它“济益之功，冥及存没”[⑤]（公元398年），开始在京城内外大兴土木，建造庙宇。太武帝拓跋焘时，一度灭佛（公元446年）。文成帝拓跋濬刚一即位（公元452年），就下令恢复佛教，到宣武帝元恪延昌四年时（公元515年），境内已有寺院一万三千七百余所。到魏末，各州郡寺院总数达三万余所，僧尼超过二百万人。佛教兴盛到惊人的地步[⑥]。

北魏麦积山石窟的兴盛，是在拓跋濬复兴佛法之后。麦积山开凿于北魏时期的洞窟数占现存洞窟总数的百分之四十左右。

① 宋·祝穆《方舆胜览》卷六十九《天水军》（《宋本方舆胜览》，上海古籍出版社1986年版）。

② 梁·慧皎《高僧传》卷十一《释玄高》（《大正藏》卷50，p.397）。

③ 北齐·魏收《魏书》卷一百一十四《释老志》。

④ 汉·司马迁《史记》卷六《秦始皇本纪》。

⑤ 同注③。

⑥ 同注③。

图 1　北魏第 148 窟坐佛

我们在麦积山早期的洞窟里。可以看到少量在艺术风格上受到西域影响的作品，其表现如深目高鼻，薄唇，鼓眼，断发披肩，阴刻平行的衣褶等。而北魏晚期的大量作品，都是中国传统雕塑绘画的表现手法。构图形式等方面都洋溢着热烈、浓郁的民族特点。往往运用朴实简洁的造型和阴刻线来表达各种人物细微的内在情感、优美动人的形象和浓厚的生活情趣。

北魏早期的雕塑，体格健壮、造型敦实、神情端严，以第 74、78 以及 148 等窟（图 1）较为典型，时间上接近于云冈第 20 窟大佛（图 2）。

图 2　云冈石窟北魏第 20 窟坐佛

图 3　北魏第 133 窟第三号龛坐佛

此后的北魏造像，多长面细颈，身材修长清瘦（图 3），或着褒衣博带式袈裟（图 4）。这正是孝文帝元宏为巩固其统治，提倡汉化，改拓跋为元姓，禁鲜卑语、鲜卑服，改穿汉族衣冠等一系列政策实施的结果⑦。

麦积山有确切纪年的洞窟为数不多，最早的纪年见于北魏宣武帝景明三年（公元 502 年）第 115 窟的张元伯题记。这时正值北魏孝文帝元宏迁都洛阳不久，也正是继续大力推行汉化政策的时候。从这一时期的造像风格上，可以看到北方的体短健壮与南方的“秀骨清像”⑧相融合的许多特点。佛穿袈裟或通肩大衣。菩萨身体清秀扁平，肩宽，头略大，脸型长圆，披帛长裙，身体用浮雕的塑造手法，直接塑于壁面上。头部是制作好了直接插于颈窝，显得突出。衣纹采用圆润的阴刻线，不仅富于装饰味，似乎还可以透过薄纱看到清晰的躯干轮廓。飘带薄薄地贴塑在绘有壁画的壁面上，使塑与画浑然一体。这两身菩萨头戴花蔓宝冠，右手持莲花紧贴在胸前，左手持净瓶，姿态温婉动人（图五）。将此窟作为标准来区分麦积山早期各窟为北魏前期和后期是比较妥当的。

北魏时期的塑像保存较完整，特别是作为传神的眼睛大多完好无损。敦煌早期彩塑眼睛保存下来的为数甚少，且大都被后代重修时镶嵌了金属或琉璃眼珠，给研究和临摹带来很多困难。麦积山早期彩塑为我

⑦　《魏书》卷七《高祖纪》。

⑧　唐・张彦远《历代名画记》卷六《叙历代能画人名》陆探微条。

们弥补了这一缺憾，也为我们研究雕塑的造型手法提供了宝贵的实物资料。

到西魏文帝元宝炬时，继续推进汉化政策，佛教艺术得到进一步的发展。

西魏统治仅二十多年，佛教造像仍然继承了魏晋以来的“秀骨清像”风格，表现出人物清俊、通脱、潇洒的风度。佛、菩萨身穿褒衣博带式袈裟或交领襦袍，比例修长，脚穿云头履，面带温婉亲切的微笑。

从《北史》记载看，出于政治上的原因，西魏文帝文皇后乙弗氏被废黜后，出家为尼，徙居秦州，帝令其自尽，并“凿麦积崖为龛而葬……后号寂陵”⑨（公元540年），足以反映西魏统治者对死后的种种憧憬和对开窟造像的重视，可惜的是现在编号第43窟的西魏塑像和壁画都被后代重塑和掩盖，使我们无法看到它们本来的面貌。

图4　西魏第135窟正龛菩萨

北周武帝宇文邕，史书说他“克己励精，身衣布袍，雕文刻镂，锦绣纂组，一切皆断”⑩。这当然难免有些夸张，但他能看到佛教泛滥势将危及国家民众，因而博采众议，“集百僚，道士，沙门辩论释老义”，在建德三年（公元574年），断然下令“断佛道二教，经像悉毁，罢沙门、道士，并令还民，禁诸淫祀”⑪，不愧为一个有远见卓识的皇帝。可事隔不到五年，他的儿子周宣帝就下令“复佛像及天尊像”，甚至还“与二像同坐”，让“京城士民纵观”⑫，彻底恢复了佛道二教的地位。北周二十多年间开窟造像，兴修庙宇的盛举几乎达到了空前绝后的地步。敦煌远在边陲，早期各窟中规模最大的北周第428窟两幅以舍身饲虎和乐善好施为主题的故事画长约3米，光供养人画像就有两千余身，足以窥见北周佛教泛滥的一般。

麦积山北周时期造像风格在西魏的基础上又有了新的发展，造型敦厚，简练，人物形体饱满，表情生动自然。

图5　北魏第115窟左壁菩萨

隋文帝统一中国后，结束了三百多年的战乱局面，经济日益繁荣，开运河促进了南北经济文化的融合。隋文帝与隋炀帝都崇信佛教，隋炀帝还受过“菩萨戒”。隋代仁寿末年（公元604年），海内诸寺三千七百九十二所，全国共雕金、银、木、石、夹纻等造像十万六千多躯，庙宇和造像的营造规模又超过了北周⑬。隋炀帝又爱好艺术和书法，专门建造了珍藏绘画和书法的“妙楷台”和“宝迹台”⑭，对南北艺术的融合和佛教艺术的发展起了很大的促进作用。

麦积山由于几次大的地震，崖面崩塌严重，隋、唐时代洞窟所存数量甚少。据记载，隋文帝十分重视“雕铸灵像，图写真形”，说它“生养万物，利益兆人，故建庙立祀”⑮，并于仁寿元年诏令全国三十州建舍利塔。现在依然矗立在麦积山顶上的舍利塔后来经过清乾隆二年（公元1737年）圆慧和尚的重修。

隋代造像，手法朴实，造型敦厚。在这一时期出现了许多比真人高大的造像。早期那种紧靠壁面，形体扁平的样式已很少出现，而代之以体积饱满、厚重的造型，简洁、概括，剔除了繁琐的细节和过多的道具。尤其是雕塑作品的边际（即圆雕在多种角度观看时的外轮廓）所要求达到的精练、优美方面，隋塑已经取得了明显的进展和突破。隋代石窟中塑造了许多栩栩如生富有个性的形象，许多佛、弟子、菩萨的塑造技巧及神态刻划达到了很高的艺术境界，这里较有代表性的如第5窟（俗称牛儿堂）造像和第14窟的胁侍菩萨。

麦积山唐代的作品，由于地震的破坏，保存下来的很少。从现存作

⑨ 唐·李延寿《北史》卷十三《后妃列传》。

⑩ 唐·令狐德棻等《周书》卷六《武帝纪》。

⑪ 《周书》卷五《武帝纪》。

⑫ 《周书》卷七《宣帝纪》。

⑬ 唐·法琳《辩正论》卷三《十代奉佛篇》(《大正藏》卷52，p.509)。

⑭ 唐·魏徵等《隋书》卷三十二《经籍志》。

⑮ 《隋书》卷二《高祖纪》。

图6　西魏第87窟右壁弟子

品看，宋代虽保留着唐代余韵，但人物表情已显呆滞，缺乏生气，衣褶则渐趋繁琐。宋塑的佳作如第165窟菩萨和供养人，身体比例匀称，形象写实生动，但眼睛过分向上斜挑以及厚而极小的嘴，则表现出程式化的趋向。

二

佛教艺术在其传播过程中，也在不断发展和演变。古代印度的雕刻和绘画，像笈多朝的佛像稳重典雅，肌肉匀称，袈裟紧贴身体，如出水之状，在圆形的背光上还雕刻着精美的装饰图案。在南方的德干高原上的安达罗国阿玛拉瓦提地区，公元四世纪时还多用象征手法，用法轮表示说法，用小象表示诞生，所雕的动物生动有趣，特别强调女性的体态和妩媚。服饰上也具有古老的印度民族特点。不可忽视麦积山雕塑在人物造型等方面与印度佛教艺术之间十分密切的关系，但它们之间又有着明显的差异。

麦积山处在东西往来的交通要道上，频繁地接受着来自各方面的影响，千百年来逐渐形成了当地特有的艺术风格。当然，作为石窟寺，它也遵循佛教教义和内容的规范，因之，它与我国各地石窟寺在同一时期的造像风格上，存在着千丝万缕的联系。然而仔细观察，它们之间毕竟有着各自不同的特点。笼统地说，云冈石雕宏伟粗犷，龙门石雕坚实圆润，敦煌彩塑细腻规整、色彩艳丽，麦积山雕塑秀丽生动。当然这四处石窟，都保存了成千成万件雕塑，又分属不同的时代，要用一句话概括它们的特点是不容易的。

佛教艺术在我国发展的历史只不过千余年，在它之前，我国的雕塑艺术就已具有很高的艺术成就。保存到今天的许多实物，像新石器时代那古拙淳朴的陶器，殷周时代浑厚生动的青铜雕塑，艳丽的战国木俑，写实的秦汉陶俑，雄浑的汉代石雕，都清楚地展示出我国古代雕塑艺术的高度水平。佛教艺术即生根于这样一个灿烂的传统艺术基础之上。

麦积山在敦煌与长安之间，这里也是古代文化发祥地之一，近年来秦安大地湾新石器时代遗址出土的陶塑和人面陶器进一步展现了当时文化发展的情况，汉唐之际，不难想象丝绸之路上络绎不绝的人群中，一定也有大师名匠聚集在这里，留下了他们不朽的作品。

人们从麦积山雕塑中还可以清楚地看到，许多人物的塑造，已经注意到了人物内心感情的刻划，十分重视形式美和整体感的和谐统一，使形象达到了形神兼备的境界。这说明当时在这里从事佛教雕塑制作的艺术家生活感受和艺术造诣都是很深的。

对中国古代雕塑颇有兴趣的研究者，他们共同的印象和感受，就是麦积山那具有女性美的佛、菩萨，以至于弟子，都在向人们发出亲切而善良的微笑，那女性温柔的性格、体态、端庄俊美的神情，晶莹如玉的肌肤，潇洒高雅的风度，无处不是借女性“表现出一种心灵的温柔亲密”[16]，从而抒发对高尚品德的赞颂和对美好社会生活的追求。正是这些，沟通了各个不同阶层的思想感情，成为怀有不同社会理想的人们普遍都能接受的艺术品。

像北魏第23窟和第69窟的胁侍菩萨，第13窟的三尊摩崖大像，西魏第44窟的坐佛，第123窟的佛、菩萨和天真可爱的供养童子和童女，第133窟正中宋塑立佛那如盛开的兰花的手，以及第12窟的菩

⑯ 黑格尔《美学》(Georg Wilhelm Friedrich Hegel, *Asthetik*，朱光潜译)。第一卷第三章，人民文学出版社1959年版。

萨、弟子等，都是极为成功的作品。

第123窟的供养童子和童女，在塑造技巧方面，造型特点上都呈现着秦汉以来的传统风格。作者用极概括、简练的雕塑语言，突出刻划了幼童纯真而略带稚气的神态，动态少而稳重。表达了虔诚与静穆的宗教气氛，有如一首抒情的诗篇。没有过多的渲染，而是运用概括的形象，作者主要对人物面部进行了细腻的刻划；在那清秀的脸宠上塑出了一双细长而美丽动人的眼睛，薄薄的唇角露出天真的微笑，揭示了人物的内心世界；以单纯的艺术语言启发人们的联想。这两身塑像与陕西咸阳杨家湾1965年出土的西汉陶俑⑰在造型整体处理上很相似，都是静止的姿态，在大的体面上刻着简练的阴刻线，衣服的下摆向外飘动，服饰上隐约可见的色彩有红、青、绿、白等，虽然人物服饰不同，在造型手法上却是一脉相承的。

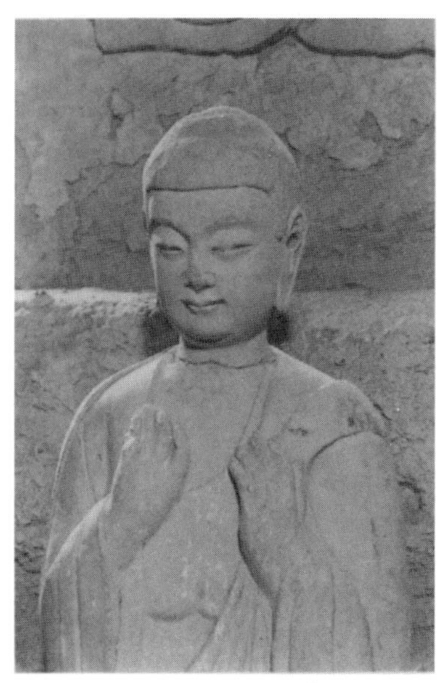
图7　第135窟内北周倚坐佛

第44窟坐佛的成功塑造，使人想到，那一定是艺术家所熟悉和喜爱的妇女形象的写照。第20窟菩萨，五官较集中，脸颊丰满下垂，小额凤眼，持杨枝的手柔软、圆润。花冠两旁露出直径约3毫米的铁条长40厘米，表层塑泥已脱落无存，这是塑造飘带的骨架，衣饰敷彩素洁，以石绿、石青、赭石、红、黑为主。

第87窟的迦叶，长眉深目，高鼻，是一个典型的西域少数民族高僧的形象，目光炯炯有神（图6)。古代雕塑家对这个饱经世故，富于机智的婆罗门教皈依者，在艺术手法上运用了大刀阔斧的夸张与变形，目的在于突出人物的个性。强调体积的面、强调圆中带方和体积的厚度，使其富于体积感和雕塑感。

第60窟坐佛，身体为西魏原作，造型扁平，双手紧贴身体，着通肩大衣，衣褶为阴刻纹，纯然中原风格。佛头为北周补塑，肉髻扁平，方圆脸。左侧菩萨，身段修长，着高领大袖襦。领袖镶宽边，肩饰宝珠，这是中原汉晋传统的服饰。佛与菩萨身上留有彩绘痕迹，以青、绿、红、白为主。背光为莲花忍冬卷草纹装饰。

第135窟内存放着一身北周时期的小坐佛，双手抚于胸前，含着恬静的微笑（图7)，深刻地反映了人们沉浸于对“极乐世界”的美好幻想中的欢快心情。佛教正是通过这种形象，唤起信徒对虚幻世界的渴望和追求。第133窟正中一大一小两身塑像是释迦牟尼与其子罗睺罗，表现了释迦牟尼苦修六年后回城探亲时以手抚摸爱子并为其授记的戏剧性情节。隋代第94窟佛，身段修长，穿田相袈裟，阴刻线衣纹，脸长圆，肉髻扁平。两旁的弟子都作年轻和尚形象。左侧菩萨，头略大，身体短，体积饱满，手部塑造十分生动，长而大的璎珞自肩下垂，与敦煌北周第290窟中心龛柱四面的胁侍菩萨颇为相似。

图8　隋第14窟右侧菩萨

第60窟右侧隋代补塑菩萨，造型略方，比例匀称，披帛自两肩垂下，裙沿向外翻卷，衣褶为垂直阴刻线，透过衣裙可以清楚地看到其躯干形体及动作，左手执宝珠，右手上举，手背紧贴胸部，是典型的隋代少女形象。

第14窟的菩萨，宛如日常生活中一位凭栏而立的健美女子（图8)，冲破了佛国的神秘氛围而充满着人间的气息。站在一侧的力士，体积饱满，强烈地显示出向外扩展的力量。

第5窟中站立在牛背上的天神，虽经宋代重修，仍不失隋塑的光彩，他双眼圆睁，英姿勃勃，神采奕奕，俨然是一名忠于职守的武士，而且是西域少数民族武士的写照。被踩在天王脚下的牛儿，被人们称誉

⑰　《中华人民共和国陕西甘肃新疆汉—唐出土文物展》，读卖新闻社1979年版。

图 9　宋第 191 龛狮子

的“金角”已经残毁，但它那卧而欲起的神情和高昂着的头，却给人一种十分可爱的动感，与天王的威武神情形成了和谐的统一。

宋代第 43 窟力士，表现出强悍的性格和内在的力量，那副忿怒狰狞的面孔，跳动起伏的肌肉，喘息着的鼻子，张开或紧闭着的嘴，使人感觉到整个世界都振荡着他们的吼声。

第 191 龛泥塑狮子，是雕塑家以狮子的雄伟和勇猛，象征无畏（图 9），它举起后爪，抓挠颈项的动态，富有生活中的趣味，构思别致，形象逼真传神。

上面这些作品说明，佛教造像一方面受到教义的束缚，许多造像庄严肃穆，充满了对于人们心灵的镇慑力量，具有浓厚的宗教气氛；同时，古代的艺术匠师又无法摆脱当时的现实生活，他们只能凭借自己对平凡而又丰富的现实生活的观察来进行创造，又通过这些造像来抒发自己特殊的情感，表现了他们对生活的认识和向往，同时也从中寻找艺术创造的乐趣。这就是麦积山雕塑艺术的特点，也正是吸引人们研究欣赏，以致流连忘返的一个重要因素。

麦积山以雕塑著称于世，除大量泥塑之外，还有一批石刻珍品，在第 133 窟里，还保存了十多块北魏时期的造像碑，其中第一、第十、第十一、第十六号造像碑堪称国内罕见的瑰宝。它们尽管在题材内容上与印度古老的山奇大塔的浮雕，巴尔胡特、犍陀罗等地二三世纪的四相图等有很多相似之处，却在艺术风格上迥异。它们显然是继承和发展我国汉代画像石艺术成就的产物。作者都是在整块石料上作不同深浅的减地，分别情况同时采用了浅浮雕与高浮雕两种形式，造型的细部则又往往用阴刻线表现，于是形成丰富的色调效果，这些造像碑构图处理一般比较饱满，从中可见出古代艺术家精湛的石刻技艺。

第一号造像碑，通高 205、宽 59、厚 13 厘米，碑首为山形，碑正面和反面均雕有贤劫千佛，排列有序，雕工精致，很富装饰性。碑首正面龛内雕一佛二菩萨，龛外两侧二弟子，背面一弟子作俯首合掌礼拜之状，山下雕一猛虎作俯冲下山状，山峦起伏，整体轮廓状如花蕾，它表现了佛在灵鹫山说法时的情景。

憍陈如说法	释迦·多宝 二佛并坐像	阿育 土施土 树下思惟 涅槃
树下诞生 九龙灌顶	菩萨交脚像	托胎灵梦
燃灯佛授记		降魔成道
鹿野苑初转法轮	释迦说法像	文殊师利问疾
护法天王 狮子		护法天王 狮子

图 10　北魏第 133 窟内第十号造像碑佛传内容示意

第十号造像碑，通高 155、宽 76、厚 9 厘米。全碑基本完整。这是目前国内仅有的一块以佛传为题材的造像碑（图 10）。这块碑上小下大，人物也自小而大，在整体布局上，十分注意中国传统的均衡与对称的格式。画面分上、中、下三段。上段以佛为中心，两侧人物与山树都向中心倾斜，突出了主要人物，画面上老虎下山和猴子坐在树上嬉戏的动作十分生动有趣。中段交脚菩萨低首俯视，两脚相交，衣褶和披帛、帷幕富于质感，随风飘动；大象的鼻子翘得高高，在彩云缭绕，旌旗飞扬中徐徐降临。在这些宽仅 10 多厘米的画面上，洋溢着热烈的生活情趣，其动中有静，静中有动，情景交融，恰到好处。

第十一号造像碑，通高 188、宽 90、厚 12 厘米，上段三排七佛。中间的佛都是正面端坐，神情庄重；两侧佛均为半侧面。他们个个面目清秀，并面向对方投以亲切的微笑。中段龛楣雕花蕾、化生与六罗汉。两侧柱上垂挂着状如小罗卜一般可爱的璎珞，四飞天乘祥云手捧鲜花，神情生动，造型优美。

第十六号造像碑，通高 192、宽 89、厚 13 厘米。其上段，佛龛右侧的一佛二弟子立像，佛为侧面像，左手做着手势。弟子回首顾盼，好象正在聆听他的教诲。下段龛内雕三坐佛，中佛头部被凿毁。两侧佛造型清瘦，端丽庄重，比例匀称，内穿僧祇支，外披袈裟，用浮雕手法雕出衣裾褶襞转折处都以圆角处理，层层重叠。整体造型完美，犹如一朵盛开的鲜花覆盖着下肢。具有浓郁的装饰趣味（图 11）。

这样的石刻，实在是不可多得的杰作。

图 11　北魏第 133 窟内第十六号造像碑坐佛

三

我国传统彩塑最重要的工作是制泥。泥的制作工艺要求选择最佳阶段，须湿度适中，变得柔软的时候进行塑造。它的最大优点便在于易塑性、麦积山泥塑之美妙，全在于古代匠师纯熟的技艺和成功地掌握了泥的湿度。只有这样，才能在塑造人物时操泥自如，得心应手，洒脱流利。也才可以淋漓尽致地抒发心灵意趣。许多泥塑上那种快速捏塑和刻划衣纹时果断的刀法，至今仍历历在目，很少见到反复的刀凿痕迹。尤其是在那些小型造像上，那纤巧而柔软生动的手指，是泥塑精彩的特技，对石质材料来说是难以做到的，它虽近似民间捏面人的办法，但比之面人更精细准确。

像第 115 窟的北魏小菩萨，第 123 窟西魏的供养童女等，塑造技巧与传神都达到了极高的艺术境界。只有熟练地掌握泥的湿度，加上作者倾注了自己的感情和以全副精力从事于人物神情的刻划，才能达到造型的高度简练，而不拘泥于如实的摹拟。我们看到的那如行云流水般飞动的衣纹线条，像音乐的旋律一样，就是因为掌握了律动感。

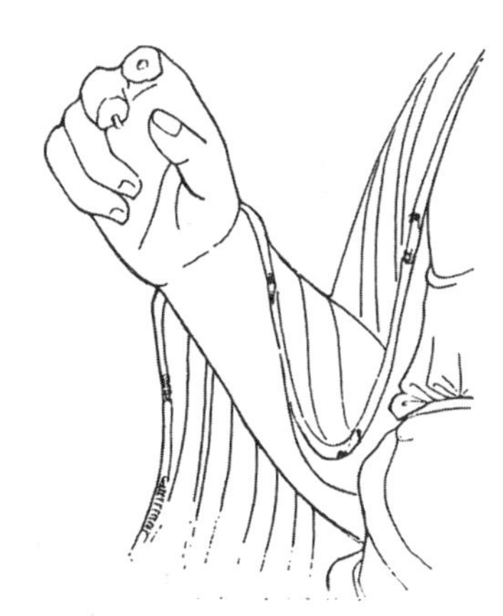

图 12　隋第 5 窟麻布塑佛（部分）

北周第 4 窟龛楣上的几组飞天在艺术处理上也为其它石窟所少见，在七幅大型壁画上采取绘画与浮塑（薄肉塑）结合，形成一个完美的整体。飞天造型丰满，姿态秀丽动人，各组有变化而不相雷同，它使这座规模宏伟的建筑更富有装饰味。古代匠师巧妙地运用浅浮雕形式塑造飞天的脸面和手、臂、脚等裸露部分的肉体。最厚的地方仅约 5～6 毫米。肌肉的起伏变化仅见于纤毫之间。精致且细腻令人叹为观止；其追求的效果非常清楚，就是这浮雕的立体感与壁画的生动性紧密结合，相互衬托，由虚实相生所产生的形式美。

尤其值得赞美的是，我们的古代艺术大师在一千四百多年前就已经掌握这种新颖的，富于创造性的表现手法。即使在今天，这也是值得雕塑家们研究学习和借鉴的宝贵遗产。

麦积山泥塑能在非常潮湿的气候条件下保存一千多年，至今不少泥塑竟然坚硬如石质。说明古代匠师在佛像制作上积累了丰富的经验。从断裂处我们发现泥塑以三合土为主，另加入棉花、麻刀等植物纤维。元代《画塑记》⑱记载所用材料有“糯米、粳米、小油、黄蜡、桐油、硼砂、皂角、土布、生绢、瓦粉、铁条等几十种。这些材料和配方不单是元代一个时期的宫廷画工们所使用，大概也是历代画塑工匠们一脉相承、流传下来的。所以，我们今天看到的那些质地坚硬如石，质感却肌肤似玉的泥塑，在材料工艺上是十分考究的。现在的民间艺人在制作彩塑时，还用粗麻布贴泥的方法。这种方法在麦积山也有发现。在处理比较宽大的衣褶边缘和表现质薄而又悬空的部位时，不便搭制骨架，例如第 5 窟内隋代的几身塑像，就是采用了这种麻布贴泥的方法（图 12）。它的好处在于不仅提高了制作速度，而且坚固，还具有较强的质感。它与夹纻塑不同的地方是不用模具，只是用粗麻布作为骨架，直接在麻布上塑泥完成。

⑱　《寺塔记·益州名画录·元代画塑记》，人民美术出版社 1964 年版。

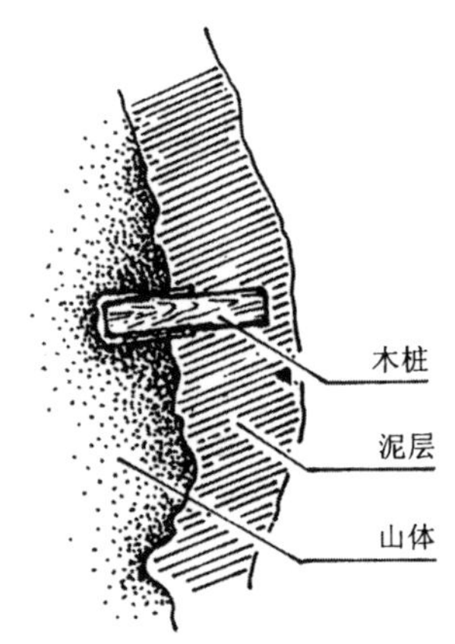

图 13　石胎泥塑结构断面示意

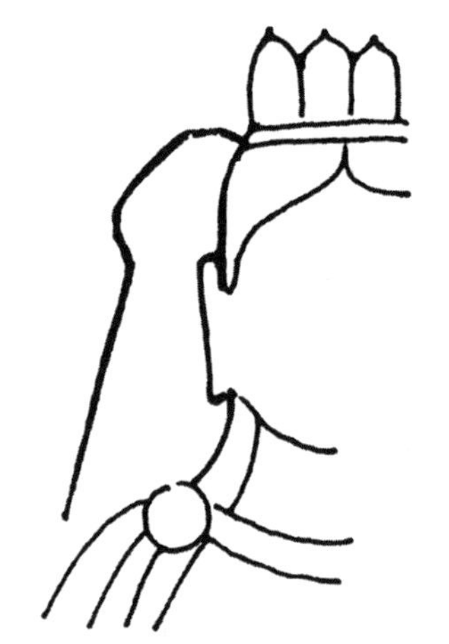
图 14　西魏第 20 窟正壁右侧菩萨发髻中的铁条骨架

图 15　西魏第 44 窟左侧菩萨飘带中的铁条骨架

⑲　柳家奎编《惠山泥人》，上海人民美术出版社 1962 年版。

在麦积山三千四五百身泥塑中，东西崖的摩崖大佛像和千佛廊的二百九十多身千佛为石胎泥塑。石胎泥塑，不搭制骨架，而是就山体表面先凿出造像的大体轮廓；山体石质粗糙，不宜表现细部，所以在斲凿时石胎的体积上须为表面塑泥留有余地。石胎完成后，为了在表面塑泥，特别是泥层较厚的部位，都镶嵌木桩，使泥层与石胎连接牢固（图 13）。

除石胎泥塑之外，其余泥塑都用木材作骨架，与敦煌以及各地石窟泥塑的方法基本相同。

在骨架材料方面，还使用了截面方形的铁条。这在麦积山泥塑中普遍采用，在敦煌彩塑中也发现过。它主要用于那些形体比较纤细的部位，如手指，花饰，飘带等处。元代《画塑记》中也记录了从至大三年（公元 1310 年）到天历二年（公元 1329 年）造像中所用的单大铁条、莞豆铁条、黄米铁条、铁针条、绿豆铁条、方铁条、生铁、东简铁、定铁等，用这些铁条大概主要还是考虑到坚固、少弹性，以使泥层不容易开裂。在第 20 窟正壁右侧菩萨发髻两侧向下伸出的铁条，各长约 40 厘米（图 14），由于飘带过长，泥层终被碰落。第 44 窟主佛悬裳部分，悬空的衣角，以及左、右侧菩萨飘带等，也都露出作骨架的方铁条（图 15）。可见铁条在当时还是重要材料之一。

泥塑的敷彩，从部分石窟造像上保存完好的和残留的色彩痕迹看，都是重彩平涂或加叠晕。甚至像第 133 窟石雕佛传造像碑，也残留着古代的敷彩，大抵是以青、绿、红为主的谐调色调。至于大多数泥塑失去了原有敷彩的原因，一是麦积山地处多雨的山林，与这一原因同时也造成石窟壁画大多脱落；一是许多造像在香火或火灾中被熏黑，造成今天麦积山雕塑大多数已无敷彩的总的印象。事实上绝非这里的古代匠师不重上彩。失去敷彩的雕塑使观者着重形体方面的欣赏，反而突出了雕塑在造型方面的特点和效果，无疑并未使伟大的古代雕塑艺术因而减色。直到现在，民间彩塑艺人还十分注意塑与彩的处理，即塑与彩的紧密配合，尤其强调上彩的重要性。“三分塑七分彩”或“三分坯子七分画”，甚至“低坯高画”的说法⑲，看来似乎过分地强调了彩，其实这正是我国传统泥塑装饰美的一个重要方面。敦煌彩塑那典雅清新或富丽浓艳的色彩，不也正是反映着千百年前麦积山彩塑的风貌吗？它们所代表的艺术成就是古代匠师长期艺术实践的结晶。

从敦煌彩塑上我们会更清楚地了解塑与绘之间的相辅相成的关系，中唐第 194 窟的天王，脸上用土红线生动地描绘出卷曲的胡须，塑出的盔与甲的几个大的体面上，以线描着色表现甲片细部，强调了整体的体积感，突出了天王的力量。盛唐第 328 窟的阿难穿金地茶花镶边红色袈裟，色彩鲜明而热烈，以衬托阿难的年轻、聪颖、机敏、活跃，而对面的迦叶则着色深沉稳重，有助于刻划这位年长僧人的老练世故、饱经风霜。我们在麦积山石窟中同样看到一些造像衣饰上或装饰图案上的丰富色彩。因此，可以说画塑结合是造型艺术中一种独特的形式，在研究借鉴古代传统艺术手法时应给予足够的重视。

在麦积山也还有连一点敷彩痕迹都找不到的塑像。如第 165 窟的宋塑菩萨和供养人。但是可以观察到，这几身塑像都镶嵌了黑眼珠。我们还可以从那宽阔的衣领、袖口推测它原先也是准备彩绘的。可能由于某种变故而没有完成。那些失去彩绘或未曾彩绘的泥塑，它们的单色形体上有着光线和阴影的丰富变化。这其中已经包含着一种色彩感。面对这些优美动人的艺术形象，人们无法回避雕塑语言的感染。

中国佛教艺术是在历代统治阶级的扶植提倡下发展起来的。佛教雕塑的发生、成长既给雕塑这一艺术门类引进了新的题材和开辟了广阔的场所，又在长期制作过程中积累了丰富的经验，但也毕竟导致雕塑艺术陷入了一个比较狭窄的王国，出现了许多重复而又单调的程式化的弊病。然而这些数量庞大的雕塑作品，无疑在我国雕塑发展史上占有重要的位置。中国古代的雕塑家善于吸收外来艺术的营养，使之融汇在中国雕塑的优良传统之中。

中国的佛教雕塑，始终具有中国的风格和气派。麦积山的几千件雕塑，以简练概括的造型，表现了中国人内在的精神和理想的美。由于讲求装饰效果，注重整体布局，掌握了多种多样的造型手段和熟悉泥塑材料的特性。这些优美、生动、朴实、敦厚的雕塑形象历千年而始终具有艺术的魅力。

麦积山石窟壁画叙要

张宝玺

丝绸之路上的佛教胜地麦积山，在五世纪初已负盛名。北方著名禅僧玄高尝率弟子百余人“杖策西秦，隐居麦积山”[①]，无疑此时已经建立了佛教寺院，以适应佛事活动，但是否有石窟的创建，却未载明。宋代对麦积山石窟进行过大规模的重修，对其历史沿革也有陈述。按照宋人的说法，石窟创建于公元四世纪末至五世纪初后秦姚兴（公元394～415年）时期[②]。依据供养人题记，也能断定麦积山石窟的创建不会晚于公元五世纪下半叶的北魏时期。有助于判断洞窟年代的题记有三处：其一，第78窟佛坛上供养人像题名中，有两处提到“仇池镇”；其二，第115窟佛座正面景明三年（公元502年）墨书张元伯造像铭；其三，第120窟正壁駹骧将军天水太守王宗和武兴镇将王胜等供养人题名[③]。一、三两处虽无纪年，但仇池镇和武兴镇的建置提供了时代范围。据记载，北魏太平真君七年（公元446年）平定仇池始置仇池镇（仇池古城址在今西和县城南63公里的仇池山）；至北魏正始元年（公元504年），镇移置南秦州，州治于骆谷城（今西和县城南洛峪乡一带），仇池镇逐渐废弛[④]。又据记载，北魏正始三年（公元506年），北魏克武兴国（今陕西省略阳县），立为武兴镇，又改为东益州[⑤]。在这几则可据以考证时代的石窟题记中，以第78窟仇池镇供养人题名最早，而该窟的建窟时代还应更早[⑥]。麦积山石窟现存北魏以来各个历史时期佛教艺术品，其盛期是在北魏、西魏、北周、隋。唐代洞窟及遗迹不多。宋代曾再度兴盛，对前代洞窟造像进行了较大量的重修和重绘。

一

麦积山石窟以雕塑著称，现存壁画已不多，共约九百平方米。随着时代的不同，雕塑和壁画之间的关系有着不同的变化，像第74、78、165、90、100这样一些早期洞窟，从窟形结构来看主要是为了适应塑像，壁画仅限于佛像背光装饰画及天宫楼阁、伎乐、飞天等，内容比较单纯。在第115窟等景明、正始前后的一批北魏中期的中小型洞窟里，壁画较前有所增加，窟顶有绚丽的藻井图案，四壁留有一定面积描绘尊像或供养人群。第115窟壁画还出现了构图简单的佛教故事画须摩陀国王遇飞翅鬼，这是麦积山所见最早的佛教故事画。北魏晚期和西魏出现了壁画内容丰富的大窟，如第127、135窟，窟内留有充分的壁面作画，出现了大场面的佛教故事画及经变。尤其是在第127窟这个宽8.5、深5、高4.5米的长方形盝顶大窟里，顶部天井画帝释天，四披画萨埵太子本生和睒子本生，左、右壁画维摩诘变和西方净土变，正壁画涅槃变，前壁上部画七佛、下部画十善十恶图，全窟布局均衡、对称，层次分明，排列有序，构思严整。第4窟和第5窟的北周和隋代的佛传故事，都画在窟顶平棋中，亦堪称巨构。第4窟前廊以“薄肉塑”与壁画相结合的飞天，别具新意。

佛教壁画可以分为佛教故事画、经变、佛像，装饰图案、供养人像

① 梁·慧皎《高僧传》卷十二《释玄高》（《大正藏》卷50，p.397）。

② 宋·祝穆《方舆胜览》卷六十九《天水军》（《宋本方舆胜览》，上海古籍出版社1986年版）；另据麦积山现存南宋嘉定十五年（公元1222年）《四川制置使司给田公据》碑及东崖石刻题记，见麦积山文物保管所《麦积山石窟的新通洞窟》两方刻石题记节，《文物》一九七二年第十二期。

③ 此两则题名，经笔者识读为：“亡□□□（督）龙骧将军天水太守王宗供养佛时”、“……武兴镇将王胜……”。

④ 北齐·魏收《魏书》卷一百六《地形志》。

⑤ 宋·司马光《资治通鉴》卷一百四十六，北魏正始三年（公元506年）春正月，魏建武将军傅竖眼讨杨集义，“集义逆战，竖眼击破之；乘胜逐北，壬申，克武兴、执杨绍先，送洛阳。杨集起、杨集义亡走，遂灭其国，以为武兴镇，又改为东益州”；又见唐·李吉甫《元和郡县志》卷二十二《山南道》兴州。

⑥ 关于第78窟的创建年代，一般认为佛坛上的供养人画像系重修时所绘，该窟创建要早于置仇池镇时期；也有人认为该窟即仇池镇供养人所建。这个问题的解决尚有待通过考古清理而从层位上取得证明。

等等，而内容丰富描绘生动则首推前两种。现将麦积山石窟的佛教故事画及经变画列表如下：

内　容	位　置	时　代
因缘故事	第115窟正壁及左、右壁	北魏景明三年
帝释天	第127窟窟顶天井	北魏～西魏
萨埵太子本生	第127窟窟顶正披及左、右披	北魏～西魏
睒子本生	第127窟窟顶前披	北魏～西魏
维摩诘经变	第127窟左壁	北魏～西魏
维摩诘经变	第135窟左壁	北魏～西魏
西方净土变	第127窟右壁	北魏～西魏
西方净土变	第135窟右壁	北魏～西魏
涅槃经变	第127窟正壁	北魏～西魏
涅槃经变	第135窟正壁	北魏～西魏
十善十恶图	第127窟前壁	北魏～西魏
涅槃变	第26窟窟顶正披及左、右披	北周
法华经变	第27窟窟顶正披及左、右披	北周
佛传	第4窟前廊顶部平棋	北周
佛传	第5窟前廊顶部平棋	隋
西方净土变	第5窟正壁右侧龛上	初唐
地狱变十王图	第2窟左、右壁	明、清

二

麦积山石窟佛教故事画，以时代为序，首先是北魏第115窟。此窟正壁两侧及左、右壁的五六个画面上，分别画了楼阁、二婆罗门、鹤、林中坐佛为二人说法以及羽人、山峦等，据认为是须陀摩国王山中洗沐遇飞翅鬼羁摩沙波罗的因缘故事⑦。

第127窟壁画是北魏晚期至西魏的代表作，顶部天井画帝释天，内容和构图殊不多见。横长方形的画面上，前面画一天女，周围环绕飞天多身，一驾四龙驾驭的云车跟在后面，左侧一身人非人追随云车行进，云车的前后左右有多身乘龙持旌旗的人物伴行。这些飞驰的形象加上遍布画面的云纹装饰，给人一种遨行天际的感觉。画面的内容，除认为是帝释天之外，还有人认为是中国古代神话故事东王公遨游太空。

第127窟内以窟顶正披和左右披的显要地位和巨大的幅面来画太子摩诃萨埵以身饲虎的本生故事。故事从左披开始（图1)，围绕着一座城池展开，由左披转向正披（图2)，再转向右披（图3)，采取顺列式构图；其中也有逆向的穿插，即将属于故事后面的情节提到前面来。左披上的城池，就是国王大车所居的王城。城池正面和两侧面各开一门，城上耸立着城楼。一对明楼、对阙、角楼，城外环一条护城河，各门皆有门卫把守。城内一座宫城、同样三面设宫门，一座正殿，显得十分庄严。摩诃三兄弟在众骑的护持下从城门驰出，越过护城河桥飞马而去，离别王城外出效游，故事情节即由此开始。在城池的左下角，两骑从相反方向奔向侧门，似表现萨埵太子饲虎后二兄驰马还宫报讯。城内正殿前坐一王者，作出痛楚的神态，二近侍在劝慰，群臣及武士侍立两侧，殿前阶下跪一人，表现了国王闻知太子身殁后悲痛欲绝的情形。正披迭

⑦ 此据麦积山保管所前任所长张学荣先生的考证，出自《僧伽罗刹所集经》卷上（《大正藏》卷4，p.116)。类似的故事还见于《杂譬喻经》卷上啖人王故事（《大正藏》卷4，pp.503～504)、《大智度论》卷四须陀须摩王故事（《大正藏》卷25，pp.88～89)，等等。

图 2　第 127 窟窟顶正披萨埵太子本生之二

图 1　第 127 窟窟顶左披萨埵太子本生之一

图 3　第 127 窟窟顶右披萨埵太子本生之三

次画三车表现国王大车赶赴现场。左车急驰于山林中，中车由驷乘具装铠马驾驭，车前二人迎候。右车已不见乘者和驭者，停靠在一旁。此时国王一行张华盖展翠扇步行于山间，前面数人并一马低首哽咽面向国王。西披残损，中部山间画太子跳崖、右侧可见二大虎及十四虎子啖食太子，有的在舔食骨肉，有的张牙舞爪跃跃欲试，太子躺在血泊之中，赶到现场的国王及臣民站在一侧。这一铺故事画到此结束。按照佛经，应还有收拾遗骨、起塔供养等情节，是否都得到了完整的描绘，已因画残而不可尽知。舍身饲虎的高潮是太子跳崖及众虎啖食太子。除了多数佛经上所说的一虎生子外，《贤愚经》称一虎二子，《金光明经》称一虎七子。也恰有二子及七子的壁画，新疆克孜尔石窟一般都画二虎子，敦煌莫高窟第 254 窟恰为七虎子。大多数情况下虎子数与佛经不符，庆阳北石窟为四虎子，本幅则是二虎十四子。作为佛教艺术，故事的内容和形象的表现有着它自身的规律，画中所表现的是中国帝王所居的城池宫殿和衣冠服饰，国王所乘的是南北朝时期已很流行的以具装铠马牵引的车，具有浓郁的时代气息。虽然表现的情节并不那么多，却利用长卷式的横幅画面采取衬托对比的手法表现了一个开阔的场面，具有感染力。沿途山中林木丛生、怪石嶙峋，奔跑着的麋鹿，寻草的野羊，显得那么恬静、那么真实，疾行的车骑又那么紧张。太子舍身饲虎故事在中国石窟寺中早有表现，新疆克孜尔石窟这个题材较多，一般以菩萨投崖和饿虎啖食太子这样一些简单的构图来表现。南北朝时期各地的石窟里已能广泛地运用石雕和壁画表现舍身饲虎的多种情节，如敦煌莫高窟第 254、428、299 等窟，云冈第 45 窟，龙门宾阳中洞，庆阳北石窟寺第 165 窟等，都有堪称巨构的舍身饲虎图。就壁画来说，麦积山第 127 窟萨埵太子舍身饲虎图是同一题材中规模最大的一幅。

另一幅佛教故事画睒子本生，画于第 127 窟南披，长卷式画面，表现了六个情节。在早期翻译有关睒子本生故事的多部佛经[⑧]中，其中以西秦圣坚译《佛说睒子经》述事最详。故事大意是睒子在深山孝养盲父母，遇迦夷国王狩猎，误中毒矢，感动天帝释，使之康复，亦使盲父母复明。这幅壁画的右端，表现国王出猎。山岳间停一车，国王已下车步入山林。跟随国王狩猎的浩浩荡荡的随从，静静地守候在山林之中；乘

⑧　吴·康僧会译《六度集经》卷五《睒道士本生》、西晋失译《菩萨睒子经》，西秦·圣坚译《佛说睒子经》、前秦·僧伽跋澄译《僧伽罗刹所集经》卷上，北魏·吉迦夜共昙曜译《杂宝藏经》卷一。

者下马，行者止步，持鹰者、牵猎犬者皆原地待命，显示出狩猎前一片宁静气氛。画面中部是狩猎场面。沿着条状山峦，怪石参差，猎人跃马驰骋其间，挽弓引箭，气势汹汹；同时还有猎鹰俯冲，猎犬追逐，鹿兔争相逃命，雉鸡飞窜。急速的运动与右端的宁静形成强烈的对比。接下来富有戏剧性的情节都集中在左侧：在泉边汲水的睒子被误射，箭中胸部，仰卧在地上，水瓶置于身后，国王一行站在睒子身前像在诉说着什么；下面一组是睒子跪在国王面前诉说前因；左面一组是国王一行至盲父母所，持着水瓶的睒子“即指示从是径去”[⑨]；居住在草庐的盲父母被这一不幸的事件所震惊，“举身自扑，如大山崩，地为大动，号哭仰天自陈诉言”[⑩]，一个倒于地，另一个跪在地上，举起双臂，仰天大哭。故事达到了高潮，戛然而终。这里没有画《睒子经》中国王引盲父母至睒子身边，亦没有画出天帝释相救、睒子复活和盲父母复明，以及《杂宝藏经》中“毒箭自出，平复如故”等说教意味较浓的情节，而是着重渲染睒子被伤和盲父母恸哭等悲剧性情节。全图以动静对比的手法构成一个热烈而生动的画面。它和敦煌西千佛洞第 10 窟北魏壁画睒子本生内容基本相同。画师对于情节的取舍和安排并不过多顾及叙事性，而更加注重壁画的艺术效果。在南北朝时期的石窟中睒子本生的壁画及石刻还见于敦煌莫高窟西魏第 461 窟，北周第 438、417、301、299 窟，隋代第 302 窟，以及云冈石窟北魏第 1 窟。睒子本生起源于印度，法显在师子国所见睒变[⑪]，《大唐西域记》卷二所载犍驮逻国商莫迦（睒摩）菩萨的传说，它们都是很早就流行于西域的故事。它宣扬孝养父母与我国封建社会儒家伦理观念很合拍。佛经译文中甚至说：“人之有父母，不可不孝，道不可不学”，“上下相教，奉修五戒，修行十善”[⑫]。睒变此时既和儒家思想相融合，已是一个民族化了的佛教故事。

三

在麦积山石窟，大约在北魏晚期至西魏，已经出现多种壁画经变。

第 127 窟左壁上部，画了《维摩诘经》中的《问疾品》、《观众生品》和《方便品》。壁画右侧维摩诘居士坐在以山花蕉叶装饰帐顶的方帐内，形似一个博学睿智的老者。左侧头戴宝冠手执如意的文殊菩萨坐在束腰座上，上有宝盖。这两个对坐的主要人物中间是一身散花天女。站在天女前面的是一群佛弟子。据《观众生品》所述，长期受维摩诘教诲的天女，以一把花撒向天空向佛弟子舍利弗发难，声言：花着衣者则为俗念未除，六根不净。结果不出所料，佛弟子衣皆粘花不落。维摩诘以此来讥笑佛弟子。这是出现在文殊师利和维摩诘身前的种种变幻之一。壁画中天女手拈花蕾，风姿飘逸，表现出对佛弟子轻蔑戏谑的神态。文殊菩萨下方依据《方便品》画帝王问疾。帝王宽衣大袖、戴冕旒，后有侍者张华盖、翠扇，在众多的随从大臣、侍从簇拥之中昂首阔步。画面另一侧的维摩诘下方画各国王子供养。本壁下层所见树木人物，应是上部维摩诘经变内容的一部分，已漫漶不清。在般若经系统的基础上发展起来的大乘经《维摩诘经》，在我国魏晋南北朝时期已经受到深深的信仰。《维摩诘经》的翻译，从支谦到鸠摩罗什，约一百五十年间先后出现了支谦译《维摩诘经》和竺法护、竺叔兰、鸠摩罗什译的《维摩诘所说经》等至少四个译本和东晋支敏度的一个合本《合维摩诘经》[⑬]。壁画维摩诘形象的出现可上溯到东晋，著名画家顾恺之在瓦官

⑨ 《佛说睒子经》(《大正藏》卷 3，p.439)。

⑩ 同注 ⑨。

⑪ 见《法显传》狮子国记游(《大正藏》卷 51，p.865)。

⑫ 《佛说菩萨睒子经》(《大正藏》卷 3，p.438)。

⑬ 任继愈《中国佛教史》第一卷，中国社会科学出版社 1981 年版，p.397。

寺首创维摩诘像。以后，张墨、陆探微、张僧繇也都作过维摩诘图，还曾出现过南朝宋袁倩所绘"百有余事"的维摩诘画卷⑭。表现维摩诘示疾和文殊问疾的维摩诘变，是南北朝时期石窟造像壁画和石刻的重要题材。最早，出现过炳灵寺西秦菩萨装的维摩诘变。北魏癸丑（永熙二年，即公元533年）赵见禧造像碑上刻维摩诘经变，内容有《文殊师利问疾品》里的维摩诘示疾文殊来问、《佛国品》里的舍利弗观佛净土、《方便品》里的国王大臣问疾、《观众生品》里的天女戏弄舍利弗、《不思议品》里的借座灯王等。然而，毕竟大多数维摩变限于维摩诘和文殊菩萨对坐的简单构图。敦煌莫高窟出现维摩诘变的时代较晚，直到隋代以前尚未出现维摩诘变。麦积山这幅壁画则已有相当丰富的内容，现存的南北朝时期大型壁画维摩诘经变仅此一例。它反映了维摩诘经变演变过程中南北朝时期所达到的艺术成就，同时还可以证明，在唐代出现的那些博大详备的维摩诘经变，是南北朝已经形成的维摩诘经变的发展与继续。

麦积山石窟另一幅维摩诘变在第135窟左壁下部佛龛两侧，其左侧画居于帐内的维摩诘，右侧画华盖之下坐束腰座的文殊菩萨，因画面漫漶，是否还绘有其他内容已看不清楚。麦积山石窟又有雕塑维摩诘居士和文殊菩萨对坐像，亦是很有特点的石窟造像，如西魏第102、123窟，都是极为成功的北朝雕塑作品，可见这一时期佛教艺术创作中对于这一题材的重视。

另一重要经变题材——西方净土变，画在第127窟右壁。它所表现的是"妙相庄严"的西方极乐世界。画面上，在一个形似宫殿的庭院建筑里，两侧阙门高耸，林木参天。无量寿佛（阿弥陀佛）端坐在中间殿堂中央，左右二菩萨胁侍。殿前是一部伎乐，中间一架建鼓，由二人分立两侧敲击，两侧各有一女相向对舞。两旁的乐队排列成"八"字形，乐者均席地而坐，右侧一组四人，演奏管弦，第一人弹筝，第二人奏凤首箜篌，第三人吹笙，第四人吹排箫；左侧一组四人作打击乐，第一人身前地上置一圆形打击乐器，第二人和第四人似击钹或拍板之类，第三人拍击长鼓。庭院建筑的里里外外围绕着佛像，站立着无数眷属圣众。空中有迎风翱翔的飞天。下部为石绿色的带状宝池，池中生长着莲花。此壁下部所见山石树木人物，亦应是西方净土经中的有关内容，已漫漶不清。约在公元一世纪以后，印度逐渐兴起对阿弥陀佛和西方净土思想的信仰，有关无量寿佛的经典东汉末年已开始传到中国内地。中国佛教史上有很多无量寿经的译本⑮，它们都描述了一个完美无缺的西方极乐世界。随着净土信仰的加深，雕塑和壁画表现无量寿佛逐渐增多。东晋著名雕塑家戴逵曾于太元二十一年（公元396年）造成无量寿佛木像，高丈六⑯。梁《高僧传》亦记载高僧慧远于元兴元年（公元402年）与同志百有二十三人集庐山精舍阿弥陀像前建斋立誓⑰。现在所能见到的最早的作品是炳灵寺石窟第169窟西秦建弘元年（公元420年）无量寿佛三尊龛。麦积山这幅壁画已不限于尊像，而着意表现经文中所宣扬的西方极乐世界，虽然这幅净土变与敦煌唐代壁画相比还比较简单，但可以说明净土变的构图形式在北魏时已经相当成熟，这对研究净土变的发展演变提供了极为重要的资料。敦煌莫高窟从北魏起，一些画出莲花、宝池的大型说法图，实际上已可看作是早期的西方净土变。莫高窟涵义明确的西方净土变出现在隋代，晚于麦积山；而内容完整的观无量寿经变则到初唐方告形成，最早的实例见于第431窟。

⑭ 唐·张彦远《历代名画记》卷五～七《叙历代能画人名》。

⑮ 《中国佛教史》第一卷，p.440。

⑯ 《历代名画记》卷五《叙历代能画人名》。

⑰ 《高僧传》卷六《释慧远》(《大正藏》卷50，p.358)。

麦积山石窟的另一幅西方净土变在第 5 窟（牛儿堂）右侧龛上方，为初唐所绘。图中一个大型庭院里，大大小小的菩萨分侍两侧、为数众多，簇拥着作为主尊的一佛二菩萨。一铺伎乐已残缺。院内前部有巨大的七宝池，池上架桥，用以连接庭院四周的亭台楼阁。净土变下方画男女供养人。

涅槃经变，麦积山石窟壁画共有三幅，分别画在北魏第 127、135 窟和北周第 26 窟。这三幅壁画表现了释迦涅槃前后的一些故事情节。

第 127 窟的涅槃经变布满整个正壁（图 4）。壁面由水平方向的饰带界隔出上、下两个部分。上部是一个横长方形的画面，中间画一佛二菩萨，为释迦说涅槃经，于是画面又被分成左右两方。左侧左端画释迦临终遗教，表现的是释迦涅槃前于娑罗双树间为众生最后说法，左右有二菩萨胁侍。说法的前面是七宝床上中原早期仰卧式的佛涅槃像，不同于西域的侧卧式⑱。宝床前画天龙八部簇聚听法和人天来集劝请佛莫般涅槃、奇兽异禽来集劝请莫般涅槃。卧佛身旁有众弟子举哀。其中一弟子手抚佛足，这是表现佛涅槃后为迦叶现足；这个情节在巴米羊石窟是常见的，也是《长阿含经》第四中所说的“于时佛身从重椁内双出两足，足有异色”⑲。

这幅涅槃经变中，八王分舍利的情节几乎占去画面的四分之三。据佛经所述，释迦涅槃后，八王为分舍利起了争端，遂在一婆罗门的调停下，平分舍利，分别起塔供养。壁画紧接着涅槃像之后，描绘了各国使臣来聚。在壁画左侧右下方可以看到一曲河水，这就是《长阿含经》所说的恒河。恒河岸上是一簇簇聚集的人群，服饰各异的人群皆排列有序，各有首领率队，并以华盖或象征性饰物显示首领和区别不同的集团。右侧画面主要是征战场面，一排排手持剑、矛和盾牌的武士在互相厮杀。右上部画茂密的树木围绕着一个方形墙垣，墙垣内筑一高台，台上置放着成排的舍利瓶，墙垣四周一条条幡带高高飘扬，宝烛放光，一派肃穆气氛。这一处所应该就是后来译出的《大般涅槃经后分》卷下所说的荼毗所（即火葬场）⑳。佛的遗体在这里火化。这里也是分舍利的地方。城垣下方画一辇车，前后左右皆有具装铠骑士护送行进，表示各国运载舍利而荣归。辇车之前还画一覆钵式塔，后面站立数骑王者礼敬，前后左右皆有具装铠骑士守护，此为起塔供养。正壁下部壁面被佛

图 4　第 127 窟正壁龛上涅槃经变

龛分隔成左右两部分，壁画已很模糊，然可辨有一排排持剑拿盾的具装铠骑士护送着位于画中央的方形物，方形物前面幡带飘动，后面跟随着车骑。左、右两部分画的都是同样的内容，而且两相对称。这应该是送殡或运送舍利的场面。总之可以断定，正壁下部的画面也是涅槃经变的组成部分，它是上部画面的继续和补充。联系到我们所注意到的同样的现象，即左右壁的下部，虽然都已相当模糊，却也隐约可辨所绘有山石、树木和人物的活动，显然都是具有故事情节的画面，如果和正壁一样，下部与上部是同一经变的内容，那么整个左壁应该是内容更完备的一铺维摩诘经变，而右壁的西方净土变则完全有可能超越了阿弥陀经变而已是一幅成形了的观无量寿经变。

第 135 窟北魏壁画涅槃经变主要画八王分舍利，位置也在正壁，其构图和第 127 窟大体相同，但没有最后说法和佛涅槃像等。壁面上部画面中间同样画一佛二菩萨。左侧画恒河，中间山岳间行进着前来分舍利的各国使臣，各国所谓的"四种兵，象兵、马兵、车兵、步兵"渡过恒河前行。下面停一辇车，准备载舍利用。右侧画征战场面，以骑兵为主，骑士手持弓箭跃马角逐，步兵持盾抵御。右侧右上方画一方形墙垣，内筑一台，台上排列着八个舍利瓶，其构筑情况与第 127 窟所绘相同。下方似为起塔供养，因壁画残损、已不可悉见。

第 26 窟北周涅槃经变，画在四角攒尖窟顶的斜披上，现存正披及左右披的一部分。正披左侧画娑罗双树间释迦临终遗教，右侧为殓入金棺并为迦叶现足和商办阇维（火葬、入殓）。众菩萨、弟子、善男信女围绕释迦棺具哀泣，棺盖放在一侧。这里和第 127 窟不同，释迦不是躺在七宝床上，而是在金棺里为迦叶现足。上部画飞天。窟顶两侧披残存部分可见弟子、菩萨、善男信女、天龙八部作最后供养，以及起造舍利塔等情节。

涅槃变是一个古老而常见的题材，公元二世纪左右在犍陀罗艺术中初次出现。新疆克孜尔反映小乘佛教说一切有部思想的石窟里，涅槃像都画在后室，包括佛履三道宝阶下瞻部洲、佛涅槃、人天悲泣供养、焚棺、八王分舍利、五百罗汉结集佛说三藏等表现佛涅槃前后的内容㉑。在南北朝时期，麦积山石窟的涅槃变题材，除了上面所列三幅壁画外，在造像中的表现有北魏第 1 窟（涅槃像窟）和第 133 窟 十号造像碑佛传故事中表现摩耶夫人前来吊唁的释迦涅槃像。其它实例如：炳灵寺石窟第 16 窟是北魏涅槃像窟，北魏第 132 窟前壁门上雕涅槃像。龙门石窟北魏孝明帝时期的普泰洞北壁也雕有涅槃像。相比较来看，麦积山第 127 窟壁画、第 133 窟第十号造像碑和龙门普泰洞的涅槃像三例为仰卧，余皆为右胁而卧。在敦煌莫高窟，涅槃变最早出现北周第 428 窟，隋代渐多；包括八王分舍利的涅槃经变则出现在初唐圣历元年（公元 698 年）顷建成的第 332 窟里。据《历代名画记》记载，涅槃变在隋唐时期颇为盛行，郑法士、杨契丹、展子虔、杨廷光、卢棱迦等大画家都曾在两京寺院里作过这一题材的壁画。由此看来，麦积山这几幅涅槃经变应受到充分的重视，它们说明了早在我国南北朝时期涅槃经变已经形成，并且已能用博大的场面表现丰富的内容。

佛教思想体系中，既有"净土极乐"的天堂世界，也有受尽诸苦的铁山地狱。根据佛经用造型艺术手段将地狱的图景晓示出来，这就是地狱的变相。第 127 窟的地狱图景画在窟内前壁门两侧。右侧以散点式构图画各种地狱，约十多种，分别都有榜题。其榜题如："此人生时好□□□

⑱ 贺世哲《敦煌莫高窟的〈涅槃经变〉》，《敦煌研究》一九八六年第一期。

⑲ 后秦・佛陀耶舍共竺佛念译《长阿含经》卷四《游行经》（《大正藏》卷 1，p.28）。

⑳ 唐・若那跋陀罗译《大般涅槃经后分》卷下《机感荼毗品》（《大正藏》卷 12，p.907）。

㉑ 姚士宏《新疆克孜尔千佛洞的阿阇世王题材壁画》（《1983 年全国敦煌学术讨论会文集》石窟・艺术编，上册，甘肃人民出版社 1985 年版）。

□□刀山地狱”、“此人生时好□□□□□令入截臂地狱”、“此人生时□□□□令入黑暗（无间）地狱时”等，仅八方字迹隐约可辨，其余绝大多数字迹漫漶不清。其书写形式均先列具生前罪孽，从而指出令入某地狱名称。门左侧以大半幅面画一座四面有墙垣围绕的院落，院内仅有正殿和院门。一王坐于殿正中，听面前一侍臣禀报。殿前侍立武士及臣佐，阶下站立士卒。这殿堂或许就是所谓的阎罗王殿。宫殿的后面又画一座多进的院落，门前有武士出入，门外站立三骑具装铠骑士，另有数骑具装铠武士正策马巡行。院内屋顶上站立二人，楼阁内卧一人，榜题“此人行十善得参道时”。楼阁上方画飞天，榜题“诸天罗汉迎去时”。显然，壁面上右侧的地狱、左侧的殿堂，是和十善联系在一起的。早期有关地狱的佛经见于后汉安世高译《佛说罪业应报教化地狱经》、后汉时译《受十善戒经》、西晋法立译《大楼炭经》卷二《泥黎品》、后秦佛陀耶舍和竺佛念译《长阿含经》卷十九《地狱品》第四、后秦鸠摩罗什译《大智度论》第十六等。其中《长阿含经》、《大智度论》、《大楼炭经》皆列举名想、黑绳、堆压、叫唤、大叫唤、烧炙、大烧炙、无间八大地狱，每一大地狱又各有十六地狱㉒，还有所谓八炎火地狱、八寒冰地狱，等等，其名状不可胜举。关于地狱和阎罗王的关系，佛经称阎浮提南大金刚山有阎罗王宫，彼阎罗王十分强悍，以法治人，自己也曾因作恶而受过酷刑，故亦十分畏法。据《受十善戒经》凡作一“恶业”，阎罗王即有十种地狱可施以制裁。所谓“十恶业者，一杀生业，二偷盗业，三淫欲业，四妄语业，五两舌业，六恶口业，七绮语业，八贪欲业，九瞋恚业，十愚痴业。”㉓例如单杀生一种就可入刀山、焰炽、剑林、镬汤、铁床、铁山、铁网、赤莲花、五死五活、毒蛇林、铁械枷锁等地狱㉔。佛经中还宣扬“若有受持十善戒，破十恶业，上生天上为梵天王，下生世间作转轮王，十善教化，永与地狱三恶道别，譬如流水至涅槃海。若有毁犯十善戒者，坠大地狱经无量世受诸苦恼。”㉕所谓十善，为不杀生乃至不愚痴。这些扬善惩恶的因果报应思想与上述壁画的内容基本相符。《受十善戒经》是一部大乘戒律。劝善性质的壁画地狱等当与僧俗信徒受戒有关，由此，自然而然地联系到本壁上部所绘的七佛。僧人及居士入戒要念七佛，本经开头就有这么一段话：“过去七佛，现在释迦牟尼尊佛，及弥勒等未来诸佛，教念佛已应作是言，七佛僧听，释迦牟尼佛僧听……，某甲优婆塞、某甲优婆夷，身口意净堪为法器，今欲乞受十善心戒及八戒法。”㉖凡佛画皆有主尊。可以认为，第127窟前壁壁画的主尊即为七佛。另外我们从约束僧人行为的“七佛通戒偈”的主旨“诸恶莫作、众善奉行，自净其意，是诸佛教”㉗这样的训条里，也能看出七佛和戒律之间的密切关系。受持十善曰十善戒，也是大乘之在家戒。画中后面楼阁中睡着的那个人，或可看作是在家修十善戒的居士，既可高枕无忧，又有诸天迎接他。《长阿含经》第二十《忉利天品》亦云：“若有人修行善法，见正信行具十善业，如是一人有百千神护”㉘。

关于地狱变，我们从画史上可以看到它在唐代的盛行情况，张彦远《历代名画记》载：“张孝师，为骠骑尉，尤善画地狱，气候幽默。孝师曾死复苏，具见冥中事，故备得之。吴道玄见其画，因号为地狱变”㉙。孝师见冥中事未免不可信，但他却是当时画地狱变的大师。他在寺观里所作的地狱变，见于记载的就有三壁之多。吴道子、卢棱伽、陈静眼都在寺院里画过地狱变。吴道子还在东都敬爱寺画十六观及阎罗王变。还有曾置于镇江甘露寺的唐湊十善十恶图㉚。然而地狱变和十善十恶作为

㉒ 据《长阿含经》卷十九《世记经》地狱品（《大正藏》卷1，p.121）。八大地狱，按《大智度论》为活、黑绳、合会、叫唤、大叫唤、热、大热、阿鼻（《大正藏》卷25，pp.175～176），按《大楼炭经》为想、黑耳、僧乾、卢獵、嗷嚯、烧炙、釜煮、阿鼻摩诃（《大正藏》卷25，p.283）。

㉓ 后汉失译《受十善戒经》十恶业品（《大正藏》卷24，p.1023）。

㉔ 《受十善戒经》十施报品（《大正藏》卷24，pp.1024～1025）。

㉕ 同㉔（《大正藏》卷24，p.1028）。

㉖ 同㉓（《大正藏》卷24，p.1023）。

㉗ 东晋·瞿昙僧伽提婆译《增一阿含经》卷一《序品》（《大正藏》卷2，p.551）。

㉘ 《长阿含经》卷二十《世记经》忉利天品（《大正藏》卷1，p.135）。

㉙ 《历代名画记》卷九《叙历代能画人名》。

㉚ 《历代名画记》卷三《记两京外州寺观画壁》。

绘画题材，并不是产生于唐代，它们在麦积山石窟北朝壁画中已经出现。第127窟前壁壁画应可看作是一铺体系完整的十善十恶图。

另外，在第2窟绘有地狱变十王图。它和上述十善十恶图不同。十王故事起于唐代，从“世传唐道明和尚，神游地府，见十王分治亡人”的传说演变而来㉛。此窟壁画大约绘于清代。左右两侧壁各画五王办狱，描绘了石磨、火山、镬汤、碓打、渡桥等酷刑。

北周第27窟窟顶，正披正中画释迦、多宝佛并坐说法，身前画各种等级的菩萨弟子，右侧有众多的圣众，左侧为一城。城上有城楼、垛口、角楼，城内有一座正殿、两座侧殿。城内无人，仅城门口站着二人。左披画圣众、飞天。右披残缺。这幅壁画显然不同于早期一般简单的释迦多宝佛并坐说法图，而已是根据西晋竺法护译《正法华经》、姚秦鸠摩罗什译《妙法莲华经》等经典具体地再现某些经品内容的经变。《大智度论》卷七曰:“如《法华经》中多宝世尊，无人请故，便入涅槃，后化佛身及七宝塔证说《法华经》故一时出现”㉜。所以，释迦多宝二佛并坐的场面往往是法华经变中最基本和最有代表性的内容之一。无论简单的还是复杂的法华经变，释迦多宝二佛并坐往往是首先出现的内容。这一形象往往是石窟中体现法华思想的标志。

右侧的城，有人认为是释迦说《法华经》所在不远的王舍城，但从画面看，也有可能是《化城喻品》中的化城㉝。

释迦多宝佛并坐说法的题材，在炳灵寺石窟西秦壁画和造像中已是主要内容之一。它在南北朝时期的各处石窟中广为流行，曾出现过不少以释迦多宝佛为主尊的大型造像窟。二佛并坐龛在麦积山北魏早期石窟中也十分普遍。而在敦煌莫高窟，二佛并坐造像首先见于北魏早期的第259窟，壁画法华经变则产生于隋代，晚于麦积山石窟的这幅北周壁画。

四

麦积山石窟的佛传故事，除北魏第133窟内第十号造像碑外，壁画可见于北周和隋代的洞窟。北周第4窟（上七佛阁）前廊顶部原有四十二方平棋天花，看样子画了佛传故事，每方一个内容。早年窟廊坍毁，现仅残存五方，所绘似为佛传故事，但已看不出它的连续性，从而给内容考释造成了困难。廊顶右端的三方平棋，其一可能画的是为太子建三时殿；乘骑行进的一方可能是母子由蓝毗尼园还宫。这个窟是当时显要人物出资修造的一个十分壮观的大窟，位于窟顶的壁画因免受风雨剥蚀，至今仍色彩艳丽，是没有经过重修的原作。隋代第5窟（牛儿堂）属于同样的情况，前廊平棋天花原应有十八方，现仅存一方，内画一象一马在空中奔驰，又有飞天翱翔，似为佛传故事中的犍陟马和象王。根据佛传故事，太子初生之时，同日生犍陟马及象王，估计这方壁画正是表现了这个内容。从艺术角度看，这些佛传故事画都是麦积山壁画中的精品，构图巧妙，表现生动。

五

供养人像不仅具有资料价值，而且往往也是有很高审美价值的美术作品。第78窟主尊台座上十八身男供养人，巾帻包头，着交领窄袖

㉛ 《佛祖统纪》卷三十三《法门光显志》十王供（《大正藏》卷49，p.322）。

㉜ 《大正藏》卷25，p.109。

㉝ 后秦·鸠摩罗什译《妙法莲华经》卷三《化城喻品》（《大正藏》卷9，p.25～26）。

衣，腰束带，下穿宽腿束脚裤、尖头乌皮靴，显示了当年仇池镇氐族上层人物的风采。第90窟男供养人，身着窄袖长袍，仍为北魏改制前鲜卑族的衣饰。第23、161、110、120窟北魏和西魏的男女供养人，男着袍服，女像上衣下裳，其中也有天水太守，武兴镇将等显要人物的形象。第160窟隋代女供养人身材细高，着大袖裙襦，高头履，服饰艳丽，显出清秀之美。第5窟（牛儿堂）壁画净土变下方所绘初唐供养人，裙裾由仆从提挈，风姿绰约，潇洒从容。

六

佛像的背光、项光以及窟顶藻井等装饰画，在各窟中所占的比重都很大。

背光和项光由火焰纹、卷草忍冬纹、联珠纹、几何纹、水纹和化佛、飞天等组成。以第115窟为例，佛背光由外层向里层分别为火焰纹、伎乐天、几何纹。项光为卷草忍冬纹、联珠纹、几何纹、联珠纹，最里层又是火焰纹。赋彩以红色为主调。该窟左、右侧菩萨的项光第一层皆为卷草忍冬纹。再如，时代更早的第90、70、71窟和第76窟的背、项光纹样，还曾有化佛和水纹，杂以花蕾充实其间。水波用涡纹表示。莲蕾尖端加以晕染，有含苞待放之感。藻井中心为一朵莲花，周围环绕飞天、云朵、花蕾等。第76窟由莲花及飞天组成的藻井，繁缛华丽，色彩浓艳，对比强烈。而第154、155窟则代表了另一种类型，白地色上纹样布置疏朗，显得洁净、宁谧，与繁密、热烈的风格适成对照。第154窟还有仙鹤、灵雀等禽鸟形象，引颈展翅，十分生动。

七

魏晋南北朝的文化艺术，上继两汉遗风，下开隋唐新貌，正值一个承前启后的重要历史时期。这时的佛教艺术，尤其处在重要的发展阶段。随着佛经的翻译和中西文化交流的发展，南北朝时期出现了经变画。它是在无数艺术大师的不断探索和创新下逐渐形成的。麦积山石窟北朝的维摩诘经变、西方净土变、涅槃经变、十善十恶图等，作为经变，都已粗具规模，并取得了独特的成就。麦积山石窟这些壁画经变能够保存到今天，终于使我们惊讶地看到了当时已经达到的艺术水平。萨埵太子本生、睒子本生和佛传等印度和西域流传而来的佛教故事画，这时也已经在麦积山经过了一番改造，画中描绘的城池、殿宇、车骑和衣冠服饰等无不具有中国特色，在一定程度上反映了这一时期的现实生活。同时也就更适合本民族的欣赏口味。

佛教由西向东传入中原后，佛教艺术的题材和样式被处在较高水平的中原文化艺术所迅速吸收，经过了融合和创新，它又反过来影响了我国广大的地区。地近中原的麦积山石窟经变画的出现早于敦煌石窟就是这个道理。文化的影响不是单方面的和单方向的，不同的历史时期不同的内容有着不同的情况。

麦积山石窟壁画最主要的艺术特点，首先是表现形式自由奔放、丰富多样，不拘泥于经文和定式，十分着重艺术表现。例如在构图方面，西方净土变和维摩诘经变采用对称构图，人物安排具有一定的规律性，并在对称中求得变化。除此之外，萨埵太子本生采用拉大车骑出行场面以创造悲壮的气氛，睒子本生采用拉大狩猎场面以加强煊赫的声势，涅槃经变则突出八王分舍利的战斗场面，使涅槃这个低调的主题趋于高亢。这几幅主要壁画的一个突出特点是图解性和装饰性减弱而加强了绘画创作的独立性。它早已不是平铺直叙地对佛经作单纯的图解，而是在事物千变万化的发展过程中，着意捕捉动人的那些方面，有重点地加以表现，从而给人以隽永的回味和丰富的想象。魏晋南北朝战祸连年，画师们对于战骑生活十分熟悉。这些画师在投奔佛门之前，应有相当多数曾是驰马疆场的武士，所以对于战争和狩猎生活表现得格外具体而又丰富，不但场面大，而且生动逼真。在他们的笔下，将士们英勇威武的形象和具装铠马所向披靡的雄姿跃然于壁上。

民族化和强烈的中原影响是麦积山石窟壁画的另一个主要的艺术特点，它不仅体现在前面所述的建筑、车骑、服饰、人物相貌、山川风物等方面，诸如王者乘的车，以及华盖、翠扇、袍服、冕旒等表现出一整套中原的舆服制度，而且还体现在造型和艺术处理方面。麦积山石窟壁画是以线描为造型基础的民族传统画法，在人物形象的处理上，北魏晚期和西魏以修长瘦削为美，显然是受南朝审美情趣的影响。北周的人物形象又趋于丰满厚实，同样是中原审美情趣发生变化所致。天水是古代文化比较发达的地区。它地近中原，所以中原画风对这里的影响就更加明显。魏晋南北朝时期以曹不兴、顾恺之、陆探微、张僧繇和杨乞德[34]等为代表的画家，都是作佛画的妙手。他们的创作自然会对麦积山石窟产生直接的或间接的影响。

佛教故事画和经变情节的展开皆以山林或城池宫殿为衬景。可以看出，这些壁画对于山石、树木、城池、宫殿的表现手法已有很大的发展。例如，萨埵太子本生和其他经变中的城池宫殿，都采用俯视角度，能够一览无余；画建筑已都采用界尺，界画的技巧显然已得到广泛的应用。关于画山水树石，张彦远在《历代名画记·论画山水树石》中所述"魏晋以降……其画山水，则群峰之势若细饰犀栉，或水不容泛，或人大于山，率皆附以树石，映带其地，列植之状，则若伸臂布指。"麦积山壁画中的山水树石的画法则比这前进了一步，景物已经能分出远近层次，峰头有了简单的皴法，这就为故事画主题的展开创造了幽美生动的环境。树木的布置不仅起到点缀画面的作用，而且还有分割画面的功能。"树看顶頸"[35]，树冠的变化，还显示出不同的树种及季节。

作画的过程，麦积山北魏壁画仍沿用前代的程序，先以土红线或淡墨线起稿，采用勾填的画法；敷色一般采用单色平涂，最后勾线。所用颜料，据分析，白色有石膏、白云石、云母、滑石、叶腊石、砷铅矿、高岭石、水草酸钙、方解石、硫酸铅、石英；红色有辰砂（朱砂）、赭石或红土；蓝色有青金石、石青、藏青；绿色有石绿、氯铜矿、水胆矾；黄色有黄赭石；黑（棕黑）色有黑铜矿、碳黑、二氧化铅；此外，还有金粉[36]。由于主要使用石质颜料，所以至今仍能保持鲜明的色泽。有些地方画面脱落很严重，大抵是地杖粉化所造成的。麦积山壁画颜料和敦煌莫高窟、永靖炳灵寺的基本相同，但只有少数本地有出产，大多数都是来自外地。

麦积山石窟壁画虽然保存不多，而且残损比较严重，但是其艺术水平和成就却是值得高度重视的；不仅经变画题材出现最早，而且艺术上也都取得了较高的造诣。在中国美术史的现有资料中，麦积山石窟壁画应同雕塑造像一样，占有突出地位。

㉞ 《历代名画记》卷八《叙历代能画人名》。

㉟ 唐·王维《画学秘诀》，《王右丞集》卷二十八。

㊱ 周国信等《麦积山石窟壁画、彩塑无机颜料的X射线衍射分析》（未刊稿）。据其分析结果，石膏：$CaSO_4 \cdot 2H_2O$；白云石：$CaMg(CO_3)$；云母：$(K, Na)(Al, Mg, Fe)_2(Si_{2.1}Al_{0.9})O_{10}(OH)_2$；滑石：$Mg_3Si_4O_{10}(OH)_2$；叶腊石：$Al_2Si_4O_{10}(OH)_2$；砷铅矿：$Pb_5Cl(AsO_4, PO_4)_3]$；高岭石：$Al_2Si_2O_5(OH)_4$；水草酸钙：$Ca(CO_2)_2 \cdot H_2O$；方解石（白垩）：$CaCO_3$；硫酸铅：$PbSO_4$；石英：$\alpha-SiO_2$；辰砂（朱砂）：HgS；赭石或红土：含$\alpha-Fe_2O_3$（或无定型$Fe_2O_3$）的粘土矿物混合物；青金石：$(Na, Ca)(Al, SiO_4)_6(SO, S, Cl)_2$；石青：$Cu_3(OH)_2(CO_3)_2$；藏青：含Co、Fe、As的非结晶矿物；石绿：$Cu_2(OH)_2CO_3$；氯铜矿（碱式氯化铜）：$Cu_2(OH)_3cl$；水胆矾（碱式硫酸铜）：$Cu_4(OH)_6SO_4$；黄赭石：含铁黄（羟基氧化铁：$\alpha-FeOOH$）的粘土矿物混合物；黑铜矿：CuO；碳黑：C；二氧化铅（变色产物）：PbO_2；金粉：Au。

麦积山石窟所见古建筑

傅熹年

在麦积山石窟现存的一百九十四座窟龛中，有九座外部雕作建筑物的形式，编号为第1、3、4、5、28、30、43、49、168窟；有八座内部雕作建筑物室内或室内陈设的帐的内部形式，编号为第3、4、15、26、27、43、127、141窟（图1）；有四座在窟内的壁画上画有建筑物，编号为第4、27、127、140窟。这些窟龛的时代有北魏、西魏、北周和隋，是了解这段时期建筑规制、形式、构造、室内装饰特点的重要史料，其中有些还是仅存的孤例，十分珍贵。下面分别加以介绍：

一　石窟外部所表现的建筑

1: 第28窟、第30窟

这两窟在东崖下部，东西并列，中间隔一晚于它们的第29窟。两窟外形基本相同，地面标高相同，应是同时凿成的双窟。窟的外形都雕作面阔三间的单檐庑殿顶小殿，前为三间四柱组成的空廊。廊内后壁凿出三个椭圆形平面的穹顶窟室，内雕三尊坐佛，每佛左右各有三胁侍。根据窟形及窟内像设，约属北魏后期或西魏初期。

第28窟（图2）：建筑通面阔（柱中至柱中，后同）913厘米，自

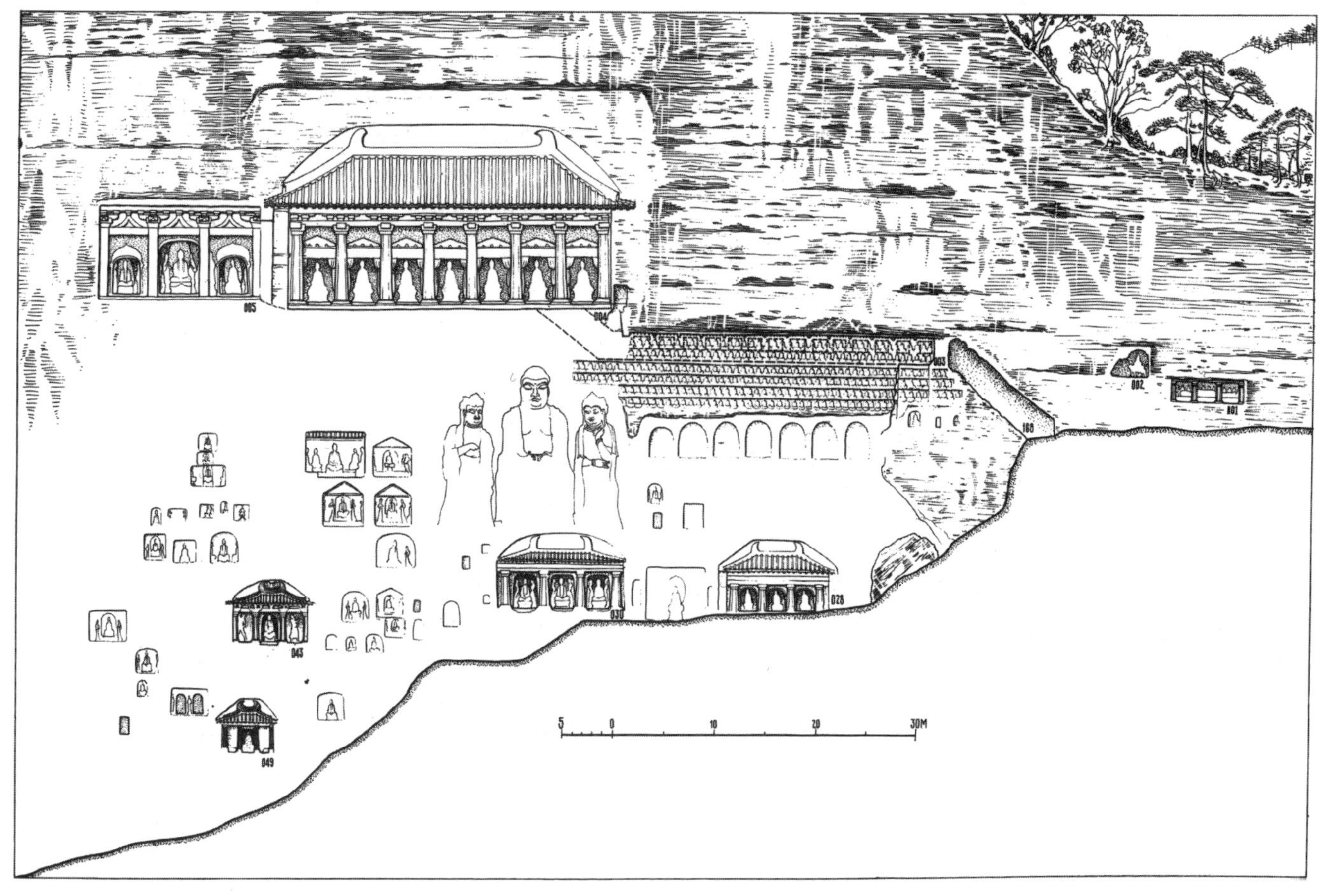

图1　麦积山东崖各窟廊建筑雕刻复原示意图

图 2　第 28 窟实测图

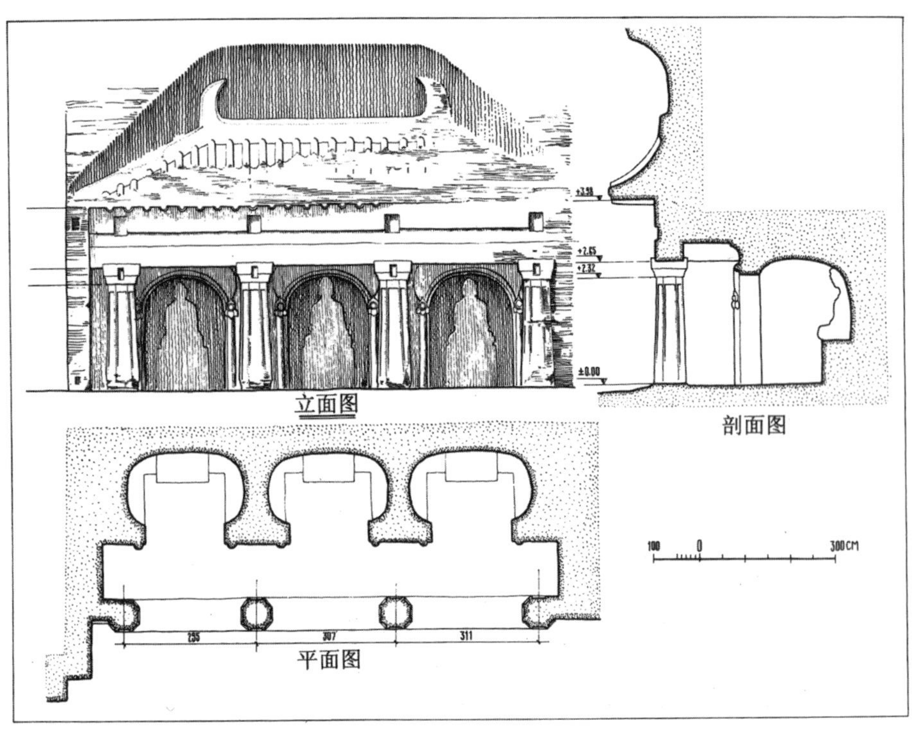

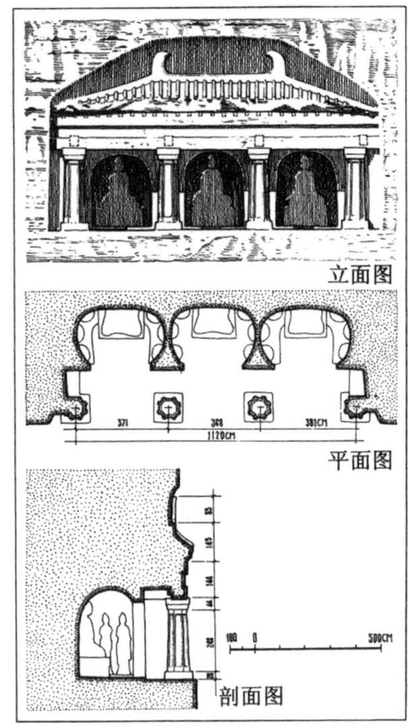

图 3　第 30 窟实测图

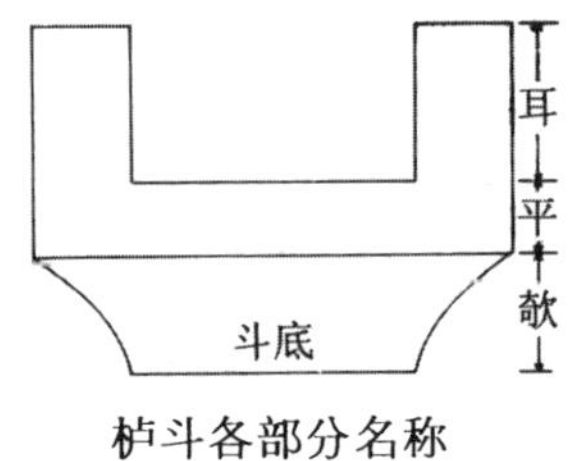

栌斗各部分名称

西向东，各间面阔依次为 295、307、311 厘米，廊深至后壁 150 厘米。檐柱断面八角形，下无柱础。柱身下粗上细，但平直上收，无卷杀。柱脚宽（指八角形相对两边间宽度，下同）约 75 厘米，柱顶宽 56 厘米，净高自脚至栌斗下皮为 232 厘米。柱身每面上下各留出约 20 厘米，边上各留约 3 厘米，心内凿低少许，使柱身在八个转折面上凸出八条边棱。柱上雕出栌斗，上宽 82、底宽 62、高 43 厘米，耳、平部分作上大下小的梯形。栌斗上左右侧雕出阑额，后侧雕向内延伸的梁。阑额高 47、宽 63 厘米，下皮距廊内地面 265 厘米。阑额以上有高 29 厘米一段微凹入，在这段以上又雕出高 57 厘米的矩形橑檐枋，橑檐枋上雕水平挑出的檐椽，断面圆形，残存十六根，余均崩毁。椽径 20 厘米，外端略细些，中距 40 厘米，椽档等于椽径。自阑额下皮到椽上皮，通高 133 厘米，约当自室内地面至阑额下皮之高的一半。檐口部分已崩毁，瓦当不存。残存的屋顶上部雕有正脊、角脊和筒瓦瓦垄。正脊两端雕瘦而高的鸱尾。脊及鸱尾均表面素平，无线脚及纹饰。廊内部为平顶，梁高 38 厘米，自檐柱直抵廊后壁。梁下皮与阑额下皮平。后壁三窟的门雕作圆拱形顶，上加火焰形券面作装饰。

第 30 窟（图 3）：建筑通面阔 1120 厘米，自西向东，各间面阔依次为 371、368、381 厘米。八角形檐柱下有方柱础。柱身下宽约 91 厘米，上宽 76 厘米，净高 248 厘米，各面亦中心下凹，边上起棱。栌斗上宽 89 厘米，下宽 76 厘米，高 44 厘米。耳、平部分高 25 厘米，微呈上大下小的梯形，欹高 19 厘米。栌斗以上雕出阑额、橑檐枋、屋顶，廊后壁凿出三窟，与第 28 窟基本相同。自阑额下皮至檐椽上皮高 144 厘米，约当自柱底至阑额下皮高度 292 厘米的一半。

第 28、30 两窟外形表现的是元魏时三间小殿的形象，它们不仅外形基本相同，各部分的比例也很接近。如明间高宽比，第 28 窟为 1:1.16，第 30 窟为 1:1.15，都近于 5:6；阑额下皮至柱底的高度都为阑额下皮至檐椽上皮的一倍。这种比例近似的情况，既表明两窟建于一个时期，也说明在北魏后期，建筑物的各个部分已经形成固定的比例关系。正是这种统一的比例关系，形成一个时代建筑的共同特征和特定的风貌。

2. 第1窟（图4）

在东崖最东端，是北魏后期窟。窟外观为三间建筑，有四根檐柱，柱列后为矩形敞厅，雕出石榻及佛涅槃卧像。

柱为断面八角形上下同粗的直柱，与前述第28、30窟下粗上细的柱子不同。柱下雕出素覆盆柱础，柱顶上雕八角形皿板和栌斗。栌斗的耳、平部分仍呈上大下小的梯形，特殊处是其欹与习见内凹者相反，作向外凸出状。斗欹部的四个下角抹斜，与八角形皿板的四个斜边相应。在栌斗的平、欹转折面处雕出一条凹线，作为分界线。栌斗以上雕断面矩形的阑额，额上不再雕橑檐枋和檐椽，其上即为微凸出的崖面。

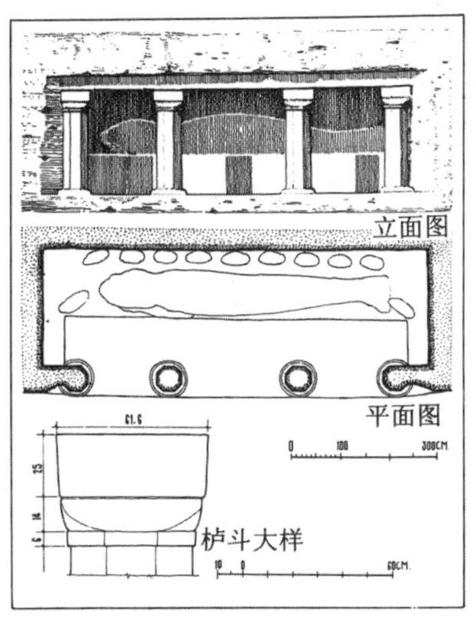

图4　第1窟实测图

以上三窟和下面将要介绍的第4、43窟都雕有八角形檐柱。八角柱至迟在汉代已经盛行，并出现了上下同粗和下粗上细两种不同形式，与在此三窟中所表现的相同。其中四川诸东汉崖墓多用下粗上细的八角柱[①]，中原地区则两种并用，如沂南古画像石墓后室都柱用上下同粗的八角柱，前室都柱用下粗上细的八角柱。在同一墓中两式并用，说明两种都是通用的[②]。第1窟栌斗的欹部外凸，与自西周以来习见的由直线演变到内凹的趋势不同[③]。外凸之例又见于朝鲜高句丽时代的双楹冢[④]。两者时代相差不远，而相距数千公里之遥，可知此式仍是中国古法，不过遗例稀见而已。

3. 第43窟（图5）

在东崖下部，西魏窟。此窟外观雕作附崖的三间有前廊的单檐庑殿顶小殿，前檐三间四柱，檐柱内为宽约120厘米的廊。当心间在廊后壁凿圆拱形门，上加火焰形券面装饰，左右两间后壁素平，在廊下现存宋代泥塑力士二尊。明间门内为椭圆形平面的前室，前室后壁下部凿一高仅107厘米的通道，通入低矮的梯形后室。

前檐建筑通面阔665厘米。自西向东，各间面阔分别为185、290、190厘米。柱高自地面至阑额下皮为270厘米。柱净高220厘米，断面八角形，下宽44厘米，上宽34厘米，每面四周留边棱，中部凹下。柱下雕素覆盆柱础，柱顶上雕栌斗。栌斗上宽44厘米，中宽42厘米，底宽37厘米，耳、平部分呈上大下小的梯形。栌斗上耳、平的正面雕花饰，耳高不明，平、欹分别高19、12厘米。栌斗以上左右雕出高27、宽43厘米的断面矩形的阑额。在各柱栌斗之上，相当于齐心斗、散斗的位置各浮雕一花朵，与栌斗正面所雕相同。明间二柱上各有三朵，次间二柱外侧隐入崖壁，只二朵。又在阑额上雕出弧形花茎，自栌斗两侧连到相当散斗位置的两花朵之下，其外形轮廓恰与一斗三升斗拱相似。明间正中，在阑额以上又雕出一花朵，相当于承托在阑额与橑檐枋之间的用做补间铺作的散斗。橑檐枋高24厘米，下皮与阑额上皮相距36.5厘米，其上雕水平伸出的檐椽。椽径约14厘米，椽中距32厘米，已崩残，椽头及其上的瓦当都不存。残存的屋顶上半部有雕出的筒瓦瓦垄，脊上雕出表示叠瓦作脊的平行线脚。正脊两端处，平行线脚上翘并内弯，形成鸱尾。在正脊之上，两鸱尾之间，雕出树枝形饰物，为其他各窟所无。这或许和此窟的特殊性质有关。

柱廊内部为圆弧形顶，雕有自柱头栌斗后部伸到后壁的矩形断面的梁。梁高22、宽44厘米。

① 四川省彭山县第460号东汉崖墓即作此式，见梁思成《中国建筑史》第三章，第八图（《梁思成文集》卷三，中国建筑工业出版社1985年版）。

② 南京博物院、山东省文物管理处《沂南古画像石墓发掘报告》第二章，图3，文化部文物事业管理局1956年版。

③ 西周矢令簋下有柱和斗，斗欹部为直线；见容庚、张维持《殷周青铜器通论》图版贰柒，图52，文物出版社1984年版。河北平山县战国时中山国一号墓出土四龙四凤铜方案，上部有斗和拱，其拱的欹部已内凹；见河北省文物管理处《河北省平山县战国时期中山国墓葬发掘简报》图版伍，图2，《文物》一九七九年第一期。至汉代，则斗欹均作为凹式；参见刘敦桢主编《中国古代建筑史》第三章第七节，图52，中国建筑工业出版社1984年版。

④ 关野贞编《朝鲜古迹图谱》第二册，图版541（朝鲜总督府，1915年）。

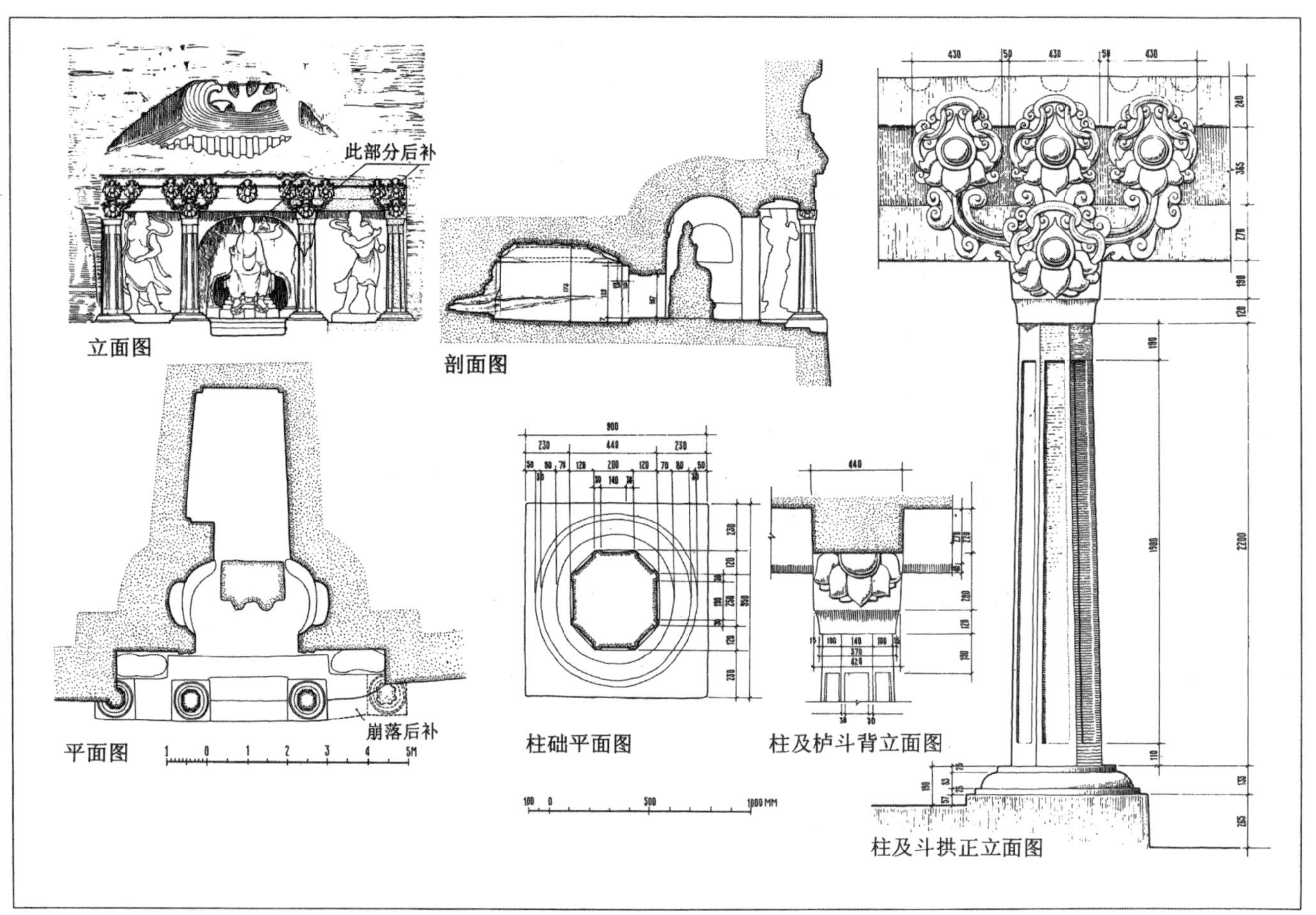

图 5　第 43 窟实测图

图 6　第 49 窟外景

前室平面椭圆形，宽 340 厘米，深 190 厘米，上为穹顶。室内正中现有一唐代泥塑坐佛，下有木架，后背做成宋以后才出现的双龙靠背椅形，遮住后室的入口。入口处有一深 90 厘米的通道，高 107 厘米，深 90 厘米，通至后室前壁的东侧。后室平面梯形，深 320 厘米，前宽 250 厘米，后宽 215 厘米，室高 173 厘米，盝形顶。后室内四角雕出方形壁柱，高 140 厘米，柱头之间雕出矩形断面的横楣，窟顶正中雕出一片较小的矩形平顶，四边有四个斜上的梯形斜面，连接四壁。各面相交处也都雕出矩形断面的木枋。整个窟室表现的是矩形覆斗顶的帐的内部，各壁柱和枋表示帐柱、帐楣和帐杆。

此窟所表现的建筑比例秀美，明间高阔比近于 1:1，柱之细长比近于 1:5，明次间面阔比近于 3:2，其比例关系之明确和装饰之富丽都胜于第 28、30 两窟。史载西魏大统六年（公元 540 年）文帝乙弗后自杀，葬麦积崖⑤。麦积山近二百窟中只此窟有可封闭的后室，适于用作墓室，且甬道接通后室的位置偏左，近于当时墓葬中墓室与墓道的关系，故疑即是乙弗后墓。

4. 第 49 窟

在第 43 窟下方，西魏窟。此窟外观雕做有前廊的单檐庑殿顶小殿，现中部、东部已崩残，仅西侧靠崖一柱尚完整，东侧柱仅存少许，附在残壁上（图 6）。建筑前檐通面阔 460 厘米，西柱下部风化，从残迹推测，可能有覆盆柱础。柱身至斗底净高 240 厘米，断面为出凸棱的圆形，棱宽者 10 厘米，窄者 4 厘米，一宽一窄相间。西柱因外侧隐入崖壁，只刻出三宽棱、三窄棱，据以推知完整的柱子应是凸出八宽棱、八窄棱。柱身下径约 40 厘米，上径约 24 厘米，柱顶收入 1.5 厘米，卷

⑤　唐·李延寿《北史》卷十三《后妃列传·西魏文帝皇后乙弗氏传》。

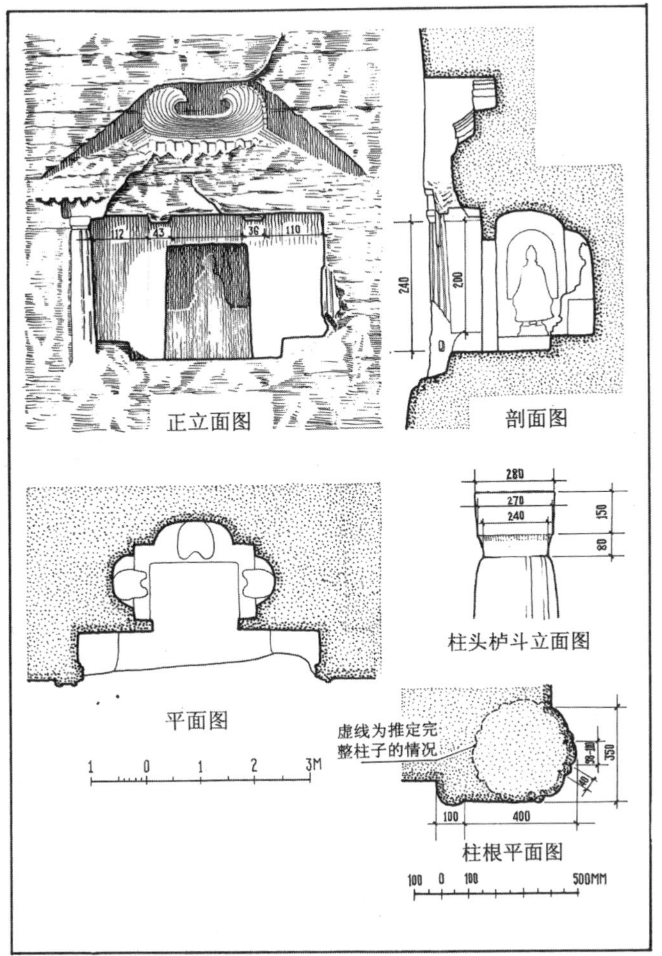

图 7　第 49 窟实测图

图 8　第 49 窟原状示意图

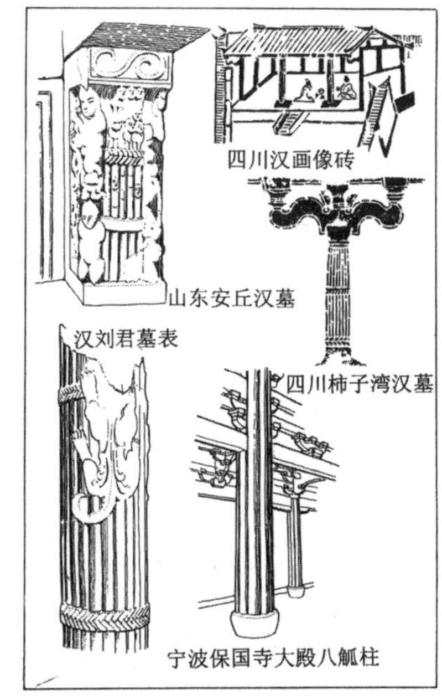

图 9　古代用束竹柱举例

杀作覆盆状，上雕栌斗。栌斗顶宽 28 厘米，中宽 27.6 厘米，底宽 24 厘米。耳、平总高 15 厘米，欹高 8 厘米。栌斗以上直接雕矩形断面的檩檐枋，高 38 厘米，厚 20 厘米，已大半崩毁。檩檐枋以上雕水平挑出的檐椽，径 13 厘米，中距 26 厘米，现存西柱顶上五根，残长 20 厘米。屋顶的檐口部分崩落，仅存正脊下雕出的七垄筒瓦。筒瓦径 15 厘米，垄挡与筒瓦同宽。正脊、角脊都按叠瓦脊的外观雕出平行线，正脊十二层线，高 32 厘米，两端与第 43 窟相同，线脚上翘内弯，形成高 92 厘米的鸱尾。廊内三面素壁，平顶。在左右侧壁上部雕有高 17 厘米的断面矩形的梁，从栌斗后直抵后壁。梁底标高低于檩檐枋的下皮。廊后壁正中开一方顶的矩形门洞，通入窟室。门两侧廊顶还雕有两根梁，下皮与两侧壁雕出者同高，也低于檩檐枋下皮，外端已残断。根据这两条梁，可以推知此窟外檐与梁对应处还应有两根檐柱，外观应是三间小殿（图 7、8）。

廊后为矩形穹顶小窟，三面壁上开龛，各雕一尊倚坐佛。

此窟在麦积山外形雕成建筑的诸窟中是最小的一座，在建筑中值得注意处是柱上刻出瓜棱。瓜棱柱的形象屡见于汉代石刻和画像砖中。在四川柿子湾东汉崖墓外檐[⑥]、山东安丘东汉墓内部[⑦]、四川成渝路沿线出土东汉住宅画像砖中住宅正堂[⑧]和江苏徐州东汉墓画像石[⑨]中都可见到。此外，山东省博物馆藏汉琅玡相刘君墓表残段下部也作瓜棱形柱[⑩]（图 9）。这些柱中，有些还刻出几道束住柱身的编绳。据《水经注 · 阴沟水》条所载，晋司马士会墓前有两石柱，"半下为束竹交文"，可知这种

⑥　同注③《中国古代建筑史》图 52。

⑦　殷汝章《山东安丘牟山水库发现大型石刻汉墓》，《文物》一九六〇年第五期。

⑧　中国科学院考古研究所编《新中国的考古收获》图版捌伍四川成都羊子山东汉画像砖，2. 庭院图，文物出版社 1961 年版。

⑨　江苏省文物管理委员会编《江苏徐州汉画像石》图版伍伍，图 73，科学出版社 1959 年版。

⑩　刘敦桢《定兴县北齐石柱》3. 石柱式样之检讨，图版十一，乙（《刘敦桢文集》卷二，中国建筑工业出版社 1984 年版）。

图 10　第 4、5 窟外观

瓜棱柱即束竹柱，所刻编绳即表示柱子是用绳索绑扎竹束或其他植物茎束而成。把小材绑扎起来当作大材使用是很古的传统。我国自新石器时代以来就开始用苇束做墙壁骨架和屋面承重材[11]。但目前已知用做柱子之例最早是东汉[12]，实际出现应早得多。此窟所示说明在南北朝时此型柱已开始去掉束绳，变成程式化的装饰线脚。瓜棱柱的形式在北宋时尚存，实物见于 1013 年所建宁波保国寺大殿[13]。该殿柱作八棱形，由四瓣拼合而成，每瓣二道瓜楞。木柱由三或四瓣拼合也是很古的传统。据此我们可以设想，八棱柱的形式有可能多用于拼合柱，以利于掩盖拼合接缝。如果是这样，则第 49 窟所反映的也有可能是拼合木柱的形式。

5. 第 4 窟（图 10）

在东崖石窟群最上层，北周窟。此窟外观凿作面阔七间单檐庑殿顶的大型佛殿的形式，前檐原有七柱，已崩残，只余两梢间依崖二柱。檐柱以内有宽约 3.5 米的前廊，后壁雕七座佛帐形龛，表现在大殿内并列七座佛帐的情况。这是麦积山石窟群中最宏伟、最精丽的一座。北周庾信《庾子山集》载有《秦州天水郡麦积崖佛龛铭》一文，称"大都督李允信者，……乃于壁之南崖梯云凿道，奉为王父造七佛龛"云云[14]，或即指此窟。李允信，《北史》、《周书》均无传，能为其祖开如此庞大洞窟，当是一烜赫家族，其详尚待进一步考订。庾信铭的刻石据五代人撰《玉堂闲话》记载[15]，那时尚存岩中，现已无可寻踪迹了。据庾信的描写，此窟当年的形象是"壁累经文，龛重佛影；雕轮月殿，刻镜花堂；横镌石壁，暗凿山梁"，可知是座很华丽精致的石窟。它是麦积山石窟群中唯一一座经著名文人品题、在史籍中有明确记载的洞窟，也是全国各石窟中最大一座摹仿中国传统建筑形式的洞窟（参阅图 1）。

第 4 窟从后壁残存的梁尾看，外观原为面阔七间，共有八根檐柱。中间六根已崩落，近年曾从崖下堆积中发掘出柱和栌斗残段。建筑前檐总面阔按柱中线计为 3048 厘米，按各佛帐之间中线计，自西向东，逐间面阔为 410、453、460、450、432、417.5、425 厘米（图 11、12、13）。现存两梢间的角柱断面八角形，下宽 115 厘米，顶宽 92 厘米，四正面较宽，四斜面较窄，宽窄之比略小于 2:1，柱身斜收，平直无卷

⑪ 在河南郑州大河村仰韶文化房屋遗址中已出现在房屋立柱之间加芦苇束的做法，见郑州博物馆《郑州大河村仰韶文化的房基遗址》，《考古》一九七三年第六期。商、周、战国房屋都在屋顶檩上密排苇束，以代椽子和望板，见中国社会科学院考古研究所河南一队等《河南柘城孟庄商代遗址》，《考古学报》一九八二年第一期；陕西周原考古队《扶风召陈西周建筑群基址发掘简报》，《文物》一九八一年第三期；河北省文化局文物工作队《河北易县燕下都故城勘察和试掘》，《考古学报》一九六五年第一期。

⑫ 同注⑥～⑨。

⑬ 窦学智等《余姚保国寺大雄宝殿》，《文物参考资料》一九五七年第八期。此殿在七十年代修理时，才发现瓜楞柱是由四瓣拼合成的。

⑭ 《庾子山集》卷十二。

⑮ 宋・李昉等编《太平广记》卷三百九十七麦积山条引五代《玉堂闲话》。

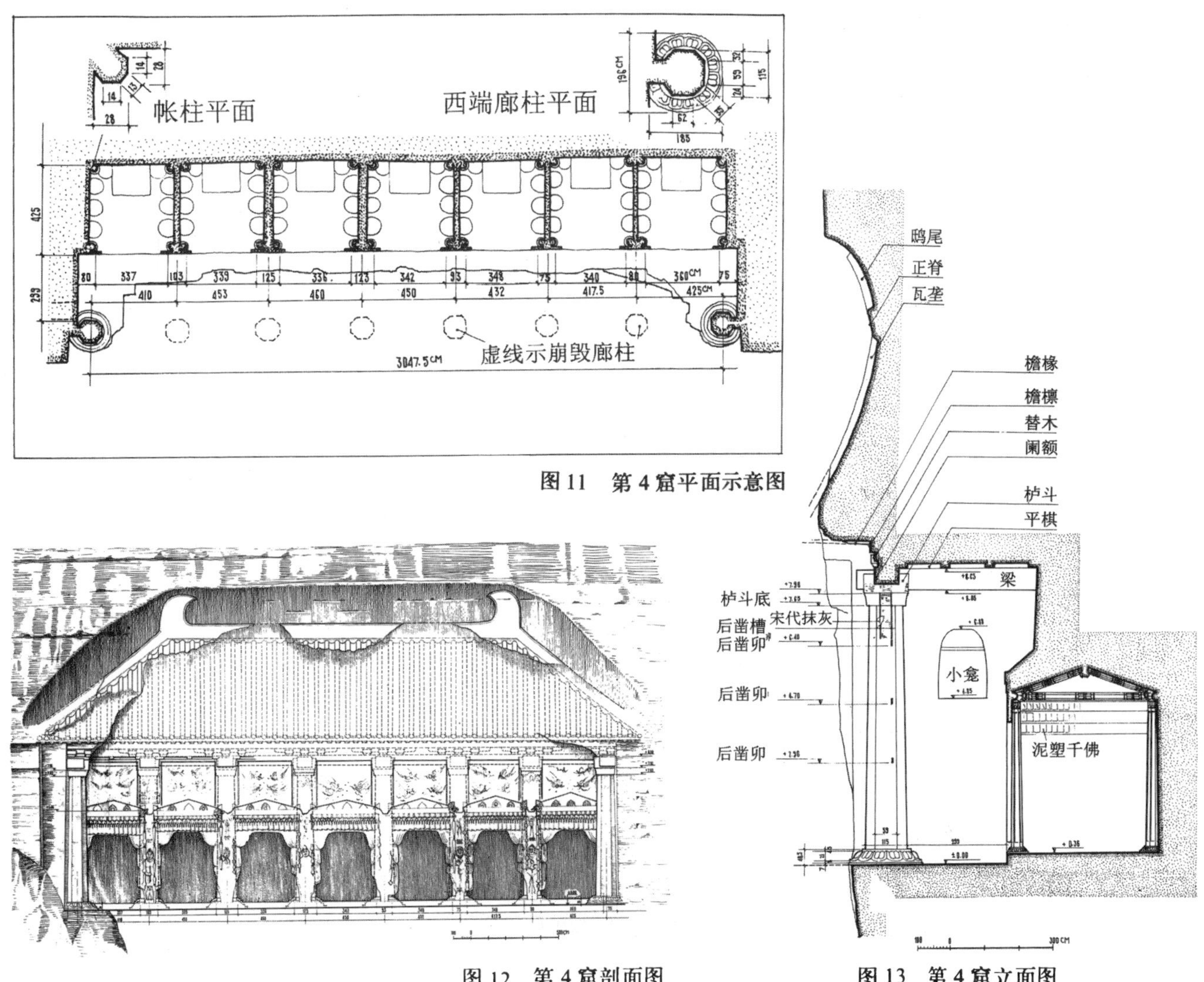

图 11　第 4 窟平面示意图

图 12　第 4 窟剖面图

图 13　第 4 窟立面图

杀。柱下有高 40.5 厘米的覆莲柱础，外侧隐入崖壁，不完整。从柱身正面各两瓣、斜面各一瓣的情况看，完整柱础应为十二瓣。西柱自础上至栌斗底净高 724.5 厘米。柱上雕出的栌斗底宽约 105 厘米，顶宽约 120 厘米；耳、平部分总高 58 厘米，微呈上大下小的梯形；欹高约 31 厘米，有内䫜。栌斗侧面雕出矩形断面的阑额，宽 70 厘米，高约 50 厘米，齐根部崩落，只余残痕。西柱阑额之上雕齐心斗和散斗。斗上又雕有连续向外凸出的两层矩形构件；下层矮，是替木；上层高，是橑檐方(图 14)。橑檐方以上雕水平伸出的檐椽，是扁方形的板椽，与前述数窟用圆椽者不同。椽绝大部分崩落，仅西柱顶上残存四根，各椽互相平行，不作翼角辐射状排列。崖壁上部雕巨大的单檐庑殿屋顶，檐口及角脊下端不存，正脊两端雕有鸱尾。鸱尾及脊均素平无线脚。屋面雕筒瓦瓦垄。

此窟自檐柱列中线至佛帐下台阶边缘宽 355 厘米，在佛帐前形成一个长 30 米余、宽 3.55 米、高 8.65 米的巨大空廊，表示佛殿内在佛帐前有宽敞的礼佛空间，十分壮伟。在廊后壁顶部有梁，向前伸到檐柱栌斗上，并在栌斗正面露出矩形垂直截去的梁头。廊内梁间凿成平顶，每间雕出六块平棋。平棋的枝条和心版尚保存有北周时所绘彩画。廊后部凿成自后壁凸出约 80 厘米的七座佛帐、每帐内凿为一小窟。每座佛帐外

图 14　第 4 窟窟廊西端柱头特写

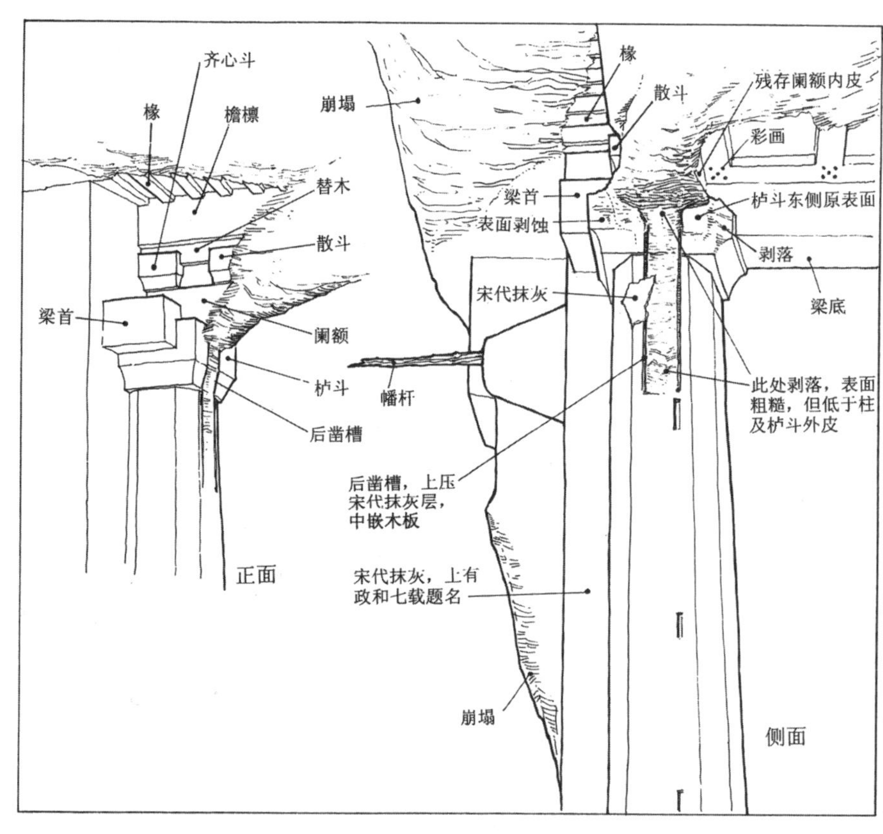

观为方锥顶斗四攒尖顶，帐顶前缘凿卯口，插入五个木制加泥塑的花饰，形状、位置都像后世蕉叶帐上的蕉叶。这种饰物在第 133 窟十六号造像碑下段浮雕佛帐中也有，雕作火珠。每帐顶五个饰物中，两端两个塑作莲花形，向外伸出龙、凤、象的头，均口衔下垂至地的流苏。帐身正面雕有鳞片形和三角形饰物的帐头横帔，其下雕作向左右撩起用帐带拦腰系住再下垂的幔帐。在七帐之间和东西端二帐的外侧各有一在浅石胎上加泥塑的力士像，共八尊，俗称“天龙八部”。佛帐的帐头、流苏、幔帐等都石雕出浅胎，上加泥塑，然后敷彩。

此窟建筑彩画只有梁和平棋部分保存下来。彩画有数重，从叠压关系看，大约北周时平棋枋刷青色，平棋心画壁画；稍晚，又在梁、枋底面刷黑灰色（或是年久变色所致，原色待考），上画花瓣，勾白线，外檐柱、阑额残损，证以内檐情况，也不能排除原有彩画的可能性。七座佛帐屡经后代妆色，目前至少可看到三层，最上层黄灰色，上有南宋孝宗隆兴三年（1165 年）墨书题记，至迟是南宋初所加。第二层黑灰色，上画有隋或初唐风格的菩萨像，至迟为隋或唐初所加。最下层为青色。在帐上可清楚找到这三层间的叠压关系。帐顶横帔原也是青色，其上三角形饰物为黄地，用青色勾边线并压心。

在廊的后壁和帐间的空隙处都有壁画。后壁每间自成一幅，上至平棋,左右大体和梁的侧边齐,四周加青色边阑。每幅各画两个相间飞翔的飞天，衣带回环，间以缤纷花雨。人的面、胸、背、足都加薄泥塑，微微凸起。相邻两幅之间留出一道稍宽于梁的空隙，上部画一佛二立侍，下部画供养人像。现仅自西起第一二幅间、四五幅间、六七幅间保存稍好。佛帐之间，在天龙八部塑像之上画有菩萨立像，身体颀长，属隋或初唐风格，画在黑灰色粉刷层上。

七小窟内部形制相同，都雕作方锥顶方形佛帐内部的形式。内部四

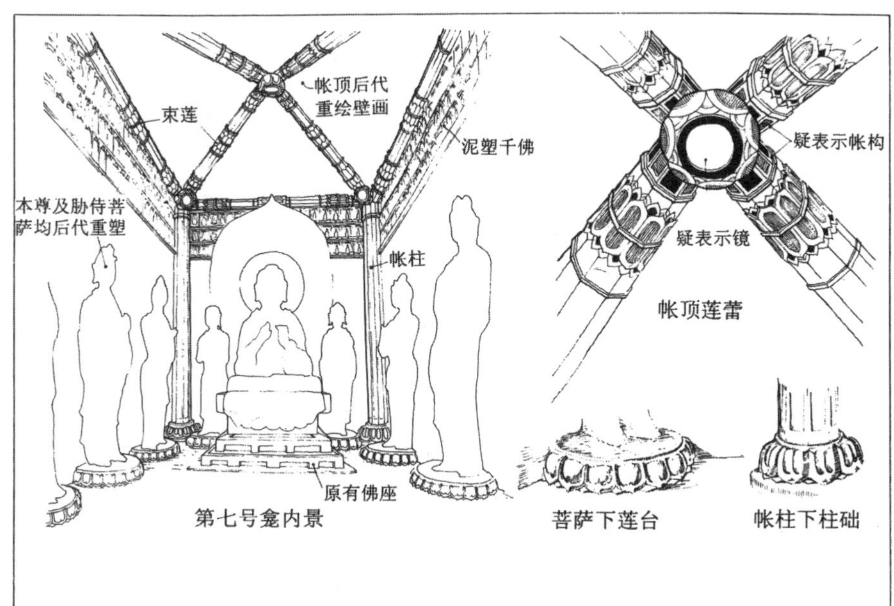

图 15 第 4 窟佛帐内景及特写

角有石雕覆莲帐柱础，础上雕出八角帐柱，都是一至三面与石壁相连的壁柱。柱顶雕出束莲，各柱顶间雕出八角形断面的水平帐楣和斜向中心相交的帐杆，构成方锥形帐顶。帐楣、帐杆的两端和中间各雕出束莲。在帐顶四角及中心各有一泥塑莲花。每帐内部都是后壁中央雕一佛座，上雕一尊坐佛，左右二比丘，两侧壁各有立菩萨三躯，各立在莲台上。佛座、莲台均北周原物，佛菩萨像已经后世重妆，但个别的下垂衣裾尚露出北周原塑（图 15）。

总括起来说，第 4 窟原状是一面阔七间、长 30.48 米，檐高近 9.5 米的巨大佛殿。它的佛帐及廊内的梁、枋、平棊以青色粉刷为主调，并绘大量壁画，外檐部分原也可能有彩画，是一座高悬天半、宏伟富丽的佛殿式石窟。就建筑的绝对尺度而言，它比建于公元 857 年的五台县佛光寺大殿的面阔仅稍小一些⑯，而年代要早三百年。它表现建筑物的构造清晰，风格庄重华贵，在唐以前木构建筑早已不存的今天，是研究北朝木构建筑的重要资料。它内部空间的并列七座佛帐尤足珍视。现存各大型石窟，如云冈第 6 窟、第 9、10 双窟等，其内部空间之高大和雕饰之繁密都超过此窟，但整体上受印度影响较大，仅在局部表现了一些中国建筑手法和构件。隋唐以后，大多数石窟沿着石窟本身的构造特点和造型规律发展下去，也只是局部地、曲折地反映当时佛殿内部的情况。只有此窟是真正如实地表现了南北朝后期已经中国化了的佛殿的外部和内部面貌，在石窟发展史上具有重要意义。帐，原是中国古代室内最常用的起居设施。早在战国时中山国王嚳墓中已出土过方形方锥顶铜帐构⑰，山东长清岗辛战墓和河北满城西汉中山王刘胜墓曾出土构造很复杂的矩形庑殿顶帐构⑱。《后汉书》载，东汉洛阳高祖庙有绣帐，帐内茵褥用絮达四百斤⑲，其帐之巨大可以想见。河南密县打虎亭东汉墓内壁画饮宴图上也画有矩形庑殿顶大帐，帐内设屏，帐前置案⑳。《酉阳杂俎》载梁武帝于林光殿见北朝使臣坐皂帐㉑。《邺中记》载石虎用熟锦流苏斗帐，四角安纯金龙头，衔五色流苏。又作沉苏帐，顶安金莲花㉒。所载石虎帐四角出龙头、垂流苏、金莲花等情况，与第 4 窟所表现的帐的内外形制颇多近似之处。这表明当时佛帐和宫殿中的帐是基本一样的。古代的帐所存只有帐构，其形象一般只能求之于图画或浮雕图像，此窟完整雕出立

⑯ 五台县佛光寺大殿面阔 34.00 米，见陈明达《营造法式大木作研究》第七章第一节，表 34-1，文物出版社 1981 年版。

⑰ 此帐构在发掘简报中未作介绍，实物曾在故宫博物院举办的中山国文物展览及 1981 年 3 月在日本东京、神户、名古屋举办的中山王国文物展中展出。见《中国战国时代的雄・中山王国文物展》No.91。

⑱ 山东省博物馆等《山东长清岗辛战国墓》，《考古》一九八〇年第四期；中国社会科学院考古研究所、河北省文物管理处《满城汉墓发掘报告》图版贰一号墓出土器物，八，帐构，文物出版社 1980 年版。

⑲ 南朝宋・范晔《后汉书》志第九《祭祀》注引《汉旧仪》："宗庙三年大袷祭，子孙诸帝以昭穆坐于高庙。……高祖南面，幄绣帐，望堂上西北隅。帐中坐长一丈，广六尺，绣茵厚一尺，著之以絮四百斤"。

⑳ 安金槐、王与刚《密县打虎亭汉代画像石墓和壁画墓》图版壹，《文物》一九七二年第十期。

㉑ 唐・段成式《酉阳杂俎》前集卷一《礼异》。

㉒ 宋・李昉等辑《太平御览》卷六百九十九《服用部・帐》引《邺中记》。

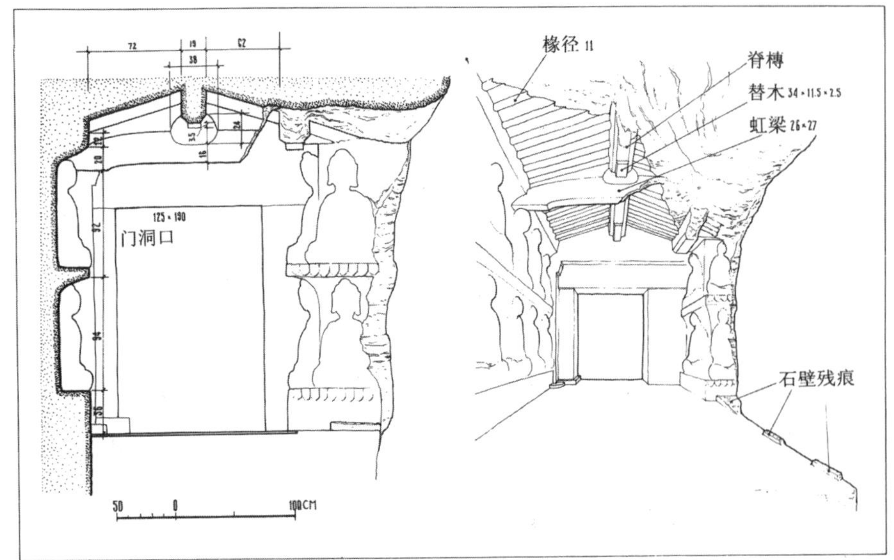

图 16 第 3 窟实测图

图 17 第 3 窟原状示意图

体的帐的内外形式，也是很难得的资料。

此窟建筑部分雕凿工整，各小窟间壁厚在 30 至 50 厘米间，帐上的横帔和垂幔有的只厚 20 厘米左右，从石窟开凿技术上看，也有独到之处。

6. 第 3 窟

在第 4 窟东侧下方，北周窟。它是在崖壁上凿出的一条水平通廊，东接第 168 窟，西通第 4 窟。窟顶凿成两坡廊子内部的形式。外檐和地面部分早已崩塌，现在装上了栏杆和栈道，内壁在栈道廊地面以上雕有两排小坐佛。它的东端与第 168 窟相接处凿出石门洞和门框，入门有约 4 米长一段尚保存原来洞窟的形式，为石顶、石地面，外侧有一段长约 90 厘米的自地至顶的石壁。自此稍向西，在外侧石地面上尚余崩残的石墙痕迹，附在崩崖边上。再向西，地面、外壁和廊顶的前半部都已崩塌，只余后壁和廊顶的后半（图 16）。在西端也有门框，门外已崩，现用栈道曲折升至第 4 窟。整个第 3 窟从顶部崩残的梁看，原分为十四间，除两端门框处上部是素壁外，中间凿有十三道月梁形梁，梁中央雕出驼峰。驼峰上再雕出替木和脊槫，内壁和外壁顶上各雕出檐槫，脊槫、檐槫之间雕出前后两坡的椽子。

从现存种种残迹推测，此窟原是在崖壁中穿行的隧道，外侧或在石壁上开明窗，或如第 168 窟那样开一带形豁口，约与第 4 窟和其下的中七佛阁同时崩毁（图 17）。它忠实地表现了木构廊子的形式和构造[23]，所雕的梁则是迄今所见最早的月梁的形象[24]。

7. 第 168 窟

在第 3 窟之东，是在崖壁上凿出的从崖旁地面通向第 3 窟的斜廊。廊平顶，斜长约 14 米，坡度近 45°，外侧壁凿一带形豁口，上下各留少许石壁为矮栏杆。地面凿踏步。后壁有北宋人李师中等题记。此窟形式简单，雕工草率，远不如第 3 窟雕刻之精，从用途上看又仅系通第 3 窟转至第 4 窟的入口。它极可能是未完成之窟，经后代粗凿踏步，以便通行。

此窟与第 3 窟是一整体。庾信铭的序中有“梯云凿道，奉为王父造七佛龛”之句，可知原是由石磴道登上第 4 窟而不是栈道。这两条道应即是“梯云凿道”的残迹。

[23] 南北朝时代廊的立体形象又见于敦煌莫高窟第 254 窟人字披，两山有令拱替木承槫。该窟为北魏窟，早于此窟，但没有表现梁。完整地表现南北朝时长廊内部构造的当推此窟。

[24] 月梁亦称虹梁。班固《西都赋》描写汉宫建筑云：“因瑰材而究奇，抗应龙之虹梁”。李善注云：“梁形似龙，而曲如虹也”。可知汉代已有此形式之梁，但迄今未见其图像。月梁形象目前所知，以此为最早。其具体实物，则以五台县佛光寺大殿为最早，但日本诸相当于中国唐代的建筑中，建于八世纪后期的唐招提寺金堂的明栿已作月梁形，早于佛光寺约九十年。

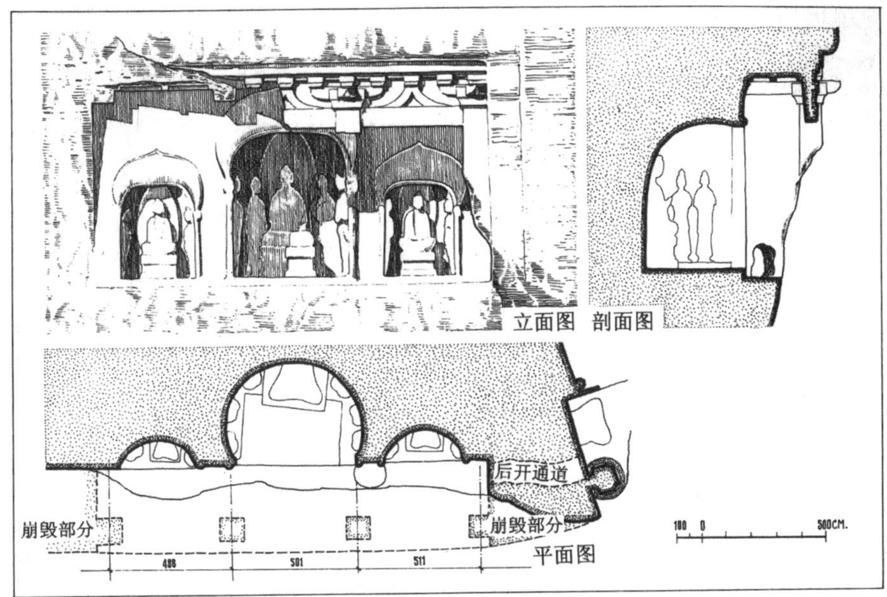

图 18 第 5 窟实测图

8. 第 5 窟

在第 4 窟之西，隋窟。此窟前面有面阔三间的窟檐，后壁凿一窟二龛。现在窟廊大部崩毁，只存明间东侧和东间的上部。建筑总面阔 15 米，自西至东，逐间面阔为 488、501、511 厘米。檐柱断面方形，下大上小，明间柱顶部宽约 102 厘米，厚约 88 厘米。柱顶两侧雕矩形断面的阑额，高约 80 厘米，底宽约 56 厘米。柱顶上雕栌斗，高约 84 厘米，正面斗口内雕伸出的梁头，侧面斗口内雕泥道拱。泥道拱长约 300 厘米，高约 48 厘米，拱心及拱头雕出齐心斗和散斗。散斗高约 37.5 厘米，其上雕通长的替木和矩形断面的橑檐方。橑檐方以上即崖面，未雕屋檐和屋顶，形式与第 1 窟近似。自阑额上皮至橑檐方上皮共高 186 厘米。在阑额中央，又浮雕一叉手，作补间铺作，其上雕一散斗，托在通长的替木之下。廊内，在栌斗内侧斗口内雕矩形断面的梁，宽约 91 厘米，高约 51 厘米，梁间廊顶雕平棊，明间和东间各分为四块，西间素平未分块（图 18）。

此窟与第 4 窟东西并列，二窟前部都已崩毁。在第 4 窟西端柱脚内侧有一后凿的洞，通到第 5 窟。其原状应是在两窟檐柱外阶下均有一定宽度的平台，由平台上通过。现第 4 窟西端柱外侧壁上有北宋政和年间墨书题记，说明在北宋时尚可从柱外通行。即令那时平台已崩，也可能有栈道通过，现在的石洞，大约是明代所凿。

此窟窟檐在建筑上的主要特点，一是用断面方形的柱子，一是阑额在柱顶两侧。后一特点与前面介绍的诸窟阑额放在柱顶上的栌斗口内者不同。这情形和在其他石窟或图像中所见近似[25]，说明在隋代前后，中国木构架可能发生一些变化。关于这一点，将在下文关于第 27 窟壁画部分加以探讨。

二　洞窟内部建筑雕饰

麦积山石窟中，内部雕出建筑或室内设施的有八窟。其中第 3、4、43 三窟前已述及，尚有第 15、127、141、27、26 窟，共五窟，分述如下：

㉕ 北魏的云冈第 10 窟东壁浮雕佛殿、龙门古阳洞浮雕殿堂，北齐天统五年（公元 569 年）建定兴县义慈惠石柱和敦煌隋代 433 窟人字披后平顶上的壁画佛殿，都是柱顶上加栌斗，栌斗上承阑额。而在敦煌第 420 窟西壁上部、第 314 窟西壁上部等隋代壁画中，建筑又画作阑额位于柱顶两侧。说明隋时两种做法并用。到唐代，如贞观五年（公元 631 年）李寿墓壁画建筑、敦煌第 321 窟初唐壁画建筑等所示，则都是阑额插入柱顶两侧的做法。见《中国建筑史》第十一、十七图（见注①）、《中国石窟·敦煌莫高窟》第二、三卷（文物出版社 1984、1987 年版）、陕西省博物馆等《唐李寿墓发掘简报》图一八（《文物》一九七四年第九期）。

图 19　第 15 窟内景

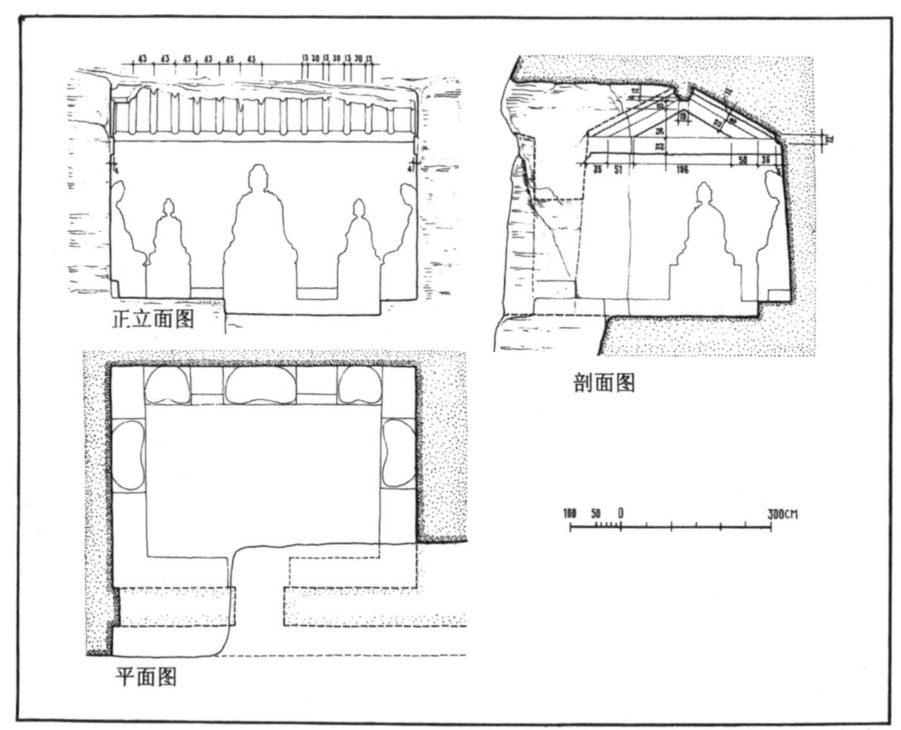

图 20　第 15 窟实测图

1. 第 15 窟

在东崖第 4 窟下方，北魏窟。此窟前壁已崩毁，据崩余残痕，可知外壁厚约 77 厘米，原外观已不可考。窟室平面为横长矩形，东西 615 厘米，南北 414 厘米，仅西壁及后壁尚完整（图 19）。

窟室内部仿进深为二椽的木构架房屋形式凿成，东西壁上方各雕出长两架的梁，梁上雕叉手，托在脊槫下替木之下。梁高 33 厘米，凸出壁面 4 厘米，叉手开脚宽度（以内缘计）为 196 厘米，举高自梁上皮至叉手内缘交点为 54 厘米，至脊槫下替木下皮为 69 厘米。替木宽 19 厘米，厚 4.2 厘米已崩残，长度不明。脊槫径 29 厘米，梁两端也雕出前后檐槫，径 22 厘米，隐出于前后壁顶上，下无替木。脊槫、檐槫间窟顶雕出前后坡椽子。椽为圆椽，径 13 厘米，中距 43 厘米。后坡保存完整，共雕十五根椽（图 20）。

两架梁上加叉手是当时较小建筑常用的木构架，至迟在汉代就已出现了[㉖]。此窟内未雕出柱子，所表现的应是在夯土或土坯承重墙上架木梁的土木混合结构房屋的形象[㉗]。窟形横长，如是真实木构房顶，中间还应有梁架，在石窟中就可略去。

2. 第 127 窟

在西崖最高处，西魏窟。此窟平面作横长矩形，前壁正中辟一平顶门，后壁及左右侧壁各凿一浅龛，龛内各塑一佛二菩萨。窟顶雕作矩形盝顶帐的形式，在墙顶雕水平帐楣，四角向心雕出斜上的帐杆，与顶部用帐杆围成的矩形框相交。帐杆、帐楣都雕作圆形断面，附在顶壁上，两端画出箍，中间画束莲，各交叉处画镜子（图 21）。平面作横长矩形的帐，在河南密县打虎亭东汉墓壁画中已见其形象[㉘]，但顶作庑殿形，此则作盝顶形，与第 43 窟西魏乙弗后墓窟后室相同。

3. 第 141 窟

在西崖上部偏东，北周窟。此窟前半已崩，外部和窟门原状不明。窟室平面方形，后壁正中雕一浅龛，上加火焰形券面装饰，龛内塑一坐佛，左右侧壁各凿三个小龛，每龛内一比丘趺坐，是禅窟的形式。窟顶

㉖ 目前所见最早的形象在山东金乡县东汉朱鲔墓石祠上，参见《中国建筑史》第六图（见注①）。

㉗ 在南北朝以前，木构房屋以外，也通行承重墙上架木梁架的土木混合结构做法。汉朱鲔、郭巨、武氏三石室仅中间一柱，其余各面均用石板做成，实即表示此种做法。沂南古画像石墓所表现的也是中央用木柱，四周用壁柱、壁带加固土墙用作承重墙的土木混合结构房屋。北魏洛阳一号房址四周均夯土墙，无柱，也是土承重墙的土木混合结构房屋。参见《中国建筑史》第六图（见注①）；南京博物院等《沂南古画像石墓发掘报告》第二章《墓的结构》；中图科学院考古研究所洛阳工作队《汉魏洛阳城一号房址和出土的瓦文》图一，《考古》一九七三年第四期。

㉘ 同注⑳.

图 21　第 127 窟内景

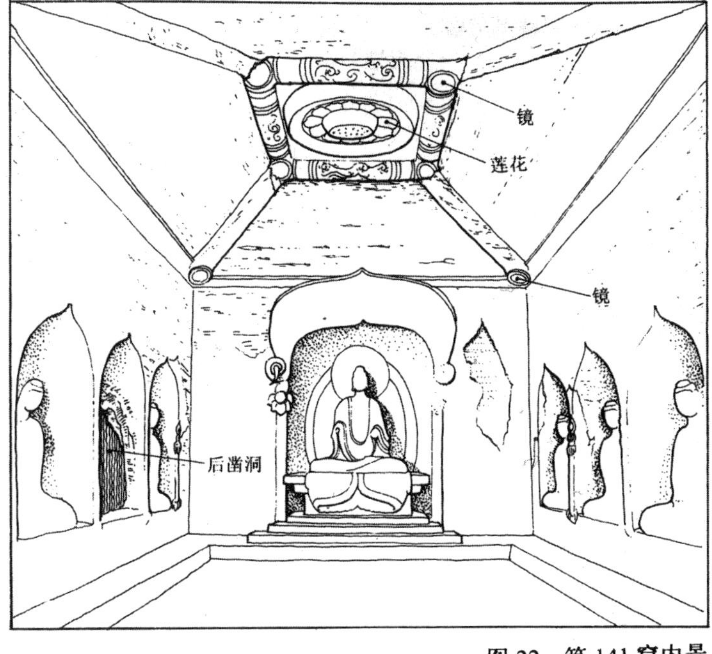

图 22　第 141 窟内景

仿方形盝顶帐的形式，在四壁顶部雕水平帐楣，四角雕向中心斜上的帐杆，与中央由四根帐杆组成的方井相交。方井的中心塑出一倒垂的圆台，底面内凹，四周画莲瓣，中心再凸出一莲实。帐楣、帐杆均断面圆形，涂作蓝灰色，上画棕黑色箍，箍间画卷草纹，四角交叉处画蓝灰色镜子。圆台涂棕黑色，上绘出白色莲瓣，莲实表面画出黑色的莲子（图 22）。

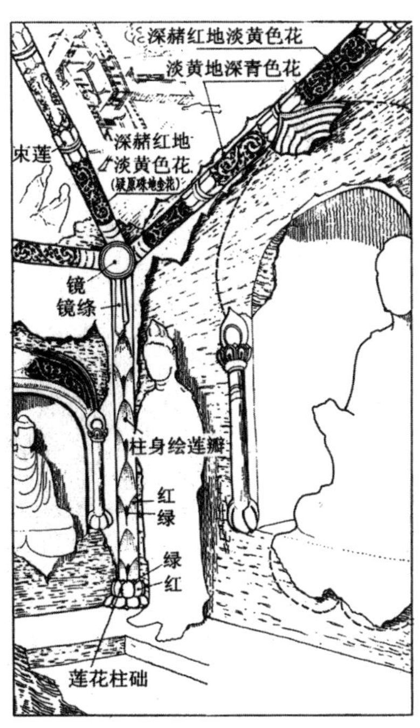

图 23　第 27 窟内部彩画

4. 第 27 窟

在东崖下部，北周窟。此窟平面方形，前壁已崩，门及外部形式不明。窟内后壁及左右侧壁各开一龛，上加火焰形券饰，每龛内一坐佛，后壁的龛及佛像稍大，左右有菩萨侍立。窟顶为方锥形，仿方形方锥顶帐内部的形式。窟室内四角雕帐柱，壁顶雕水平帐楣，顶上雕斜上聚于中央的帐杆，断面都是圆形。帐柱、帐楣、帐杆上有彩画，都是北周时原物。帐柱上画红色莲瓣，一整二破，逐层相间，如鱼鳞状，上用红色画瓣尖脉络，两破瓣之间微露一绿色瓣尖。帐楣、帐杆两端都画表示帐构的箍头，中间各塑出两朵束莲，均红瓣绿束腰，分帐杆为三段，每段画彩画。彩画图案都是卷草纹或其变体，各段为深浅色地子相间。深地为在深赭红地上画浅黄色图案，浅地为在浅赭黄地上画深青色图案。不论深地浅地，其卷草图案都用白细线勾边。各帐柱柱顶与帐楣、帐杆交叉处都塑出一面圆镜子，镜面画深浅蓝灰色光晕，其下塑出下垂的镜缘，涂绿色。前述各窟交点处多画圆圈，仅此窟明确无误地塑成有镜缘的镜子，可据以推知前述各窟所画也是镜子（图 23）。

5. 第 26 窟

在第 27 窟之西、第 15 窟的下方，为北魏窟，经隋代重妆。此窟平面方形，前壁已崩，窟门及外部原状不明。窟室也雕作方锥顶帐内部的形式，四壁雕帐柱，壁顶雕帐楣，窟顶雕斜向中心聚合的帐杆，断面都作圆形，上有隋代彩画。柱及帐楣、帐杆上都画有箍，箍间彩画。箍为由白、赭红、绿三色组成的色带，绿色居中，赭白两色在左右侧各一条，相邻两箍赭、白二色之内外位置互易。箍间彩画仍是深地和浅地交替，深地为深赭地上画浅赭黄或绿色卷草，浅地为白地上画深青色卷

图 24　第 140 窟西壁壁画

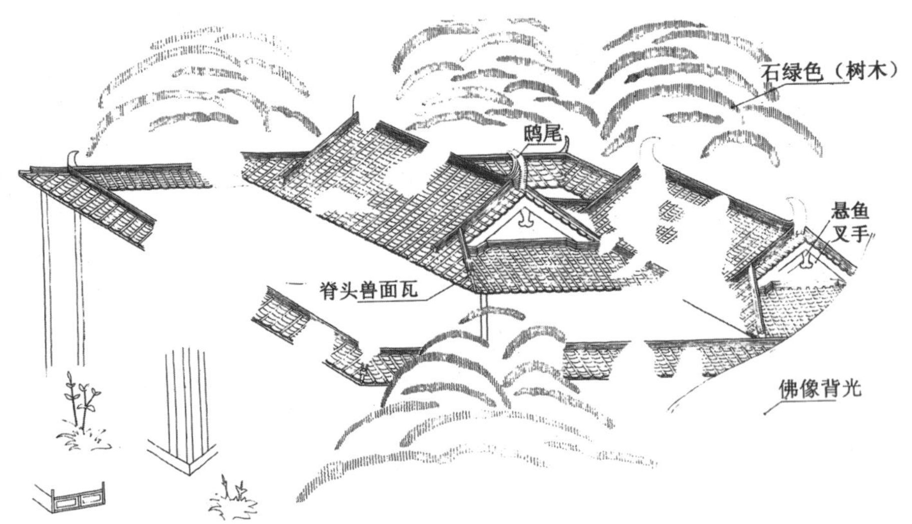

草。彩画色调较第 27 窟为含蓄，卷草也较规整。在帐柱顶上用泥塑出花朵，外分八瓣，花心为镜，也画出光晕。

这两窟的彩画画在帐的骨架上，但其特点应与建筑彩画相近。它们是北周和隋代作品，如把它们与敦煌北魏窟人字披上彩画比观，对南北朝后期至隋代建筑彩画的基本面貌和变化过程，可以有个大致的了解，从中可以看出，尽管与宋以后彩画相比，色调和图案有很大的差异，但以深浅色、对比色交替使用，用少数几种颜色不断改变其组合关系，造成绚丽多彩的效果的手法，在这时已经初步掌握了。

三　石窟壁画中所表现的建筑

1. 第 140 窟西壁北魏壁画

窟在第 141 窟之西，为北魏后期开凿，平面方形，前壁开矩形平顶门。窟内后壁和东西侧壁都各塑一坐佛二立菩萨，佛身后有附壁塑的背光。壁上未凿龛。诸像均为北魏作品，未经后世改补。东壁上凿一洞，通第 141 窟，破坏了两窟相应部位的龛像。窟室和佛像都被烟熏黑，只有窟顶所绘飞天和壁画上的屋顶、树石涂有石绿处烟尘不附，尚可大致分辨出所画形象。

在西壁南侧中下部壁画中画有一所庭院，院中有前后两座殿宇，四周绕以瓦顶围墙。殿和墙顶的瓦涂浅绿色，上用界尺画极细的线，画出瓦垄和脊饰，屋顶以下部分被烟熏得浓黑如漆，无法辨识（图 24）。

前后两殿靠得很近，其屋顶构造相同，都是用筒板瓦的单檐歇山顶，前殿略高于后殿，其间数因下部黝黑，已难辨认。屋顶所画板瓦明显宽于筒瓦两倍以上，并画出板瓦的块数。檐口平直，无起翘，用圆瓦当。正脊和垂脊、角脊都画若干条平行线，行距甚密，仅最上一条间距加宽，表示脊是用很多层瓦叠成，最上压一条筒瓦。脊的高度和线的层数各不相同，正脊八层，垂脊四层，曲脊和角脊均三层。围墙瓦顶的脊也是三层。垂脊、角脊端部都画有脊头端饰瓦板，和汉魏洛阳一号北魏房址出土的北魏脊头瓦板很接近[㉙]，上缘中央压在脊上筒瓦瓦当之下。这种脊头瓦多塑出兽面，一直沿用至唐，至唐后期始为兽头代替[㉚]。这种瓦也传到日本，称为“鬼瓦”。我国古代的名称待考。前后两殿正脊两端都画有鸱尾，仅前殿左侧者清晰可辨。鸱尾大体与前述第 43、49 窟

㉙　《汉魏洛阳城一号房址和出土的瓦文》图版壹，图 3，兽面塑雕砖，（见注㉗）。

㉚　唐代后期一些石塔上出现在脊头用兽头的做法，实例如建于唐乾符四年（公元 877 年）的山西平顺县海会院明惠大师塔，见杨烈《山西平顺县古建筑勘察记——大云寺、明惠大师塔》图 1，《文物》一九六二年第二期。稍晚一些建的南京栖霞寺五代舍利塔脊头也用兽头，至宋代遂成为通用的做法，见《中国古代建筑史》第五章，图 90-2（见注③）。

图 25 第 127 窟窟顶壁画（萨埵太子本生）

相同，也是正脊的线道至此间距加宽上举，呈辐射状内曲而成，但在背部两侧已有凸出的两道鳍。歇山顶的山面在垂脊外侧有筒板瓦砌成的排山勾滴，其下为博风板。博风板下端立在曲脊上，上端相交处有鱼尾状悬鱼下垂，画作蓝灰色。曲脊绕过博风板脚后向内折，贴在梁架之外，梁架露出部分为平梁和叉手。

围墙的正面隐约可看到有几条垂直线，可能表示大门，门前画有栏杆；可能在门前有河，它是河上的栏杆。庭院前后都有用浓重的石绿色画的树，在黝黑的地子上显得很鲜明。

这幅壁画虽然大部熏黑，只有屋顶可辨，但全部用界尺画成，采用等角透视，画法工整精密，在同期的敦煌和其它地方壁画中尚未发现可与其媲美的作品，是我国早期界画中的杰作。

2. 第 127 窟盝顶东侧斜披上壁画

洞窟情况见前，壁画与洞窟同时，是西魏作品。壁画故事内容待考[31]，主体画一城，城内一所宫殿（图 25）。

城为方形，用砖包砌，砖块画作深浅石青色，砖直缝砌，上下层不错缝。城的正面和左右侧面都有城门。左侧城门有凸出城墙外的门墩，下开一个门洞，上为用平梁、叉手组成的三角形木构门道梁架。门墩上直接建高三层的门楼，不设平坐层。门楼下两层有腰檐而无平坐，第三层上覆单檐庑殿式屋顶，上加鸱尾。城门两侧又有两个凸出于城墙之外的方墩，上面各建高三层的方亭，层间有腰檐而无平坐，顶上正脊极短、视之颇像攒尖顶的庑殿式屋顶，上加鸱尾。这种夹城门而建的方形建筑当时的名称待考，暂依宋代名称称之为朵楼。朵楼再向外，在城墙转角处又出方墩，上建角楼，形式与朵楼相同。城门墩和角楼、朵楼的墩台都把砖画成深浅相间的绿色，与城墙作石青色者迥然不同。朵楼外侧少许，在城墙之外，画有一对二重子母阙。母阙涂黑色，阙身细长，下大上小，表面呈内凹曲面，上建三层阙楼。与城楼、朵楼不同处是每层腰檐上都有平坐和栏杆，楼身各面微向外倾，和汉阙檐下加罘罳后的外形相近，顶上屋顶与朵楼同。子阙附在母阙后侧，与一般附在外侧的不同。子阙阙身涂石绿色，高度仅及母阙之半，上建单层阙楼。楼下有平坐栏杆，上为单檐歇山式屋顶，用鸱尾。城楼、朵楼、阙的屋顶均画作石青色。城右侧的城门、朵楼、阙与左侧全同，仅屋顶不作青色而作绿色。城正面门两侧也有朵楼、阙，不同处是阙连附于城身外侧，无子

[31] 见本书张宝玺《麦积山石窟壁画叙要》。

阙。城外有濠环绕。

城内画一所宫殿，在正面和左右侧面各有宫门，与城门相对。正面的宫门下有门墩，上建三层门楼，和城门形式全同，但门墩作黑褐色，与城门作石绿色者明显不同。左右侧面的宫门是面阔三间、下开三门上覆单檐庑殿顶的建筑，屋顶画作蓝色，上有鸱尾。三宫门之间连以矩折的回廊，围成殿庭。

殿庭北面为殿，由前后两座单檐庑顶的建筑组成，面阔不明，进深各二间，共建在砖砌的殿基上。殿基前设东西两阶，都画作青色的砖块。前后两殿相距极近，其前后檐相接紧密，形式与第140窟壁画所绘很近似。从前殿后坡角脊下达檐端的情况看，它不是像后世勾连搭式的构造，而是前后檐相并，留一缝隙，共用一水槽子排水的做法。屋顶的筒瓦画深青色，脊和鸱尾画石绿色，鸱尾后背凸出棘刺状的鳍。

这幅壁画堪称麦积山石窟中最重要的一幅建筑画。从绘画技巧上说，它利用界尺，采用等角透视的画法，清楚地表现出了一座城池宫殿的建筑形体和空间关系。此期间中原地区的壁画已无可追寻，而它却遥接山东诸城东汉画像石和河北安平东汉墓壁画第宅图中所反映出的传统[32]，与同期敦煌壁画相比，在界画技巧和透视技法的掌握上，都略胜一筹[33]。它和前述第140窟西壁壁画都是这一时期界画的优秀代表作品。

从绘画内容来说，所画也是南北朝时最完整的城池宫殿形象。南北朝时，出现了较多的用砖包砌的城。《水经注·浊漳水》条载邺城“东西七里，南北五里，饰表以砖，百步一楼。凡诸宫殿门台隅雉皆加观榭，层甍反宇，飞檐拂云，图以丹青，色以轻素”。同书《获水》条记东晋、刘宋时于徐州建一城，“悉以砖垒，宏壮坚峻，楼橹赫奕”。此图所绘城表面包砖，有高大的城楼、角楼、观阙，正是这一时期楼观密集的砖城的写照。

画中的城楼、夹门的朵楼和门外的双阙也是现存南北朝最完备的门阙的形象资料。南北朝时城门和阙的形象所存尚多，但门楼、朵楼、阙俱全的形象只此一例。图中左侧城门门外双阙的子阙在后，有与城墙相连形成凹字形总平面布置的趋势。中国古代宫城的正门，自隋大兴城(即唐长安城之初名)宫城正门和东都洛阳则天门起[34]，包括宋汴梁宣德门、金中都应天门、元大都崇天门[35]、明北京午门；千余年来，平面都作凹字形，正中为门楼，门楼两侧转角处有朵楼，朵楼以南有凸出城外的阙楼，用廊连为一组。第127窟壁画所示，正是这种布置的初型，对研究古代宫城门阙制度的渊源有重要史料价值。图中各城门楼都画作三层楼，也和《洛阳伽蓝记》所载北魏洛阳城门的特点一致[36]，可作为了解北魏洛阳城门情况的形象资料。

第127窟壁画中宫殿画作前后两殿相接的形式，在前述第140窟壁画庭院建筑中也出现过，说明这做法在此期间并不是特殊的孤例。这种布置方式古代称为“对霤”。霤原指自屋顶流下的雨水溜。建筑中装在屋檐下承雨水的水槽子叫“承霤”。两建筑前后檐相对，共用一条“承霤”叫“对霤”。以后霤引伸为屋檐[38]，凡前后相距很近，不一定有共用承霤的，也可称对霤。古代受技术条件限制，不能建进深很大的单栋建筑物，只能以前后两建筑相接来解决，以后遂形成一种专门的建筑组合方式，在晋左思《三都赋》和北魏杨衒之《洛阳伽蓝记》中都有记载[39]。二建筑物共用一条承霤之例自唐至清都存在着[40]。这两幅壁画中所示的对霤建筑是现存最早的对霤形象。

㉜ 山东诸城东汉墓画像石有庄园庭院图和宴饮讲学图，是用等角透视方法画的住宅鸟瞰图，见任日新《山东诸城汉墓画像石》图四、图九，《文物》一九八一年第十期。河北安平东汉墓壁画第宅图，也是用等角透视法画的大型第宅鸟瞰图，见中国建筑科学研究院编《中国古建筑》，中国建筑工业出版社、三联书店香港分店1982年版。从这些图可以看到，在东汉中、后期，已经掌握了用等角透视表现建筑的主体感和建筑群的空间关系。

㉝ 敦煌石窟北魏至隋代的壁画中表现建筑较多的，如第275窟南壁、第257窟西壁、第290窟人字披、第296窟窟顶北披、第303窟人字披东披、423窟人字披东披、第420窟窟顶西披等，透视画法都不够统一，表现群体关系尤不准确，技巧都不如麦积山此幅及第140窟西壁。参阅《中国石窟·敦煌莫高窟》第一卷图版16、44、177、187，第二卷图版15、35、73，文物出版社1982、1984年版。

㉞ 洛阳则天门遗址已勘察，见中国科学院考古研究所洛阳发掘队《隋唐东都城址的勘查和发掘》，《考古》一九六一年第三期。门左右有墩，自墩处向南凸出宽17.5米的墙，东西相距83米，南端加宽为宽30米的墩，即阙，其总平面作“凹”形。

㉟ 汴梁宣德门形象见辽宁省博物馆藏赵佶作《瑞鹤图》；金中都应天门参见宋·楼钥《攻媿集·北行日录》；元大都崇天门参见元·陶宗仪《南村辍耕录》卷二十一《宫阙制度》。三门均在门西侧有向前方凸出的阙。

㊱ 北魏·杨衒之《洛阳伽蓝记》序，大夏门条。

㊲ 《礼记·檀弓》上：“池视重霤”郑玄注：“如堂之有承霤也。承霤以木为之，用行水，亦宫之饰也”。

㊳ 《楚辞·大招》：“南房小坛，观绝霤只”，王逸注：“霤，屋宇也”。《礼记·王藻》：“颐霤垂拱”，孔颖达疏：“ ，屋檐”。

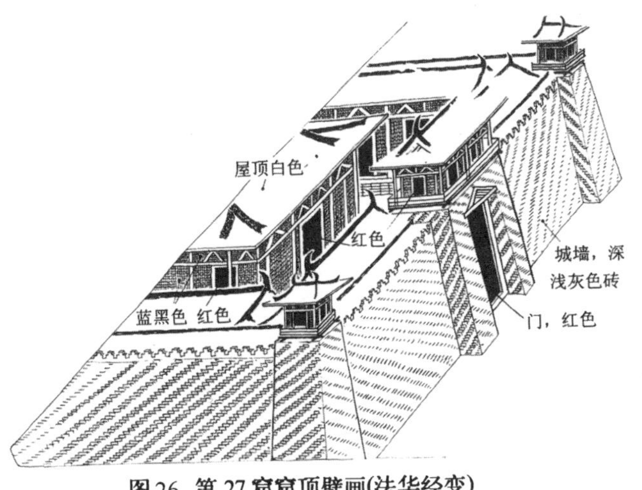

图26 第27窟窟顶壁画(法华经变)

图27 第4窟平棋壁画之一

3. 第27窟窟顶北周壁画

在窟内方锥顶的正面，西端画一城，内有宫殿（图26）。

城表面用深浅灰色画砖块，城顶外有垛口，内有女墙。城正面正中有凸出的城门墩，开一个城门道，用由平梁、叉手构成的三角形木构架作顶。城门墩顶四周围有栏杆，上建单檐歇山顶的城楼。城转角处又凸出方形角墩，上建角楼。城内有面阔三间单檐歇山顶的正殿。正殿前方两侧和左右侧各有单檐歇山顶的配殿，围成庭院。

城门作红色。城楼、角楼及城内宫殿的屋顶均作白色，脊为灰色，建筑的柱、斗拱、栏杆为白色，墙面及拱眼壁作蓝灰色。

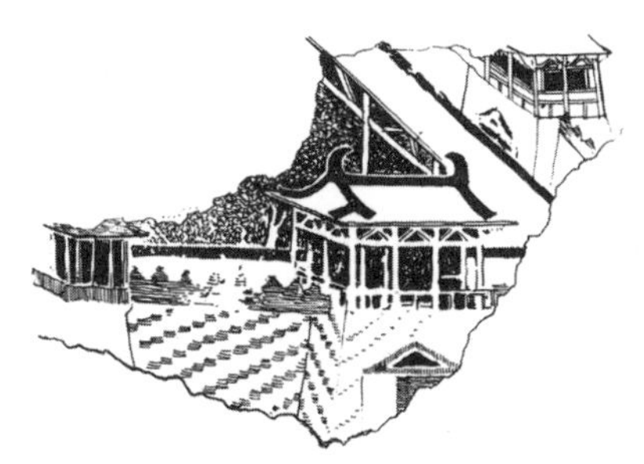
图28 第4窟平棋壁画之二

4. 第4窟窟廊平棋心北周壁画

仅残存五方，其中两方画有建筑。

其一画一所庭院。四周廊庑环绕成庭院，前面正中有面阔一间的悬山顶屋宇式大门，庭院正中为面阔三间的歇山顶正堂（图27）。其二画一城，残存正面城门、角楼及侧面一门。城内有宫殿的回廊（图28）。

第27窟、第4窟壁画中建筑有一共同特点，即檐柱直接承檐檩，在柱顶下低一段，于各柱身间装阑额，阑额与檩间加叉手，形成近似平行弦桁架的纵向水平构架。这做法又见于广州出土东汉陶屋[41]、洛阳出土北魏孝昌三年（公元527年）宁懋石室[42]、河南沁阳东魏武定元年（公元543年）造像碑[43]和天龙山石窟隋开皇四年（公元584年）窟檐[44]，唐代以后即罕见。

至此，在麦积山石窟共看到三种柱与阑额斗拱的结合方式。第一种，阑额在栌斗上（第4窟）。第二种，阑额在柱顶两侧低下一段处插入柱身（第27窟壁画）。第三种，阑额在柱顶两侧插入柱身（第5窟）。前二种汉代已有，止于隋，第三种始于隋，盛于唐至清，隋代是交替并存时期。这种变化是木构架体系中纵向檩架的作用减弱，横向梁架成为房屋主梁架的反映。

综括上述，我们可以看到，麦积山石窟中保存着极为丰富的北朝建筑史料，其中第4窟本身是现存最大的北朝佛殿的主体形象，它和第28、30、43、49诸窟又是在石窟发展过程中试图摆脱印度影响，创造纯中国式的石窟的一次极可贵的尝试，第140窟、127窟壁画无论就界画的技法而言，还是就表现完整的宫殿城池来说，都可视为这一时期最重要、最有价

㊴ 西晋·左思《吴都赋》:“玉堂对霤，石室相距”(《文选》卷五)。《洛阳伽蓝记》卷三景明寺条:“复殿重房，交疏对霤”。

㊵ 唐长安大明宫麟德殿前殿与中殿对霤，见中国科学院考古研究所编《唐长安大明宫》图二一，麟德殿平面图，科学出版社1959年版。宋代对霤之例见传南宋萧照绘《中兴祯应图》康王府前厅部分（谢稚柳编《唐五代宋元名迹》图版68，上海古典文学出版社1957年版）。明清对霤实例为北京紫禁城内养心殿，其前殿与殿前抱厦对霤，下面共用一木制水槽子——承霤，与《中兴祯应图》所示做法基本相同。

㊶ 广州市文物管理委员会《广州出土汉代陶屋》，文物出版社1958年版。

㊷ 同注③《中国古代建筑史》第四章第七节，图72。

㊸ 刘敦祯《河南省北部古建筑调查记》图版六，乙、丙(《刘敦桢文集》卷二)。

㊹ 同注①《中国建筑史》第四章，第十七图。

值的作品之一；其他窟檐、壁画也各有特色。所以，麦积山石窟不仅以保存了大量完整的北朝窟龛、塑像本来面目而独树一帜，与敦煌、云冈、龙门各著名石窟群并称于世，而且它在表现石窟中国化方面和古代建筑、古代界画方面，也都提供了一些极重要的、无可代替的孤例。

麦积山石窟的研究及早期石窟的两三个问题

邓健吾

麦积山的名称，既古老又新鲜。

麦积山因其高耸的姿容、山中的清溪，以及绿树成荫风光明媚的环境，很早便作为秦州的林泉胜地而被列入秦州十景之一①。此外，麦积山还作为五世纪初禅法修行之地，而被载入古籍之中②。

石窟开凿于麦积山东面至南面红砂岩的陡峭断崖上，现有窟龛编号194个。窟龛的大部分是自五胡十六国至隋代，即公元四～六世纪开凿的，其中尤为引人注目的，是众多业已残损的出色的早期尊像。这些塑像、石雕和壁画，对于认识早期佛教美术有着重要的意义，然而我们接触到麦积山这个名称，至今不过才三十多年。

麦积山是与敦煌、云冈等相媲美的重要石窟，但它在中华人民共和国成立以前却鲜为人知，这有以下几个原因。

首先，麦积山位于天水市东南45公里秦岭山脉西瑞的丛山之中，道路中断，交通不便；其次是土匪横行，治安不良；再加上麦积山石窟开凿于险峻的断崖之上，通往窟龛的栈道又大部分塌落，可以说是无法攀登。

可另一方面，由于这些对于调查极为不利的条件，却使麦积山免于落入西欧列强的探险家手中，这应当看作是对于今天的学术研究无比有利的幸事。

因此，对于麦积山石窟的正式的学术研究，只可以说是刚刚开始。这里，先将迄今麦积山石窟的研究情况作一回顾。

一

麦积山石窟的研究，可追溯到中华人民共和国成立以前。

最早对麦积山进行实地调查的，是天水的乡土史学家冯国瑞先生。1941年4月9日，冯国瑞先生等六人踏勘了土匪出没的麦积山，调查地理环境，抄录石碑，同年7月出版了《麦积山石窟志》③。此书为石印线装，引用《北史》、《太平广记》、《清嘉庆一统志》等文献介绍麦积山石窟。冯国瑞先生在调查时，将整个石窟分成四个区域：东端的睡佛石窟、以东崖大佛为中心的东阁石窟、以西崖大佛为中心的中阁石窟和西端的西阁石窟。当时由于架设在断崖上的木栈道已大部分塌毁，调查中实际未能抵达睡佛石窟和东阁石窟的若干地点，因此书中几乎没有对于佛像的逐个叙述，只是着意于麦积山瑞应寺等处碑文刻石的记录，以及文人的游记、诗文。作为对麦积山石窟最早的实地调查记录，《麦积山石窟志》是有意义的，遗憾的是它尚未摆脱传统的地方志体裁。

1945年，冯国瑞先生再度来到麦积山石窟，这次所调查的石窟内容，发表在1951年《文物参考资料》上④。与此同时，到麦积山的研究者也多了起来，1945年考古学者阎文儒先生⑤、1947年美术史专家李浴

① 参见南宋·祝穆《方舆胜览》卷六九；清·宋琬《秦州志》卷三；《直隶秦州新志》卷二。

② 梁·慧皎《高僧传》卷十一《释玄高》(《大正藏》卷50，p.397)。

③ 据冯国瑞先生说，其内容见1943年的《说文月刊》第3卷第10期，此外还有西文的译文。

④ 冯国瑞《天水麦积石窟介绍》，《文物参考资料》一九五一年第十期)。

⑤ 阎文儒主编《麦积山石窟》序言，甘肃人民出版社1984年版。

先生⑥分别进行了调查，但未出版过报告。

对麦积山石窟的正规的学术调查，始于中华人民共和国成立后的1952年。当时的西北地区文化部，组织了以常书鸿先生为首的麦积山石窟勘察小组，自1952年11月2日到12月1日，对麦积山石窟进行了为期三十天的调查，甚至攀上了前所未能登临的第133窟，共确认窟龛157个⑦。但这次的调查成果，包括摄影、测绘和临摹在内，至今尚未见发表。

翌年，即1953年，中央文化部又组织了由十四名团员组成、以吴作人先生为团长的麦积山勘察团，自7月31日到8月31日，进行了历时三十二天的调查。这次调查前架设了栈道，有194处窟龛编了号，其中可登攀的约占75%，因此搞清了主要窟龛的内容。此次调查所获得的麦积山石窟的基本资料，连载于《文物参考资料》1954年第2期到第6期，同年9月又出版了石窟图录《麦积山石窟》⑧。这些成果为中国佛教美术史增添了新的内容，不仅引起中国的研究者和美术家的注目，而且由于一些塑像与飞鸟、白凤的佛像有共同的作风，也很使日本的研究者感到兴奋。

日本的美术史学者言及麦积山石窟，可以上溯到大正四年（公元1915年）。这就是大村西崖在其《支那美术史雕塑篇》中，引述北周都督李允信在麦积崖营造过去七佛佛龛之事和庾信的佛龛铭⑨。然而此后再没有学者对麦积山加以注意。

战后的研究，以1953年4月15日新华通讯社的题为《麦积山石窟的文化遗宝》的电讯报道为开端。其后《每日新闻》于6月14日也做了报道，这引起了古代美术爱好者的关心，美术史学家们分别在有关杂志上进行了介绍⑩。其中有福山敏男先生仔细整理中国地方志材料写成的论文《麦积山石窟寺》，发表在《美术史》9号（1953年6月）上。他将第114窟坐佛的塑造时间定在五世纪前半叶，即此地经后秦、西秦、北凉、大夏四个对抗国相继统辖（公元385～431年）之后，进入北魏统治不久（公元431年以后）的时期。他进而提出了第133、127、121窟塑像年代为北魏末期到西魏时期的正确见解。这篇论文即使在研究不断深入的今天也值得注重。此后的1956年，摄影家名取洋之助先生作为日本人首次来到麦积山，自11月23日起，对佛像进行了三天颇为详细的摄影。此次摄影的照片出版了《麦积山石窟》、《麦积山》⑪，可惜它们过于突出了摄影家的个性，对早期佛像的兴味表现得不够；在图录的编辑上，对麦积山石窟造像的介绍也不很系统。町田甲一先生后来又以名取先生的全部照片为基础，进行麦积山石窟造像的样式研究⑫。町田先生的考证，是将麦积山的造像与其他石窟或单独造像中有年号的标准作品作比较，依此推定年代。他的考证，不乏许多值得注重的卓识，但由于他未能亲自实地调查，所以在对具体造像的年代推定上也出现了一些矛盾。

如上所述，海内外关注麦积山石窟的人越发增多起来。但1957年夏天以来，由于中国发生了一系列政治运动，使佛教美术研究事实上中断了。1961年再度调查佛教遗迹时，甘肃省博物馆、敦煌文物研究所、中央美术学院美术史系以及中国美术研究所等几个研究机构重又对麦积山进行了调查。这些调查活动，又在1966年开始的所谓“文化大革命”的国内大动乱中遭到破坏，不仅如此，还散失掉了部分贵重资料及研究成果。尽管上述调查的人数少，规模小，但从文革后陆续发表的成

⑥ 据冯国瑞先生说，1947年，敦煌艺术研究所李浴先生调查了麦积山石窟，写出万余字的调查报告，但未出版。参见注④。

⑦ 参见《西北文化部完成麦积山石窟勘察工作——发现具有民族风格和高度艺术价值的雕像和壁画》《文物参考资料》一九五三年第一期)。

⑧ 《中央文化部组织麦积山勘察团赴甘肃天水麦积山调查》，《文物参考资料》一九五三年第八期；麦积山勘察团《麦积山勘察团工作报告》，《文物参考资料》一九五四年第二期；《麦积山勘察团工作日记（摘要)》，《文物参考资料》一九五四年第二期；文化部社会文化事业管理局编印《麦积山石窟》，1954年版。

⑨ 大村西崖《支那美术史雕塑篇》本篇（佛书刊行会图像部，1915年)。

⑩ 藤田国雄《甘肃二石窟・その他》(《国立博物馆ユ－ス》75，1953年)；野间清六《新发见の甘肃省の石窟》(《MUSEUM)》29，1953）年；福山敏男《麦积山石窟寺》(《美术史》第9册，1953年)。

⑪ 名取洋之助《麦积山石窟》(岩波书店，1957年）同《麦积山》(岩波写真文库220，岩波书店，1957年)。

⑫ 町田甲一《麦积山石窟の北魏佛について》(《佛教艺术》35，1958年)。

果中毕竟可以看到，继1953年中央文化部麦积山勘察团的调查之后，出现了更为严格细致的调查与深入的研究。

1972年，根据国家文物事业管理局的指示进行全国性文物保护时，麦积山文物保管所很快发表了《麦积山石窟的新通洞窟》的报告（《文物》一九七二年第十二期），带来了麦积山石窟研究的新曙光。从那时到现在，自张宝玺《麦积山石窟开凿年代及现存最早洞窟造像壁画》（《中国考古学会第一次年会论文集（1979年）》，文物出版社1980年12月版）开始，傅熹年《麦积山石窟中所反映出的北朝建筑》（《文物资料丛刊》第4辑，文物出版社1981年3月版）、张学荣《麦积山石窟的创建年代》（《文物》一九八三年第六期）、董玉祥《麦积山石窟的分期》（同上）等论文相继发表；1984年，甘肃人民出版社又出版了阎文儒主编的《麦积山石窟》一书，使麦积山石窟研究呈现高潮。

这些论著，提出了若干有关麦积山石窟的问题。这里，我根据上述研究，集中谈两三个问题。

二

首先，谈谈麦积山石窟的草创年代与当时的佛教背景。

草创麦积山石窟的绝对年代虽未见于流传下来的记载，但根据现存的地理志和麦积山的碑石，可以推测石窟的开凿时间。

麦积山石窟东崖第3窟“千佛廊”的西端，上登第4窟“上七佛阁”的阶梯入口右壁，有南宋绍兴年间（公元1131～1162年）的石刻文字，现抄录如下。

> “麦积山胜迹，始建于姚秦，成于元魏。经七百余年，四郡名显。绍兴二年岁在壬子兵火毁□。至十三年，尽境安宁，重修再造。二十七年丁丑六月就绪。此□因□迹□□阎桂才，刻石以记之。”

“二十七年丁丑”，指绍兴二十七年丁丑（公元1157年）。“始建于姚秦”一语，与麦积山石窟的明代崇祯十五年（公元1642年）《麦积山开除常住地粮碑》中的如下记述相符：

> “麦积山为秦地林泉之冠，其古迹系历代敕建者，有碑碣可考。自姚秦至今一千三百余年，香火不绝。林壑幽峭，松桧阴森，有瀑布泻出苍崖之间，天然奇景也。
>
> 杜甫、李师中俱有题咏。……”

从“其古迹系历代敕建者，有碑碣可考”的内容看，明代时麦积山还残存若干记述姚秦即后秦草创石窟的石碑。

的确，在南宋嘉定十五年（公元1222年）的《四川制置使司给田公据》碑中，就记述了寺的草创与沿革情况：

> “历劫胜因，群山围绕，中间突起一峰，镌凿千龛，现垂万像。上下万仞，中有三泉。文殊、普贤、观音圣水，万民祈祷，无不感应。始自东晋起迹，敕赐无优……给田供赡，次七国重修，敕赐石岩寺。大隋敕赐净念寺，大唐敕应乾寺至圣朝大观元年于绝顶阿育王塔傍地产芝草三十八本。蒙秦州经略陶龙图，具表进上奉敕改赐瑞应寺”。

这一段记述了麦积山最早的建寺时期在东晋时代（公元317～420年），若指东晋后期，则与前述绍兴二十七年石刻文字所记述的姚秦时期（后秦，公元384～417年）毫不相悖。

南宋有名的地理书、祝穆的《方舆胜览》⑬对麦积山的开凿还有更具体的记述。书中卷六十九〈天水军〉山川条：

> "麦积山在天水县东百里，状如□□（麦积），为秦地林泉之冠，上有姚秦所建寺。……"

又寺院条：

> "瑞应院在麦积山，后秦姚兴凿山而修。千崖万象，转崖为阁。乃秦州胜境。又有隋时塔。……"

明确地记述了麦积山开凿石窟的起始时间是在后秦姚兴（公元394～416年在位）时期。所以在这个时期创建麦积山石窟，是有其背景的。

在此之前，前秦苻坚对佛教大为崇奉，他闻知释道安（公元312～385年）的名声，便于建元十五年（公元379年）攻取襄阳将道安接到长安。道安这时不仅著有《般若经》的注释，还为许多禅观的经典作了注释。所以如此，是因道安认为，要体验般若智，必须有禅定的实践，而且禅定的实践也是达到涅槃的必由之路。据《高僧传》载，道安听说西方有鸠摩罗什（公元344～413年），便想与他共同讲析，于是多次劝苻坚取鸠摩罗什⑭。以此为契机，苻坚派将军吕光讨伐龟兹，带回鸠摩罗什。可是不久苻坚败于淝水之战，被姚苌所杀，吕光即在姑臧建立了后凉。鸠摩罗什从此在吕光麾下逗留了十六年。弘始三年（公元401年），后秦姚兴讨伐后凉，才将鸠摩罗什迎到了长安，待以国师之礼。此后十余年间，鸠摩罗什专心译经、讲经。拥有鸠摩罗什的后秦姚兴时代，迎来了大乘佛教的兴盛期。鸠摩罗什除翻译了《大品般若经》、《妙法莲华经》、《阿弥陀经》、《维摩经》等主要的大乘佛典外，还译出了《禅秘要法经》《坐禅三昧经》、《禅法要解》、《思惟略要法》、《菩萨诃色欲经》等禅经。这些经的内容比以前的禅经完备，从而成为菩萨禅修行的指南。不难想象，这些不仅使禅观比道安时期有质的提高，而且更加促进了菩萨禅的实践。中国早期石窟，是作为禅观场所而开凿的，从其营造内容上，可以看到《妙法莲华经》的思想被表现得非常浓厚，即多带有所谓法华三昧的大乘禅观的色彩，这一点十分引人注目。

据《高僧传》载，在麦积山和唐述窟（炳灵寺石窟）留下足迹的玄高，后秦弘始四年（公元402年）生于冯翊万年（万年位于今陕西省临潼县东北35公里）。从《高僧传》记载玄高受戒前的经历⑮，可以看到当时在长安佛教界盛行修禅之风，而隐居在秦岭山脉勤勉禅业的僧人不多。玄高十二岁修行时在中常山。他是在中国北部佛教兴盛的时代，在长安佛教界的环境中修行的，据说十五岁时已为山僧说法，受戒之后专精禅律。据《玄高传》，玄高后来拜长安石羊寺的浮驮跋陀为师，在旬日（十日左右）内妙通禅法，为此跋陀深为赞叹，并推逊不受师礼。《高僧传》卷十一的后半部，在对禅定效用的记述中，记载了沙门智严至罽宾（Kasmira）请禅师，佛驮跋陀将禅业传至东土，玄高、玄绍等从佛驮跋陀"亲受仪则"之事。由这段记述可知，浮驮跋陀就是佛驮跋陀。

佛驮跋陀在《高僧传》卷二有传⑯，称为佛驮跋陀罗（Buddha-bhadra），汉译名为觉贤。据传载，佛驮跋陀罗生于北印度那呵利城（Nagarahara），在罽宾受禅法。跟随法显的智严在罽宾闻其名声，请他到中国，后终于东征抵青州。此时跋陀又听说鸠摩罗什在长安，便到了长安。罗什也为跋陀的到来而欣悦，于是二人共论法相。玄高在跋陀

⑬ 据清孔氏岳雪楼抄本。

⑭ 《高僧传》卷五《释道安》(《大正藏》卷50，p.354)。

⑮ 《高僧传》卷十一《释玄高》(《大正藏》卷50，p.397)。

⑯ 《高僧传》卷二《佛驮跋陀罗》(《大正藏》卷50，p.334)。

门下习禅即于此时。但是，长安佛教界不容跋陀。跋陀为长老僧䂮、道恒所逐，赴庐山慧远处，约一年后又往江陵（荆州）。据《出三藏记集》卷十四《佛大跋陀传》⑰，荆州之行在义熙八年（公元412年）。这样的话，跋陀离开长安的时间最晚在一年前的411年，而玄高出家前的十岁时拜跋陀为师是不可能的。又《玄高传》是在"受戒已后，专精禅律"的记述后记玄高师跋陀之事的，所以，那大约是在玄高已经受戒的二十岁以后。由此看来，玄高的生年大约要往前推十年左右。据说玄高、玄绍等从佛驮跋陀"亲受仪则，出入尽于数随，往返穷乎还净"⑱，因此可知玄高等在跋陀那里所学的是以数息实践为主。

佛驮跋陀以汉译《华严经》而著名，他还同鸠摩罗什一起，积极汉译大乘佛典。在禅经方面，有在慧远那里译成的《达摩多罗禅经》，还有宣传三世十方诸佛的《佛说观佛三昧海经》的翻译。大乘禅经对玄高的思想形成所给予的影响是可以想像的。《观佛三昧海经》是佛陀为父王等讲解观佛三昧的禅经⑲。玄高等后来进麦积山，也正是为了观佛三昧的禅观实践。

《高僧传》记载"高乃杖策西秦，隐居麦积山"，似乎是玄高告辞跋陀（公元411年左右）后马上进了麦积山，可是，西秦击上邽，把秦州一带收归其版图是在永康六年（公元417年）⑳。玄高赴麦积山时能有"山学百余人"的盛况，推想应是在西秦收秦州之后，人民生活在一定程度上处于安定的时期。

玄高在麦积山精进禅道时，恰好得知外国禅师到西秦都城枹罕训以禅道，玄高于是率学徒去枹罕从昙无毗受法。据载旬日间昙无毗反而启蒙于高。昙无毗回舍夷㉑后，有恶僧二人向河南王世子曼谗构玄高。曼遂欲杀玄高，因曼父炽槃（磐）不允，于是流放玄高到唐述山。曼在《宋书》称茂蔓，《十六国春秋》中作暮末。曼或暮末立为太子在建弘元年（公元420年）㉒，即位西秦王在永弘元年（428年）。炳灵寺石窟第169窟北壁有昙无毗画像，据墨书铭记知其为建弘五年（公元424年的㉓，因此昙无毗在枹罕逗留的时间最晚到428年。而玄高去枹罕从昙无毗受法大致在424年前后。以此推算，玄高进麦积山的时间在422年前后当无大差异。

此时陇右战乱已平息，民生恢复，能够供养"山学百余人"。由于众僧聚集盛行观佛三昧，所以自然要继后秦之后继续营造石窟。但因当时禅僧不止在此一处石窟，而是在各地盛行"杖策"之风，所以很难想象有大规模的营造。

三

其次，谈一下麦积山现存的早期窟龛和造像。张宝玺先生在《麦积山石窟开凿年代及现存最早洞窟造像壁画》㉔中，从窟形、造像的配置及造像样式入手，将西崖的第78、74窟，第51、57、90、165窟以及第70、71、75龛作为最早期的窟龛。张学荣先生执笔的《麦积山石窟的新通洞窟》㉕，也将第74、78窟同第70、71、73、68龛作为麦积山的早期窟龛。此外，董玉祥、阎文儒等先生的论文虽略有出入，但在将第74、78窟与第70、71龛作为最早期窟龛上也是一致的。对此我也持相同意见。只是在对这些早期窟应在西秦前，还是应在北魏废佛以后的复兴期的问题上，看法不尽一致。

⑰ 僧祐《出三藏记集》卷十四《佛大跋陀传》(《大正藏》卷50，p.103)。

⑱ 《高僧传》卷十一在《释慧明》的后部论禅，然后记述了沙门智严去西域，在罽宾请禅师，以及佛陀跋陀将禅传于东土的经过。(《大正藏》卷50，p.400)。

⑲ 佛陀跋陀罗译《佛说观佛三昧海经》(《大正藏》卷50，p.654)。

⑳ 《资治通鉴》卷一百十八《晋纪》。

㉑ 疑为舍卫（Sravasti）的异字。舍卫在北方邦巴尔兰普尔西边的塞赫特、马赫特。

㉒ 张学荣先生在《麦积山石窟的创建年代》(《文物》一九八三年第六期）中认为"西秦建弘元年（420年）正月，乞伏炽盘立次子暮末为太子，其时'世子曼'失势，已不可能加害玄高。"认为玄高到枹罕最晚也应在420年以前。可是，《宋书》将暮末作茂蔓，因知暮末与曼为同一人(《资治通鉴》卷一百一十九《宋纪》，《宋书》卷九十八《氐胡传》，《魏书》卷四上《世祖纪》)。

㉓ 建弘元年的墨书铭后有"岁在玄枵三月廿四日造"，玄枵即子年，建弘五年相当于甲子。一般在铭文中遇有年号与干支不符时，干支正确者居多。因此这处墨书铭也应以玄枵为准。有关这一点，请参见福山敏男《炳灵寺石窟の西秦造像铭について》(《美术研究》276，1971年)。

㉔ 《中国考古学会第一次年会论文集（1979)》，文物出版社1980年版。

㉕ 麦积山文物保管所（张学荣执笔）《麦积山石窟的新通洞窟》，《文物》一九七二年第十二期。

图 1　云冈石窟第 20 窟石雕佛坐像，五世纪

图 2 天安元年（公元 466 年）铭冯爱爱石雕佛坐像，大阪市美术馆藏。

这些早期窟，除第 51 窟开凿在西崖最下层外，全集中在栈道下第二层中部略偏东的部位，东侧直到东崖与西崖分崩处。其中，第 74 和第 78 两窟形制稍大，高 4.5、宽 4.7、深 3 米，窟内设凹字形坛基，在正壁和左右壁置三佛，正壁主佛左右配胁侍菩萨。这两个窟的佛像雄健高大，这种作风以云冈石窟昙曜五窟的大佛为代表，被看作是北魏早期尊像的独特风格。

“文革”期间，麦积山文物保管所在第 78 窟右佛坛基表面后期涂抹的薄泥层剥落处发现壁画。此处伴随供养人像列的描绘，有题记㉖：

“仇池镇经生王□□供养十方诸佛时”

“仇池镇杨□□……”

供养人像高 23 厘米，上下两列，各九人，均面向右。供养人头包巾帻，带系结在脑后，上身着窄袖大衣，有的两手合于腹前，下身着及于足部的宽裤，足穿黑色尖靴，是为鲜卑人服装。

仇池是魏晋南北朝时代的氐族杨氏在甘肃南部西汉水上游所建立的地方政权，以后汉建安元年（公元 196 年）至梁承圣元年，保持相对独立长达三百五十七年。杨难当为仇池王时，仇池国轮番为刘宋和北魏所攻防。太平真君四年（公元 443 年）二月，北魏皮豹子从刘宋手里夺取仇池。五月，北魏任皮豹子作仇池的镇将㉗。

由于供养人题记中有“仇池镇”字样，可知这幅壁画最早是 443 年五月以后画的。可是，自 443 年四月杨文德起来称仇池至依附刘宋，到 454 年文德死时，仇池一带不曾有过安定的时候；另外，北魏在太延四年（公元 438 年）曾下敕罢黜五十岁以下的僧人㉘，太平真君五年（公元 444 年）玄高和慧崇被处刑㉙，七年（公元 446 年）遂废佛。处在这个时期这种形势下，是没有可能在麦积山新造佛像的。

太武帝死后，兴安元年（公元 452 年）文成帝即位，同年十二月下诏复兴佛教，《魏书·释老志》载：“天下承风，朝不及夕，往时所毁图寺，仍还修矣。佛像经论，皆复得显”㉚。由这段记载大致可以看出当时佛寺佛像的复兴是如何迅速进行的。京都藤井有邻馆所藏太安元年（公元 455 年）铭张永石佛坐像、白川一郎先生旧藏太安三年（公元 457 年）铭宋德兴石造释迦佛坐像等，都是这一时期的造像遗物，之所以这样多，原因即在于此。麦积山石窟第 74、78 窟的造像，很可能也是这个时期造立的。

让我们来看一下麦积山早期窟中保存比较完好的第 78 窟本尊。此像结跏趺坐，像高 325 厘米，头部已接近窟顶。右手抬起，左手掌已失㉛，原来双手大约是作施无畏与愿印。圆而丰满的面相、直通额际的鼻子、细长的眼、浮现着古朴笑意的嘴唇以及大耳朵等，构成单纯的面容。各面交汇而形成的棱线，使轮廓分明，以明快的手法刻划了丰满的容颜。整体上看，头部、颈部和身体各部分结构坚实，富有稳定感。

这种造型特征，与云冈石窟第 20、19 窟本尊佛坐像（图 1）非常近似。若与有纪年铭的单身造像相比，则与大阪市立美术馆藏的天安元年（公元 466 年）铭冯爱爱石佛坐像（图 2）表现手法相同。麦积山第 74、78 窟诸佛隆起的衣纹上再施以阴刻线，这种手法，接近冯爱爱石佛像的程度甚于云冈第 20 窟大佛。云冈第 20 窟大佛的胸前带状垂下的衣缘，有连续的折叠纹，这是北魏早期佛像的特征，而麦积山第 74、78 窟的佛像无此特征。有人以此作为麦积山早期佛像早于云冈第 20 窟大佛的根据㉜。其实折叠纹的有无不一定能表示造像的先后，譬如，藤

㉖ 参见注㉔、㉕的论文。

㉗ 《资治通鉴》卷一百二十四《宋纪》，《魏书》卷四下《世祖纪》。

㉘ 《魏书》卷四上《世祖纪》。

㉙ 《高僧传》卷十一《释玄高》（《大正藏》卷 50，p.398）。

㉚ 《魏书》卷一百一十四《释老志》。

㉛ 右手也曾脱落，1985 年麦积山文物保管所将右手复原。

㉜ 步连生《麦积山石窟塑像的源流辨析》（《麦积山石窟》，甘肃人民出版社 1984 年版）。

图 3　太安元年（公元 455 年）铭张永石雕佛坐像，藤井有邻馆藏

图 5　延兴二年（公元 472 年）铭张伯和石雕佛坐像，大和文华馆藏

图 4　太安三年（公元 457 年）铭宋德兴石雕释迦坐像

井有邻馆的太安元年（公元 455 年）铭张永石佛坐像（图 3）、白川一郎先生旧藏太安三年（公元 457 年）铭宋德兴石造释迦佛坐像（图 4）、大和文华馆所藏的延兴二年（公元 472 年）铭张伯和石佛坐像（图 5），以及大阪市立美术馆所藏的冯爱爱石佛坐像（公元 466 年）背面线刻定印的坐佛（图 6），衣缘均无折叠纹，同麦积山第 74、78 窟诸佛的衣缘形式相同。从 455 年左右到 470 年左右，佛像的衣缘，是有折叠纹和无折叠纹两种形式并存的。

将麦积山石窟第 74、78 窟的佛像与这些有铭文的单身石造像对比，可以看到麦积山早期佛的像容与冯爱爱石佛坐像和张伯和石佛坐像的接近程度，甚于与张永石佛坐像和宋德兴石造释迦佛坐像的接近程度。

那么麦积山早期佛像的造型渊源何在呢？联系秦州地处丝绸之路干线的要冲，首先会考虑到受凉州样式的波及。可是由于北魏早期佛像的形成受到凉城样式的很大影响，所以这里受北魏国都平城的反作用也是可能的。

图 6　天安元年（公元 466 年）铭冯爱爱佛坐像背面

炳灵寺石窟正好与麦积山在同一路线上，相距较近，其第 169 窟保存很多五世纪前半期的造像。麦积山等 78 窟的本尊，与炳灵寺第 169 窟诸像中第七号龛佛立像（图 7）的样式最为接近。那么第七号佛立像是何时制作的呢？

以前我虽认为这个造像的样式是汲取了中印度的秣菟罗谱系，同西域的西库秦 F4 寺遗址出土的佛立像塑像，有相同的表现手法，因为这第七号佛立像的足下有墨书铭“法显供养之像”等，说明此像可能是五世纪初造立的㉝。而金维诺先生后来在敦煌吐鲁番学会学术讨论会上发表了《关于炳灵寺第 169 窟造像》，论证了第七号佛立像是比下部第九号龛的三佛晚的造像。先生的意见，在其后发表的论文中作了阐述：“其左上方第七号龛之二立佛，又略晚于第九号龛。因其右侧立佛为回避第九号龛左侧立佛之光背，明显缩短了下部躯体”。此后我到炳灵寺石窟仔细观察了第 169 窟的北壁，明白了先生的意见是正确的。但是先生又说：“第九号三龛不但早于第七号龛立佛，并且也早于第六号龛。第六号

㉝ 拙稿《炳灵寺石窟》（世界の文化史迹 16《中国の石窟寺》，讲谈社，1980 年）。

图 7　炳灵寺石窟第 169 窟第七号龛佛立像，西秦

图 8　秣菟罗出土石雕佛立像，五世纪，秣菟罗博物馆藏

图 9　高昌出土泥塑佛立像，五世纪，柏林国立普劳易森文化遗产博物馆藏

图 10　太平真君四年（公元 443 年）铭金铜佛立像

龛建弘元年造像铭与供养人像正好题绘在三立佛的上部空间，从供养人描绘的部位在佛光的两侧，可知立佛的制作在前”[34]。而我在实地见到的情况并不止于此，第六号的建弘铭下的供养者画像的壁面，在制作第九号右佛时，被佛的背光尖端所破坏，因之得出与金先生认为第六号三座尊像晚于第九号的意见相反的结论。若我的观察不误的话，那么顺序应当是：第六号最早，其次是第九号、第七号佛立像。

如前所述，我虽因第七号比第六号的西方色彩多，而推定第七号与其足下的法显像相关，是法显在枹罕的 400 年左右时的作品。但是这个推定不够妥当。法显铭正如张宝玺先生所说，指的是后世的另一个人[35]。

纵观中国五六世纪佛像样式的发展，可以看到由于不拒绝外来样式的传播，犍陀罗、中印度样式的佛像在佛教造像中国化的过程中，对新样式的出现和变化起了促进作用。法显到印度的五世纪初，正当笈多朝的第三代旃陀罗笈多二世（公元 375 年左右～414 年）在位，自称“超日王”，此时为笈多朝最盛期，其佛教与佛教文化，给予中亚和中国内地以很大影响。看一下五世纪初在秣菟罗制作的佛像（图 8），就可以了解中亚的佛像（图 9）和炳灵寺第 169 窟第七号佛立像等，是如何受到笈多朝五世纪初造像的强烈影响。不应因第七号佛立像在炳灵寺第 169 窟诸像中最富有秣菟罗风格而推在早期，而应将其看作是进入五世纪以后传来的新样式。

此外，有北魏太平真君四年（公元 443 年）铭的拓跋晃所造金铜弥勒佛立像（图 10），明显地延续了秣菟罗、中亚、炳灵寺第 169 窟第七号佛立像的谱系。此像两脚分立，呈舒展的动势，尤其是突出表现了丰满的头部、富于体积感的肩部，以及与肉体起伏融为一体的衣褶等，在样式上非常接近上述谱系。这样，炳灵寺第 169 窟第七号佛立像，年代应在建弘五年第六号佛坐像和太平真君四年金铜佛立像中间。还有，云冈石窟第 19 窟上部西南角的佛立像（图 11），是继炳灵寺第 169 窟第七号佛立像、太平真君四年金铜佛立像的样式之后的作品。这些造像，因塑造、铸造、石雕在制作上的不同而表现出变化，更加具有不同地域的民族、时代的特征。

[34] 金维诺《炳灵寺与佛教艺术交流》（《中国石窟·永靖炳灵寺》，文物出版社 1989 年版）。

[35] 张宝玺《炳灵寺的西秦石窟》（《中国石窟·永靖炳灵寺》，文物出版社 1989 年版）。

[36] A. Foucher, *The Beginnings of Buddhist Art*, London, 1917.

麦积山第78窟的本尊为坐像，形式上同立像不同，但样式上是与上述谱系相通的。这个谱系就是凉州样式的发展样式。其营造时期应比云冈第19、20窟诸像及冯爱爱石佛坐像稍早。这一节是以第78窟现存本尊佛坐像的样式为重点而论证的，至于此像是与第78窟同时制作的原作，或是其他，还有赖于对现场重新作详细的调查。后秦、西秦时代的造像，很可能在北魏废佛时被破坏掉了，现有造像与造窟的时期很可能是不同的。

由于本卷还有其他论文，关于麦积山石窟造像的编年，拟另稿再作论述。

图11 云冈石窟第19窟石雕佛立像，五世纪

四

最后，要对麦积山早期石窟造像做图像学的分析。

麦积山的早期石窟，在一窟的三壁安置三座佛像，构成所谓三佛。第51、74、78窟，正壁为一佛二菩萨，左右壁各置一佛；第128、148、80窟等，正壁为一佛二菩萨，左右壁设龛，各置一佛；还有第155窟在三壁开三龛、各龛分别造一佛的例子。

“三佛构成”也见于麦积山以外的早期石窟。炳灵寺第169窟第7、9、14号等，将三佛配置成三尊（一佛二菩萨）的形式。云冈石窟第16、18、19、20窟及第5窟也是三佛三尊的形式。还有龙门石窟宾阳洞的三佛，在正壁雕出一佛二罗汉二菩萨，左右两壁雕一佛二菩萨。

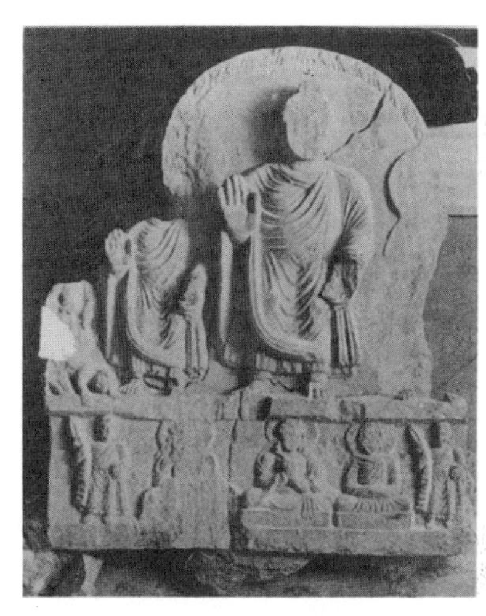

图12 肖托拉克出土石雕佛三尊像，四～五世纪

关于三佛构成，最早有法国的A.弗西耶先生认为是室罗伐悉底（舍卫城）的大神变㊱，后来水野清一、长广敏雄先生对弗西耶先生的说法提出疑义，认为三佛是“过去现在未来千佛，同制作十方诸佛的意图相同”㊲。刘慧达先生在其论文《北魏石窟中的“三佛”》中㊳，批判了弗西耶先生的说法，与水野、长广两位先生片面强调造型、忽视教义背景的论说也不同，而是做了更进一步的考证。刘先生引用石窟的铭记和《妙法莲华经》等经典，得出“三佛”即过去、现在、未来三佛的结论。可是阎文儒先生近年在论及“麦积山中的三佛”㊴时，对三佛是表现过去、现在、未来三世诸佛的结论提出了疑义。阎先生提出，三佛构成的遗物中几乎没有“三世佛”铭记，即使在全国的石窟造像题记中，也只有五代的大足龙岗山石窟第281龛东龛楣上刻出的四身佛像，有“三世佛”、“阿弥陀佛”的题名，此外其他石窟均无。先生进而指出，盛唐的敦煌莫高窟第166窟前壁门口北侧的三佛有阿弥陀、药师、多宝铭，还有三十年前在辽代的大同下华严寺薄伽教藏殿中三佛上，存有释迦、药师、阿弥陀题记。先生试图据此论证三佛不是三世佛。的确，三佛不全是表现过去、现在、未来三世佛的，既然在北朝时期有对无量寿佛的观佛㊵，那么理应造有无量寿佛。问题在于，阎先生忽略了各个时代的佛教信仰内容是有所变化的这一历史事实。

那么在中国以外有无三佛构成的先例呢？假若有，就有可能类推其内容。

水野清一、长广敏雄两位先生在《云冈图像学》中介绍了犍陀罗三尊佛的照片，认为“这种三尊佛的形式的时代，最晚也已形成于犍陀罗时期。”应当注意的是，两位先生在文中加注说明这是阿富汗的肖托拉克出土的三佛形式的石雕（图12）㊶。肖托拉克是位于阿富汗贝格拉姆东5公里的班杰歇尔河边的佛教遗迹，出土很多四五世纪的佛教雕刻。这

㊲ 水野清一、长广敏雄《云冈图像学》（《云冈石窟》第8、9卷，京都大学人文科学研究所，1953年）。

㊳ 刘慧达《北魏石窟中的“三佛”》，《考古学报》一九五八年第四期。

㊴ 阎文儒《麦积山石窟的历史、分期及其题材》（《麦积山石窟》，甘肃人民出版社1984年版）。

㊵ 例如在《思惟略要法》中讲解观无量寿佛法（《大正藏》卷15，p.299。）

㊶ J. Meunié, *Shotorak* (*Mémoires de la délégation archéologique française en Afghanistan*, Tome X), Paris, 1942.

图 13　萨尔纳特出土石雕佛传图，加尔各答印度博物馆藏

图 14　云冈石窟第 17 窟石雕阿弥陀三尊像，五世纪

件三佛石雕，左侧佛像已缺，头部均无，显系三尊立佛，中间的佛像大，左右立佛略小些，三佛中右佛的右足下有一呈跪姿头发布地的儒童，可知右佛即燃灯佛（定光佛）授记（Dīpamkara Jātaka）的燃灯佛。燃灯佛授记，是一段燃灯佛预言释尊因前生的善慧（megha）必定成为将来佛陀的故事，在犍陀罗和阿富汗，这种图像甚多。这在云冈石窟也很流行，共可举出十一例。右佛为燃灯佛的话，这三佛意味什么就明确了，即代表过去、现在、未来三世诸佛的佛陀燃灯佛、释迦佛、弥勒佛。在犍陀罗和阿富汗，三～五世纪时盛行包含大乘内容的造像活动，造立三佛，具有强调释迦佛的时间继承关系的大乘的意义。

另外，印度的萨尔纳特的五世纪遗物中，有以从三十三天降下、初转法轮、降魔成道为主题的石雕，分别以三佛三尊表现，引人注目（图13）。从这佛传的主题看，主尊为释迦，其两胁的佛像又意味着什么呢？

三世的造像构成有各种表现。在麦积山，除第 78 窟等的三尊三佛以外，还有如第 142 窟，正面为坐佛，右为菩萨交脚像，左为坐佛；第 163 窟，正面为坐佛，右为倚坐佛，左为菩萨交脚像的例子。这些是表现形式不同的过去、现在、未来三世尊像。在云冈第 17 窟，还有本尊为菩萨交脚像，左右为佛像的例子。这些遗物，证明了五六世纪时，中国北部地区三世十方诸佛的信仰之盛。

然而，三佛构成并非全是表示超越时代的过去、现在、未来三世诸佛的。譬如，隋开皇九年开凿的河南省安阳宝山的大住窟（通响堂洞）中，在窟的北、西、东三壁所造的佛像，分别有卢舍那、阿弥陀、弥勒的铭文，可知其非三世佛㊷。还有宝山南峰的大留窟，被确定为东魏武定四年（546 年）营造的，其三壁也有三尊，据认为是释迦、阿弥陀、弥勒㊸，此窟没有尊名的铭记，内容是依照大住窟的例子类推的。这样，过去佛是何时消失的，阿弥陀又是怎样进入三佛的，便成为一个很有趣的问题。据前述《思惟略要法》等禅经，显然应有无量寿佛尊像的造像。这一点，近年也通过实物得到显示。年代最早的例子，是甘肃省文物工作队 1962 年所发现的炳灵寺石窟第 169 窟第六号龛的无量寿佛三尊。这三尊像，分别有“无量寿佛”、“得大势至菩萨”、”□观世音菩萨”的短册形题记㊹。在此之前，水野清一先生曾指出，在云冈石窟第 17 窟南壁凿有阿弥陀佛三尊（图 14）㊺。非雕塑品的，有敦煌莫高窟第 285 窟东壁门内北侧所绘佛说法图，图中表现作说法印、结跏趺坐的如来和左右各一罗汉二菩萨，其尊名分别写在短册形的边框内，可知主尊是无量寿佛。在此窟北壁，分七区绘有一佛二菩萨和二佛并坐的画像，第一区和第四区，有西魏大统五年（公元 539 年）的纪年铭，同时还有“敬造无量寿佛……”㊻等文字。南朝时期这方面的例子，目前已知的有四川省茂汶羌族自治县出土的南齐永明元年（公元 483 年）铭的石雕无量寿佛（图 15）㊼和南京栖霞山千佛崖上所凿的南齐永明七年（公元 489 年）的无量寿佛大像㊽。

从以上现存的遗物看，无量寿佛的形式很难与一佛二菩萨或独尊的释迦说法像相区别。至少到目前为止，尚未见有南北朝时代含有无量寿佛的三佛三尊形式的造像遗物。

阎文儒先生所举的盛唐莫高窟第 166 窟、辽代大同下华严寺薄伽教藏殿的三佛，恰巧反映了随着时代的发展，三佛三尊的形式在内容上的变迁。另一方面，唐代盛行净土教绘画，在阿弥陀经变中也有三佛构

㊷ 常盘大定、关野贞《支那文化史迹》第五卷，说明（法藏馆，1941 年）。

㊸ 同注㊷。

㊹ 张宝玺《炳灵寺石窟》（甘肃省博物馆、炳灵寺石窟文物保管所编《炳灵寺石窟》，文物出版社 1982 年版）。

成，主尊以外，两胁父子相迎会的立佛也都是阿弥陀；还有弥勒下生经变中的三佛，则是表现弥勒三会，这些已经是众所周知的了。

另外，麦积山第51、74窟是一窟表现三佛，而第78窟则是同第165窟作为一组的上下两窟，分别在第78窟造三佛，在第165窟造菩萨交脚像。第51、74、78窟及第128、148、155窟等，在窟内正壁上部的左右开小龛，左、右龛内分别置菩萨半跏像和菩萨交脚像。这些成对的小龛中的菩萨像表示什么，很有探讨的必要。菩萨交脚像是弥勒菩萨，小龛又位于高处，很可能是表现兜率天。菩萨思惟像除可能为弥勒菩萨外，还有可能是在兜率天等待时机的菩萨形释尊。

第74、78窟等一系列早期窟，在上部开两个小龛的构成，同犍陀罗萨夫利巴劳鲁出土的佛三尊像等石雕的构成近似（图16a、b），这说明麦积山石窟的早期佛教美术，在思想内容以及形式上，同犍陀罗有很深的关系。可是，它们在像容上又强烈地表现出中印度秣菟罗地方的样式。凡此种种，显示出佛教东传的时间和所经路线之复杂性。

图15　四川省茂汶羌族自治县出土永明元年（公元483年）铭石雕无量寿佛坐像

图16a　萨夫利巴劳鲁出土石雕佛三尊像，三～五世纪，白沙瓦博物馆藏

b　犍陀罗石雕，佛三尊像，三～五世纪

㊺ 水野清一《云冈の阿弥陀像について》（《支那佛教史学》5-2，1941年）。

㊻ 参见《中国石窟·敦煌莫高窟》第一卷，《图版说明》，文物出版社1982年版。

㊼ 参见刘志远、刘廷壁《成都万佛寺石刻艺术》，中国古典艺术出版社1958年版。

㊽ 参见注㊷《支那文化史迹》第10卷，说明。

图版说明

蒋毅明　李西民　张宝玺　黄文昆

1　麦积烟雨

麦积山，在今甘肃省天水县东南45公里，属秦岭山脉的西端。由天水城出发，过马跑泉、甘泉镇约35公里的坦途，然后进入山脉的峡口，再经数公里的山路，即可望见这座形状奇特的山峰。山头略呈圆锥形，上端稍大于底部，诚如农村的麦垛，因而自古以来有“麦积”之称。五代《玉堂闲话》曾描述：“麦积山者，北跨清渭，南渐两当，五百里岗峦，麦积处其半，崛起一石块，高百万寻，望之团团，如民间积麦之状，故有此名。其青云之半，峭壁之间，镌石成佛，石龛千室，虽自人力，疑其神功。”北周庾信、唐代杜甫、五代王仁裕等均有以麦积山为题的诗文传世。宋人祝穆称麦积山“秦地林泉之冠”。麦积山气候凉爽、湿润多雨，每当叆叇当空，峰峦上下云锁雾绕，别是一番神奇的景象。清代秦州诗人吴西川曾以秦州十景之一诗咏《麦积烟雨》：“麦积峰千丈，凭空欲上天，最宜秋后雨，兼爱暮时烟，境胜端由险，梯危若未连，钟声落何处，遥想在层巅”。

2　麦积山西崖窟龛群

据文献记载，麦积山石窟自后秦姚兴时开始建造，至今已约有一千五百年，现存窟龛共194个，造像七千余身，依崖凿造，密如蜂房。漫长的岁月中，因地震、山崩，崖面中部坍塌，将窟龛的分布划作西崖和东崖两个区域。最早的窟龛大都分布在西崖，而东崖较晚。看来建窟的先后呈由西而东的走向。1976年到1984年，政府拨款对麦积山石窟进行了大规模的山体加固工程，重建全部栈道，使参观和考察便利而安全。图为工程竣工后的西崖。

3　第78龛　正壁、右壁　坐佛、菩萨（部分）　北魏
4　第78龛　右壁　坐佛　北魏
5　第78龛　正壁　坐佛　北魏
6　第78龛　正壁　坐佛（部分）　北魏

第78龛位于西崖下部，高4.50、宽4.70米，龛内宽大而高敞。进深较小，拱顶，拱弧较缓。正壁和两侧壁起凹字形佛坛，坛高0.90米，坛上造坐佛三尊一铺。正壁主尊坐佛高3.25米，高肉髻，面形略方，鼻直，双目平视，神情庄重。身躯挺拔雄健，穿右袒式袈裟，衣纹为不规则的平行阴刻线，结跏趺坐，两手残，疑作说法印。坐佛两侧原塑胁侍菩萨各一。两侧上部有小龛各一，约高0.60、宽0.70米。右壁坐佛与正壁略同，高3.18米，作禅定印，无胁侍。左壁造像已毁。此龛佛像的风格与云冈石窟昙曜五窟相近似，应是大体同一时期的作品。根据佛坛壁画供养人题名，可知此龛现存塑像和壁画作于北魏仇池镇时期，当在文成帝恢复佛法到孝文帝太和十二年罢仇池镇之际（公元452—488年），至于洞窟始建，据龛内迹象判断应更早。一些研究者认为这是麦积山现存最早的洞窟之一。

7　第78龛　正壁右侧上部龛　北魏
8　第78龛　正壁左侧上部龛　北魏

麦积山石窟的早期洞窟几乎都在正壁左右两侧上部开一对小龛。右侧龛内塑菩萨交脚像、左侧龛内塑菩萨思惟像，各以二菩萨立像为胁侍。交脚像表现菩萨下生前在兜率天宫修行时的情景，思惟像表现佛为菩萨时在树下修行。菩萨均头戴宝冠。思惟像半跏趺坐，舒左腿，右手支颐，作沉思状。匠师塑造这一富有特点的形象时，在人物内心世界的表现方面，每有成功的创造。此窟的这一对小龛各约0.80米见方，均为圆券形浅龛形式。

9　第78龛　正壁右侧　菩萨（部分）　隋
10　第78龛　正壁左侧　菩萨（部分）　北魏

此龛正壁坐佛两侧的胁侍菩萨仅残存左侧一身，其右臂及腰部以下已毁，残高1.14米，脸型略方，眼鼓，鼻隆，长发披肩，斜披络腋，佩项饰、璎珞，一手抚胸前。现存彩绘以红赭等暖色调为主，黑发。造型和装饰彩绘都具有受西域风格影响的痕迹，使人感到淳厚、古朴。若与炳灵寺石窟西秦造像相比较，或可认为二者的塑造时间相去不远。它是否比现存主尊更早的作品，是一个值得研究的问题。正壁右侧胁侍菩萨原作已无存，现有从别处移来的菩萨一身，足已残毁，残高1.91米，系隋代作品，塑造圆润细腻，手姿生动，通过衣褶的处理表现出丝绸织物单薄贴体的质感。

11　第78龛　佛坛　供养人　北魏

在龛内凹字形佛坛上，1965年从后代覆盖层之下清理出坛壁上原绘供养人行列，大多漫漶，难以辨识。现仅西面保存稍好，画高0.55、宽1.50米，为上下两列、共十六身男供养人像，均头包巾帻，上身着交领窄袖大衣，腰束带，下身为宽腿束口裤，足穿尖头乌皮靴。每身供养人都有题名。有两则题名中可辨认出“仇池镇”字样。据此可知，此龛经过仇池镇氐族供养人的修造。公元446年至488年，北魏在天水以南置仇池镇，这一时间界限为考证该龛的修建年代提供了重要依据。在这一时间界限之内，若作更具体的考虑，公元446年即北魏太武帝太平真君七年，既置仇池镇，同年下诏灭佛法；此后，只有到了公元452年即正平二年，文成帝即位后，于年底下诏复法，麦积山石窟才有可能继续修造，因此可以确定这一批壁画供养人的绘制时间，当以公元452年为上限。又据清理这些壁画的记录，认为这并非最底层的遗迹，在它的叠压之下，应还有一层更为古老的壁画。据史籍记载，后秦姚兴姚兴封杨盛为都督益、宁二州诸军事征南大将军益州牧。公元431年西秦亡国之后，仇池氏王杨难当据秦州几达五年之久。所以，此龛初建于北魏仇池镇之先的可能性是值得认真考虑的。

12 第78龛 佛坛 供养人 北魏

这是佛坛西面上列右起第七身男供养人像，高0.23米，着浅色窄袖袍，领缘黑色镶边，手持花枝。身后的第八身供养人题名为“仇池镇……□（经）生王□□供养十方诸佛时”。

13 第78龛 佛坛 供养人 北魏

图为佛坛北面上列右起第二身男供养人像，高0.23米，着深色窄袖袍，领口、袖口及衣裾边缘均以红色镶边，手持花枝，枝头莲蕾呈球形，题名已漫漶。由于是北魏太和十八年（公元494年）诏禁士民胡服之前的壁画作品，人物衣冠当是仇池氏族民族服装的形象。

14 第78龛 壁画残片 火头明王 北周～隋

1978年，麦积山文物保管所对第78龛佛坛上的残迹堆积进行了清理，在倒置的左侧菩萨身下发现壁画残片。这块残画高0.40、宽0.60米，绘有火头明王及天王、比丘、居士等。画面以红色为地，色泽保持鲜艳，当是北魏以后再次重修时所绘。火头明王，又译作秽迹金刚、乌刍沙摩（Ucchusma）等，佛经称其于久远劫前性多贪欲，有佛出世说法，化其多淫心成智慧火，因名“火头”，具火光三昧力，成阿罗汉，愿为力士，护法伏魔。在佛教艺术中，其形象多为忿怒相，周身流出火焰，手中器杖亦皆起火焰。

15 第78龛 壁画残片 飞天 北周～隋

这是与上图残片在同一堆积中清理出来的另一壁画残片，高0.48、宽0.40米。所画伎乐飞天长裙裹腿、露足，飞扬的飘带和流畅的卷云表现出翱翔中轻灵的意态。一飞天弹曲颈琵琶，另一飞天手中持物已因画面残损而不可悉知，据手臂动态等判断似为管乐器。从绘画风格分析，这两块残片的绘制时代，当在北周、隋代之际。

16 第74龛 正壁 北魏、清
17 第74龛 正壁右侧 菩萨（部分）、佛龛 北魏
18 第74龛 正壁左侧 菩萨（部分）、佛龛 北魏
20 第74龛 正壁左侧 菩萨（部分） 北魏

第74龛和第78龛，距离相近、规模相仿、形制相同，造像的艺术风格也相似，应是一组关系密切的双龛。此龛平顶。正壁主尊坐佛因残损过甚，经晚近重修，已面目全非，但雄健的身躯仍表现出如云冈石窟昙曜期造像般的浑厚和力量。正壁两侧二胁侍菩萨基本保存完好，长发，戴宝冠、项圈、臂钏，上身半裸，斜披右袒袈裟，一手拈花枝于胸前，另一手下垂提巾带或净瓶。其面型长圆而略方，鼻较高；身体扁平，紧贴壁面，衣褶细密流畅；造型特点与炳灵寺石窟西秦造像比较，仍有相当多的类似之处，表明自十六国至北魏早期，造像风格并无显著的演变，二胁侍菩萨上方各开一小龛，分别塑交脚或思惟菩萨像，亦与第78龛正壁情况相同。左侧龛高0.62、宽0.80米，右侧龛高0.65、宽0.71米。

19 第74龛 右壁、正壁 坐佛、菩萨 北魏
21 第74龛 右壁 坐佛（部分） 北魏

此窟左右两侧壁各塑一坐佛，均作禅定印。左壁坐佛头部已残毁。右壁坐佛保存较好，高2.80米，与第78窟一样，同为波纹高肉髻，面形方圆，着右袒袈裟、僧祇支，无胁侍。其造型概括，鼻孔未塑出，嘴角凹陷，体面转折清晰，衣褶为平行阴刻线。

22 第75龛 坐佛 北魏

这是西崖与第78龛相邻的一个较小的龛。龛内仅存坐佛一身，高1.24米，着通肩袈裟。褶襞细密。表现出轻薄贴体的质感。双臂及双腿均残。龛内壁面已全部剥落，佛像彩绘亦已无迹可寻。从龛的位置及造像的制作上看，其建造时间当与第78、74等龛相去不远。

23 第71龛 右壁 菩萨 北魏
24 第71龛 正壁、左壁 坐佛、菩萨 北魏

第70、71两龛是第74龛贴近的右邻，也是一组双龛；两龛的规模、形制及造像与彩绘的风格均相仿。两龛皆作圆券形，龛内塑一佛二菩萨。坐佛高1.27米，着右袒袈裟，内着僧祇支上绘联珠纹，双手于腹前前后相叠作禅定印。佛背光、项光画化佛、火焰，两侧画二供养比丘。比丘手中各执莲花，身侧又有莲枝数茎。佛左、右塑二胁侍菩萨，各高1.15米。整龛彩绘以土红色为基调，塑造、绘制都很精致。但是，从造型持点上看，似仍可认为是与第74、75、78等龛同属麦积山最早的风格。

25 第80龛 左壁 菩萨 北魏
25 第80龛 左壁 菩萨（部分） 北魏

此窟位于第78窟左侧，相距约12米，已处在崖面大片崩塌部分的西缘。窟前半部已塌毁，保存下来的窟室后部犹如一个敞开的浅龛。正壁居中塑一坐佛，已残毁，经后代改塑。佛背光两侧开小龛上下二层，上层龛内塑禅定坐佛，下层龛内塑二佛并坐，最下层皆有影塑供养人。二佛并坐龛的题材，出自后秦鸠摩罗什译《妙法莲华经》的《见宝塔品》，表现释迦牟尼佛与多宝佛于多宝塔内并坐说法的场面。图中二佛并坐龛高约0.50米，其中坐佛高0.35米。影塑供养人高0.56米，头戴笼冠，两手相叠，神情恭谨，其塑造手法写实，与魏晋墓葬中出土的陶俑十分接近。左右两壁各塑菩萨立像一身，高1.35米，均外侧手提净瓶，内侧手于胸前拈忍冬花叶，其造型仍与第78、71龛相同，但在微露笑容的面部神情刻划上，可知已加强了内心世界的表现。

27 第100窟 正壁、左壁 佛龛、菩萨 北魏

窟室平面马蹄形，平顶，高2.80、宽2.12、深2.30米。正壁设高坛，坛上坐佛为后代补塑，两侧上部小龛，左侧塑思惟菩萨，右侧塑交脚菩萨，其下均有二佛并坐龛两个。左、右壁后部坛上各塑菩萨立像一身，前部各开一龛；龛内各塑一坐佛，皆为宋代重修；两壁上部各开小龛一排，共十二个，每龛禅定坐佛一身。前壁门上分上下二层开龛，上层六小龛内皆禅定佛；下层中间为二佛并坐龛，两侧各二小龛塑坐佛。此窟窟室布局已趋于复杂，虽经烟熏，仍可见其中北魏原作的清俊秀丽，尤其主尊两侧的胁侍菩萨，高 1.26 米，身材修长，衣着贴体，以平行密集的阴刻线表现的衣褶富于质感，延展至壁面上的飘带具有韵律的美。

28　第 128 窟　正壁左侧上部龛内　思惟菩萨　北魏

29　第 128 窟　正壁　坐佛（部分）　北魏

30　第 128 窟　右壁　北魏

31　第 128 窟　左壁　北魏

窟形与第 100 窟相似，亦为平顶，平面方形，正壁前低平佛坛宽大，几占窟室面积的一半。坛上主尊坐佛高 1.84 米（图版 29），两侧二胁侍菩萨立像依左、右壁塑成，高 1.48 米。左、右壁前部各开一圆券形龛，龛内塑一坐佛，高 1.40 米，与正壁主尊合为三佛的内容，均着右袒袈裟，作禅定印。与第 80、100 窟类似，窟内小龛甚多。正壁两侧上部，依这一时期的通例开二小龛，分别塑交脚和思惟菩萨像；现右侧已残毁，仅左侧小龛内存一思惟菩萨，虽被熏黑，姿态犹觉生动。此二龛下各二层小龛，亦均已是空龛。两侧壁上部也都开小龛。右壁上部一排六龛，其中二龛内各塑一禅定坐佛，余皆毁。左壁上部开三龛，前部一龛横长，据痕迹推测原来所塑应为五佛。前壁门两侧各塑一菩萨立像，为以往各窟中所未见。前壁门上开小龛二层，每层均为七龛，龛内各塑一佛，似皆为七佛题材。两侧壁大龛内，两侧龛壁上也都有小龛四个。总计全窟内容，共三坐佛、四菩萨、小龛多达四十个。

32　第 148 窟　正壁　坐佛（部分）　北魏

33　第 148 窟　正壁　北魏

34　第 148 窟　正壁右侧上部龛　北魏

35　第 148 窟　正壁左侧上部龛　北魏

此窟形制与第 128 窟属同一类型，窟室前部及两侧壁保存较差，正壁则较为完好。主尊禅定佛结跏趺坐，高 1.40 米，高肉髻，面形方圆，鼻隆、唇薄，沉思中的神态刻划细腻。佛光两侧各开上下三龛。上部龛略大，分别塑交脚菩萨和思惟菩萨，均头戴花鬘冠，饰璎珞，俯视，坐束帛座，高 0.50 米，二菩萨胁侍。值得注意的是交脚、思惟二像的头光均以木雕，未施彩绘，现呈棕黄色。二像以下的四小龛均塑二佛并坐像，右壁上部小龛内亦塑二佛并坐像。正壁右侧下部尚残存影塑供养人一身。

36　第 90 龛　北魏、宋

37　第 90 龛　左壁　佛项光（部分）　北魏

此龛位于第 70 龛上方，形制与第 74、78 龛略同，亦为供奉三坐佛的敞口大龛，高 4.40、宽 4.70 米，龛内起 0.90 米的凹字形高坛，只是正壁两侧无小龛，所有五身造像都已经过宋代重塑，只有龛形和壁画反映出早期的原貌。龛顶泥皮剥落，绚丽的壁画背、项光占据了大部分龛壁的面积，仅在背、项光及塑像之间狭窄的空隙间可看到着胡服的北魏供养人画像。背、项光色彩明丽而典雅，虽均为北魏所绘，但也可看出有表层、里层不同的层次，说明在北魏的不同时期，初绘之后，又曾经过重绘。佛背光外层为火焰纹，第二层为忍冬卷草纹，第三层为化佛。再往里，第四至七层又有火焰、联珠等纹样。项光外层饰化佛。图中显示左壁坐佛项光的局部，可见有里层初绘的痕迹；较晚的表层所绘化佛，形象清秀，线条有力，色彩浓重而和谐，技法上比里层画显得成熟。

38　第 90 龛　正壁左侧　佛弟子（部分）　宋

此窟早期塑像均已圮毁，原有佛像结跏趺坐的腿部被改成了须弥座。五身宋塑仍有不容忽视的艺术价值，尤其正壁左侧的佛弟子像，作者依据佛弟子摩诃迦叶的形象，强调了他作为“头陀第一”的年龄特征以及长期经受苦行而形成的容貌，既写实，又写意，在雕塑造型中还表达出中国传统艺术中的线的意味，不失为一件宋代雕塑杰作。

39　第 144 窟　正壁右侧上部龛　北魏

窟前部塌毁，仅存正壁主尊禅定坐佛及两侧上下三层小龛，右壁一菩萨已残。正壁左侧小龛几已无存，右侧上部龛塑交脚菩萨及二胁侍。交脚菩萨头戴花鬘冠，长发披于肩上，袒上身，形象清秀，坐高 0.52 米，保存尚好。二胁侍均残。交脚菩萨和思惟菩萨都是早期石窟较常见而又富有特点的造像题材。

40　第 156 龛　正壁　坐佛　北魏

第 156 龛位于西崖，为平顶方口龛形，正壁须弥座上佛高 0.78 米，结跏趺坐，作禅定印。佛光彩绘火焰纹。佛光两侧影塑上下三层，右侧上层为一交脚菩萨和一菩萨立像，左侧上层已毁，两侧中层均为一坐佛说法像，下层为影塑供养人，右侧是一身女供养人，另有一身侍女绘在壁上。龛侧壁仅存右壁胁侍菩萨立像一身，其里侧上下三层，上层为影塑菩萨立像一身，中层为影塑坐佛禅定像一身，下层为壁画二坐佛。佛、菩萨像的服装已属褒衣博带样式，应受到来自南朝的影响。

41　第 143 龛　坐佛　北魏

摩崖龛内仅存坐佛一身，高 1.61 米，亦残，从残缺的双臂推测为说法相。造型修长、清秀。

42　第 76 窟　内景　北魏

43　第 76 窟　右壁　北魏

45　第 76 窟　右壁　菩萨　北魏

46　第 76 窟　左壁　菩萨　北魏

第 76 窟位于第 74 龛左上方，是一个约 1 米余见方的小窟。正壁须弥座上塑坐佛一身，着通肩袈裟，禅定印，面形略方。二胁侍菩萨塑在左右两壁，高 0.80 米，已不纯是北魏早期胁侍菩萨一手抚于胸前、一手伸直下垂的刻板僵硬的姿态，而增加了动作的变化，尤其胯部稍稍向侧方的扭动，丰富了形体轮廓的曲线。正壁两侧上部小龛中，现存塑像均为坐佛。左壁上部小龛三个，右壁上部小龛四个，两壁前部又有小龛各两个，全窟共计小龛十三个，其中泥塑坐佛均为禅定相。正壁佛座前面曾剥出底层造窟铭记，据金维诺先生识读，铭文起首有“南□（燕）□（主）安都侯”六字。这一铭记曾被涂盖，现表层白地上画有栏格，但未书写。显然此窟经过重修，由窟内形制和布局的早期形式与现存造像表现出的较晚期的因素之间的矛盾状况，也可得到证明，其建窟的时间也许可以追溯到很早。

44　第 76 窟　窟顶　北魏

此窟保存有绚丽的北魏壁画和彩绘。最引人注目的是窟顶，十身飞天绕花心飞舞，组成一朵大莲花，具有音乐旋律的美。飞天均裸上身，裙裾和巾带轻扬，手托花盘，散花供养，和天花、流云融合成一个整体。飞天身材颀长，属于北魏中期以后的风格，但图中花心部分露出底层画迹，说明表层明丽如新的壁画是重绘时的作品。

47　第 76 窟　正壁右侧下部　供养人　北魏

49　第 76 窟　右壁后侧下部　供养人　北魏

50　第 76 窟　正壁左侧下部　供养人　北魏

正壁和左、右壁下部的影塑供养人制作精致。这些采用模制方法塑成后贴于壁上的影塑，一般高约 0.21 米，生动活泼。正壁下部佛座右侧的女供养人，梳高髻，穿交领襦、长裙，面部塑造简练含蓄，微笑俯视的神态，十分感人。佛座左侧的男供养人，头戴冠，穿交领袍，表情庄重。这男、女窟主的形象所表现的是北魏有一定社会地位的上层人物。右壁下部菩萨圆台里侧的女供养人亦保存完好，肩披风衣，是当时现实生活中年青美丽的女子形象。

48　第 76 窟　左壁前部　供养人　北魏

左右两壁菩萨立像背光外侧均画供养比丘，自上部小龛以下成上下三层。右壁上层一身，榜题“比丘朗嵩供养佛时”，中层二身题名“比丘法和供养佛时”等。下层则与影塑供养人一一相间排列。左壁残破较甚，菩萨背光外侧上层残存一身，显然级别较高，身后有一侍者为之张伞盖，榜题“比丘法形供养佛时”，即如图中所示。此比丘作老者形象，五官尚清晰，着色清雅，与窟顶石青、石绿为基调的浓重鲜艳色彩适成对比。

51　第 169 龛　正壁、左壁　交脚菩萨、菩萨　北魏

52　第 69 龛　北魏

48　第 69 龛　右壁　菩萨（部分）　北魏

第 169 和 69 龛位于第 74 龛右下方，是一对紧邻的双龛，两龛之间浮塑交龙，将两龛联成一体。第 169 龛主尊为交脚菩萨，高 0.80 米，坐束帛双狮座。二胁侍菩萨仅残存左侧一身。此龛造像秀美，衣着轻柔贴体，虽龛像较小，残损严重，却也魅力独具。第 69 龛塑一佛二菩萨，佛高 0.75 米，着通肩大衣，结跏趺坐，坐下翻卷莲瓣式须弥座，为说法相。两侧胁侍菩萨，高 0.60 米，高髻、宝冠，发辫披于双肩，褒衣博带，神情恬静。尤其右胁侍，不论在刻划人物的内在感情或追求完美的艺术形象方面，都是非常成功的作品。

54　第 93 窟　正壁右侧　影塑　北魏

此窟主尊正壁坐佛和左右两侧菩萨均经宋代重修。正壁两侧影塑分上下五层，最上层为坐佛；次层左侧为思惟菩萨及二胁侍，右侧残，估计是交脚菩萨及胁侍；第三层为立佛、菩萨；下两层为供养人，左侧男供养人大部脱落。图中为右侧女供养人，着交领襦、长裙，有的披风衣。影塑每层下以木板敷泥作隔层。

55　第 115 窟　内景　北魏

56　第 115 窟　右壁　菩萨　北魏

57　第 115 窟　左壁　菩萨　北魏

58　第 115 窟　正壁　坐佛　北魏

此窟平面方形，平顶，高 0.93、宽 0.95、深 0.90 米，内塑一佛二菩萨。正壁坐佛为说法相，面形圆润而略长，身躯壮硕，高 0.86 米，衣褶细密。两侧壁二胁侍菩萨高 0.76 米，紧贴壁面塑制。正壁佛光两侧上部各画比丘一身，坐于庐中。其下为壁画因缘故事。左右两壁菩萨里侧上部各影塑坐佛二身。此窟规模虽小，却保存着麦积山石窟唯一的北魏纪年题记。主尊须弥座正面可见墨书十三行，计一百九十余字，起首为“唯大代景明三年九月十五日遣上邽镇司□张元伯稽首白常住三宝今在此麦积山□□□□□□为菩萨造石室一区……”。北魏景明三年值公元 502 年，正值北魏中期向晚期的过渡阶段，因而研究者一般都以此窟作为麦积山北魏石窟分期的标准。但是，此窟造像、布局均有较多早期的因素，窟内亦不乏重修的痕迹，所以石窟的分期断代问题仍很复杂。

59　第 115 窟　右壁后部　因缘故事　北魏

正壁佛光两侧和左、右壁后部壁画因缘故事，据张学荣先生考证，为须陀摩王山中洗沐遇飞翅鬼羯摩沙波罗的故事，出自《僧伽罗刹所集经》卷上。同样的故事见于诸经，例如《贤愚经》卷十一无恼指鬘品须陀素弥王故事、《佛说仁王般若波罗蜜经》卷下《护国品》中普明王与班足王故事和《大智度论》卷四中须陀须摩王常依实语好施得救故事，均以图中长翅人物形象为线索，过去多识作羽人或长翅仙女。《大智度论》中的故事说，过去一王名须陀须摩，守信用，不妄语，一日早晨乘车入园洗浴，出城时遇一婆罗门求乞，王答允入园归来给以布施。在园中，有两翅王名鹿足由空中飞来，捉王而去。鹿足王所已有九十九王，现已凑满百数。须陀须摩王不畏死而畏失信，求班足许以七日期限，布施婆罗门后即刻返回。最后，须陀须摩王果然按期返回就死，并对鹿足说了信守实语宁舍身命的偈言，使鬼王顿时感悟，将百王全部释放回国。壁画上正壁和两侧壁画城堡、桥梁（或道路）、婆罗门、禽鸟、两翅人、山林、树下说法及药叉等，似与故事中的出城、入园、婆罗门求乞以及两翅鬼王的叙述相合。壁画技法似有南朝作风。

60　第 114 窟　正壁　坐佛　北魏

61　第 114 窟　左壁　菩萨、佛龛　北魏

此窟高 1.50、宽 1.60 米、深 1.40 米，洞窟形制与第 128 窟相似，但时代与第 115 窟约略同期。正壁坐佛说法相，高 1.22 米，两侧上部有二层影塑，上层每侧各一飞天、三菩萨，下层二坐佛。左壁后部塑一菩萨立像，高 0.92 米，背光以上影塑坐佛四身；前部开一圆券形龛，龛内塑禅定佛一身，龛壁尚存壁画飞天、供养比丘等。右壁内容与左壁一致，但保存较差。

62　第 155 窟　正壁　佛龛、菩萨　北魏

63　第 155 窟　正壁左侧上部龛　北魏

64　第 155 窟　左壁　佛弟子、佛龛　北魏

在第 128 等窟窟形的基础上有所发展，正壁前已无宽阔的低平坛基，而在正壁中央开一大龛，龛内须弥座上塑一坐佛，高 1.18 米，似为说法相，龛两侧壁上贴两层影塑，上层坐佛共六身，下层交脚菩萨共八身。尖拱形龛楣上影塑一佛二菩萨，龙首龛梁，束帛龛柱，柱下有二力士托举，龛楣两侧有影塑飞天、供养菩萨。龛外左侧塑菩萨立像一身，高 1.68 米，立像及其背光封堵了壁上的小龛，现因泥皮剥落而显示出来。正壁两侧上部小龛，尚存左侧龛内思惟菩萨一身。左壁后部塑佛弟子立像一身，高 1.12 米；前部开一龛，龛内坐佛高 1.03 米；壁上部开六小龛，龛内各塑坐佛。右壁后部残，余皆同于左壁。前壁门上小龛佛禅定像共十龛，门两侧上部影塑各三排，计禅定佛十八身。此窟有明显的重修和封堵、覆盖的痕迹，似表明曾对较古老的窟形进行过改造，现存的菩萨、佛弟子和思惟菩萨等都属于典型的“秀骨清像”风格。身材颀长、薄衣贴体、通身背光、龛楣装饰以及将胁侍菩萨移到正壁，两侧壁后部置佛弟子，等等，均具有北魏晚期的特点，而洞窟的初创似乎要早些。

65 第 23 窟 正壁、右壁 坐佛、菩萨 北魏
66 第 23 窟 正壁右侧下部 供养人 北魏

窟前半部已塌毁，现仅存正壁及两侧壁后半部少许。正壁坐佛高 1.76 米，右壁残存胁侍菩萨立像一身，高 1.36 米，均属秀骨清像的代表作品。坐佛作说法印，姿态从容，微含笑意，令人感到其心境的明澈和恬澹。残存的菩萨，头部已经风化，又由鸟雀和松鼠造成道道爪痕，竟无损于形象的秀美；右臂虽已残失，仅存于胸前的一只拈花的手，却与另一只执物于胯部的手，与微微倾侧的头，与整个身躯的动态，如此和谐统一。欣赏者无不叹服北魏艺术匠师的高超技艺和他们对美的透彻认识。正是他们，塑成了这样的不朽之作，犹如一尊东方的美神。此窟壁画亦保存尚好，窟内色彩热烈、鲜明。佛背光绘火焰纹，项光绘连续忍冬纹和莲花，背光下部两侧画二弟子。壁面满饰千佛，下部画供养人，右侧为男供养人，左侧为女供养人，均着华服，张伞盖，后面跟随着侍从、婢女，画面虽已漫漶，仍可见其雍容的风度和尊贵的气派。

67 第 154 窟 右壁前部 比丘尼 北魏
68 第 154 窟 窟顶 飞天 北魏
69 第 154 窟 前壁左侧 力士（部分） 北魏
70 第 154 窟 正壁左侧 力士（部分） 北魏

此窟主像为三尊坐佛，分置于三壁，正壁为说法相，两侧壁均为禅定相。右壁前部（佛右侧）一胁侍立像保存基本完整，身材修长，双手合十，面相虔诚，礼敬有加；着僧衣、僧履，头顶梳高螺髻，应为比丘尼的形象。这一题材在北魏晚期以来较为多见。窟内有力士塑像四身，前壁门两侧各一身，左侧一身高 1.27 米，造型概括、简练，须髯翩扬，蹙眉瞪眼，神态十分生动。正壁佛两侧二力士显然是由别窟移来，面相狰狞以显示威猛。左壁造像亦多被扰乱。窟顶残存部分壁画，图中为左侧的一块，所画内容为赴会的菩萨、比丘等和绕窟飞旋的飞天、仙鹤、灵鸟等。菩萨、比丘足踏莲台遨游于空际，与快速飞行的飞天形成缓疾的对比，丰富了画面的意境。

71 第 85 窟 右壁后部 佛弟子（部分） 北魏
72 第 85 窟 左壁前部 菩萨（部分） 北魏

方形平顶窟内正壁塑坐佛说法相，两侧二菩萨立像。左、右壁亦如第 154 窟塑二禅定佛像，佛里侧塑弟子、外侧塑菩萨。佛弟子二身，左壁少年弟子为阿难，右壁为迦叶，高 0.95 米。匠师夸张地表现了突兀的眉棱，凹陷的双颊和胸前露出的肋骨，以强调迦叶的苦行。左壁外侧的菩萨立像引人注目，蹙起眉，仰起头，张着嘴，仿佛在冥思苦索中向天发问，这是十分独特的表现形式。北魏晚期的艺术匠师，在技艺高度纯熟的基础上，逐步追求着形式的变化和个性化的表现。

73 第 83 窟 前壁左侧 力士（部分） 北魏
74 第 112 窟 前壁右侧 力士（部分） 北魏

这两个窟形制相似，平面均为方形，三壁各开一龛。第 83 窟为平顶。第 112 窟窟顶中央方井作二层叠涩收进，似为覆斗形窟顶斗四藻井的先声，窟内佛像面型瘦削，悬裳覆座，凡此均为北魏晚其的新样式。二窟前壁门两侧均有二力士塑像。在佛教造像中，力士的表现是比较自由的，虽然也有一定的程式，但在战乱频仍的北朝时期，现实中纠纠武夫的生动形象不断启迪着匠师们的灵感。第 83 窟前壁左侧的力士，高 1.07 米，在和第 112、154 等窟同一题材比较之下，使人感到造型上的雷同。这当然是同一程式的要求所致，但在形象上，第 154 窟的精明老练，第 83 窟的憨直勇猛，匠师确实赋予了他们以不同的性格特征。第 112 窟前壁右侧的力士，高 0.92 米，与左侧相对，是程式所要求的另一种力士造型。

75 第 122 窟 正壁左侧 比丘尼（部分） 北魏
76 第 122 窟 右壁、正壁 菩萨、比丘（部分） 北魏
77 第 121 窟 右壁、正壁 菩萨、比丘 北魏
78 第 121 窟 正壁龛内左壁 佛弟子 北魏
79 第 121 窟 正壁、右壁 菩萨、比丘（部分） 北魏
80 第 121 窟 正壁、左壁 比丘尼、菩萨 北魏
81 第 121 窟 正壁、左壁 比丘尼、菩萨(部分) 北魏
82 第 101 窟 正壁左侧 比丘尼 北魏
83 第 101 窟 右壁、正壁 菩萨、比丘 北魏
84 第 101 窟 左壁 交脚菩萨（部分） 北魏
85 第 101 窟 正壁左侧 比丘尼（部分） 北魏

麦积山石窟的北魏晚期造像，不断呈现出活泼的形式和生动的表现。各窟内多流行三佛的主题，并配置以菩萨、弟子、比丘、比丘尼和力士或天王等造像。第 121 窟是很有代表性的洞窟，高 2.55、宽 2.36、深 2.15 米，覆斗形顶，正壁和左、右壁各开一龛，龛内各塑一佛。正壁龛内两侧壁上部还有影塑佛弟子各一排五身，合为十大弟子之数，各高约 0.30 米。弟子们均着厚重宽大的袈裟，一一作不同相貌和神情，有的在聚精会神地聆听，有的因突然了悟而欣喜，有的则似乎正在慷慨激昂地争辩。最引人注目的是在正壁两侧的墙角，左右两壁里侧的胁侍菩萨（高 1.25 米）与正壁龛外两侧的比丘、比丘尼两两贴近，其上身微微前倾而且肘、肩和头部完全靠拢在一起。他们仿佛在佛陀说法的循循诱导之下互相发出会心的微笑，又仿佛是人间的一对亲密的朋友在窃窃私语。此窟前壁两侧通常塑造二力士的位置上，左侧为袒胸持杵的力士，右侧为披甲的天王。第 122 和 101 窟不开龛，均为方形平顶窟，不开龛。第 122 窟右侧菩萨略向前俯，比丘肩部和整个上身向菩萨方向扭转靠近，与第 121 窟属同一匠心。左侧胁侍的位置已经扰乱，原在正壁左侧的比丘尼，现置于左壁里侧，其右腿抬起作舞蹈状，更觉意趣盎然。第101窟菩萨与僧尼的距离稍远，但动态上仍有互相依傍的倾向。窟内左壁立像为交脚菩萨，即三世佛的过去世弥勒的形象。

86 第133窟 窟室前部 北魏、宋

87 第133窟 窟室前部 罗睺罗受记（部分） 宋

此窟位于西崖高处、摩崖第98龛的东侧，距崖前地面约48米。窟内通高5.97、宽14.94、深13米。后部凿成并列的两进后室的形式。窟周壁开龛，上下共列置15龛，大者高2米，小者不到0.80米。这是麦积山规模最大的洞窟之一，现存造像数量最多，较完整的泥塑计27身，石刻造像碑18块，其中佛、千佛、菩萨、弟子、飞天和各种人物达数千之多，故素称"万菩萨堂"。五代《玉堂闲话》说："将及绝顶，有万菩萨堂，凿石而成，广古今之大殿，其雕梁画拱、绣栋云楣，并就石而成，万躯菩萨列于一堂"。窟室前部中间，入门所见为高大的立佛，高3.10米。其身前伫立弟子像，高1.44米。据《佛本行集经》，罗睺罗生于其父释迦牟尼佛苦修六年成道之夜。佛成道后回迦毗罗卫探亲时，初次见到儿子罗睺罗。十五岁时，罗睺罗从佛受记并出家，跟随佛而成为"十大弟子 之一，即所谓"密行第一"。释迦牟尼预言其将来成佛，号"七宝华如来"。这一组塑像系宋代作品。高大魁伟的释迦牟尼像，令人心生崇敬，其头微微下俯，右手垂下置罗罗的头顶上，塑造如生的手指上流露出如抚摸爱子般的亲切感情，十分动人。双手合十的少年弟子，在肃穆的神情间，也流露出虔诚和欢欣。

88 第133窟 第三号龛 北魏

此龛位于窟室前部正壁右侧，保存完整，龛内塑一佛二菩萨，均为北魏典型的秀骨清像作品。坐佛高1.20米，菩萨高1.03米，形象互不雷同，而且开始具有当地的人物造型特点。

89 第133窟 第一号龛内右壁 菩萨 北魏

窟室前部右壁第一号龛内，主像一佛二菩萨，壁面多层贴影塑千佛。图为右侧胁侍菩萨，亦为典型的秀骨清像风格，腰、胯部略呈扭曲的动态，虽已被烟熏黑，安详和悦的神情仍很感人。

90 第133窟 第十一号龛 龛楣 北魏

窟室前部左壁第一龛，编号第十一，其龛楣以影塑佛传故事为装饰，是独具特色的作品。龛梁中间和两端各以一兽面为饰。楣上壁画佛及供养比丘、供养人等。楣拱上方影塑，中间为一佛二菩萨说法像，两侧山峦起伏，其间穿插人物故事情节，有精庐内苦修等场面，上空有飞天翱翔。仙境般的景物刻划，使描述佛陀成道过程的画面显得生趣盎然。

91 第133窟 第六号龛内右壁 菩萨（部分） 北魏

古代匠师在塑造中，师法自然、师法生活，龛内的胁侍菩萨宛如当年秦州地区一位慈蔼的中年妇女。

92 第133窟 第九号龛内右壁 佛弟子（部分） 北魏

第九号龛内仅存坐佛及右侧弟子像。弟子高0.88米，为阿难像。阿难是释迦牟尼的从弟，在十大弟子中号称"多闻第一"，幼年出家，曾侍佛达二十五年之久。佛涅槃后，多数佛经据传说是出自阿难的记忆和转述。佛教造像中的阿难形象，一般都兼备少年弟子的俊美、聪颖多智、诚挚、善良、开朗而又略带稚气。图中的阿难像，是其中最完美的作品之一，由微笑中透露出的少年人美好的内心世界，具有永恒的艺术魅力。

93 第133窟 第一号造像碑 碑阳 北魏

94 第133窟 第一号造像碑 碑阴 北魏

第一号造像碑高1.87、宽0.59、厚0.13米，碑首阴阳两面均雕成佛龛，龛内各一佛二菩萨一铺，龛上饰菩提树。侧面刻成山形，有一猛虎作下山状。由此，群峰环抱、绿树掩映之中碑阳表现佛在灵鹫山（耆阇崛山）中说法，碑阴则为佛在山中静坐禅定，两侧弟子躬身稽首，虔诚礼拜。整个碑首造型有若未绽之花蕾。碑身四面遍刻贤劫千佛，共一千三百余身，一一精雕细刻，堪称精工之作。

95 第133窟 第十号造像碑 北魏

此碑高1.56、宽0.76、厚0.09米，正面雕刻佛传故事，是国内罕见的佛传造像碑，在第133窟内十八块碑刻中最为引人注目。整体布局分上中下三段，均以一龛居中，故事情节分列两侧。中段正中龛内交脚菩萨像，应是菩萨在忉利天发愿；左侧上层为乘象入胎，下层为降服诸魔外道；右侧上层为太子树下诞生以及太子步步生莲、九龙为之灌顶，下层为燃灯佛授记和布发掩泥两个情节。上段中间龛内释迦、多宝二佛并坐；左侧上层为菩萨思惟和阿育王施土，下层为释迦涅槃；右侧为太子在深山中为侨陈如等说法。下段龛内为一佛二菩萨说法，左侧上层为文殊菩萨问疾，右侧上层为鹿野苑初转法轮，下层屋形建筑下为四天王与双狮，又有二力士承托龛柱。全部人物故事均以高浮雕刻出，辅助以线刻，布局在规整对称之中追求灵活和变化，是不可多得的连环故事画像。它标志着中国古代石刻造像由汉代画像石传统发展而来所取得的高度艺术成就。

96 第133窟 第十一号造像碑 北魏

97 第133窟 第十一号造像碑（部分） 北魏

98 第133窟 第十一号造像碑（部分） 北魏

此碑顶部略残，高1.88、宽0.90、厚0.14米，布局分上中下三段。上段刻七佛三排。中段居中雕一较大的龛，龛内一佛二菩萨说法；两侧下各一小龛，龛上各一对飞天，以鲜花供养。右侧除飞天外尚有化生童子形象。在狭长的空间安排两身飞天逆向飞行，实属不易。古代匠师精心刻划了飘拂的衣裙和巾带，表现出飞翔的动势。飞天均回首向后，又造成了二者之间的呼应。这样的艺术处理可谓深得疏密、动静之妙。

99 第133窟 第十二号造像碑 北魏

100 第133窟 第十三号造像碑 北魏

二碑均为千佛造像碑。千佛形象虽小，在细部的处理上却一丝不苟，雕工谨细，装饰效果显著。此窟因保存众多碑刻，故又被习称为“碑洞”。

101　第133窟　第十六号造像碑　北魏

碑石高1.92、宽0.89、厚0.13米，上下可分四段。最上段居中上、下浅龛，上龛刻三坐佛，下龛刻五坐佛；两侧亦分上下二层，左侧上层为维摩与文殊，右侧上层为释迦多宝二佛，皆为对坐说法；两侧下层，左侧为一坐佛二菩萨，右侧一立佛为二弟子说法一铺。上起第三段居中为龛内三坐佛说法，主尊倚坐，龛外两侧各雕一踏蹲狮天王，上空各有飞天。此碑雕工精湛，造型完美，大至整体布局，小至轻柔的帷幔、摇曳的璎珞、犹如春波荡漾的悬裳衣纹，无不使人惊叹。现代著名雕塑家刘开渠先生认为，这是北朝时代最好的作品之一，“整个浮刻的高低是支配的如此之妙，不管光线从那边照过来，都让人像面对着一朵清晨中的玫瑰花”。

102　第138龛　坐佛　北魏

北魏晚期的圆券形小龛，虽龛内残破、壁画剥落，但主尊保存良好，仅双手残断、下半部彩绘已失。坐佛高0.67米，未经后代妆修，和悦的表情令人感到亲切。

103　第139窟　左壁　菩萨、力士　北魏

104　第139窟　内景　北魏

此窟位于西崖东侧中部，平面方形，平顶。全窟被香火熏黑，壁画皆已剥落。正壁塑一作说法相的结跏趺坐佛，高1.20米，着通肩袈裟，内穿僧祇支，佛头经后代重修。佛左右两侧弟子仅存右侧阿难，高0.80米，双手合十侍立。左壁塑一菩萨、一力士，右壁仅存一力士。菩萨高1.15米，束高髻，长裙、披帛，璎珞装饰富丽，虽略显厚重而仍有飘动感。力士高1.06米，造型姿态合乎北魏晚期以来的规范，动态稍大，面部表情生动。

105　第140窟　右壁前部　壁画　北魏

106　第140窟　正壁左侧　菩萨　北魏

107　第140窟　右壁前部　比丘尼（部分）　北魏

第140窟西侧与第139窟相邻，亦为方形平顶窟，正壁须弥座上塑一佛，结跏趺坐，说法相。两侧胁侍仅存左侧菩萨，高1.05米，造型与第139窟的相仿，然形象表现稍逊，显得呆板。左、右壁各塑一坐佛，皆作说法印，坐佛两侧二胁侍，里侧均为菩萨，外侧为弟子。左壁里侧菩萨位置被扰乱，现置于外侧。右壁外侧弟子高1.05米，螺髻高耸，着僧衣、僧履，据认为系比丘尼形象，造型端庄；推测原左壁前部弟子应为比丘形象。此窟已被熏黑，但右壁外侧上部的壁画仍引起观者的浓厚兴趣，所绘山川林木之间院落建筑，主体为一歇山顶屋舍，意境幽雅，界画精工，表明北魏山水建筑画已经取得了高度的成就。两壁里侧上部画供养人，左壁为男像，右壁为女像。窟顶中心画莲花，周围画飞天，有墨书题记“泾州龙兴寺僧”，似可反映当时麦积山与秦陇东西佛教活动交流的情况。

108　第142窟　正壁　北魏

109　第142窟　左壁　北魏

110　第142窟　右壁　北魏

这是麦积山造像内容最丰富的代表性洞窟，建于北魏晚期，位于西崖东侧，为第140窟，同层以东。窟室方形，平顶，以三世佛为主尊。正壁塑一佛二菩萨，坐佛为释迦说法相，高1.82米，面型长圆，颈细长，上身扁平贴壁，穿通肩大衣，悬裳覆座。佛、菩萨两侧各有五六层影塑，为佛、菩萨、弟子和供养人等。左壁塑一坐佛一弟子，佛高1.58米，为过去佛迦叶像。右壁一交脚菩萨和一弟子；交脚菩萨高1.60米，璎珞宝珠装饰华贵，天衣飞扬，巾带长垂，神采潇洒，应是未来世弥勒。左、右壁上亦各有影塑五六排。前壁右侧有力士一身，左侧力士已毁。

111　第142窟　右壁、正壁　比丘尼、菩萨　北魏

112　第142窟　正壁、左壁　菩萨、比丘　北魏

正壁坐佛两侧的胁侍为二菩萨、二弟子。二弟子虽塑在了左、右两侧壁的后部，但仍面向前壁，与正壁造像一致。左侧弟子高1.05米，光头，作青年比丘形象，动态自然，塑造手法写实。右侧弟子高1.05米，束螺髻，发披两肩，穿袈裟，双手捧钵于胸前，作比丘尼形象。

113　第142窟　正壁、右壁　象头山瑞像　北魏

114　第142窟　正壁、左壁　牛头山瑞像　北魏

此窟正、左、右壁均分上下五六层列置影塑，上二层壁面泥皮都已剥落，一般下数四层保存较好。影塑虽小却内容多样，形态异常生动，特别是正壁右侧的女供养人，挈领着幼儿，极富生活气息。更引人注目的是正壁左右两侧壁角（下数第四、五层），左侧有象头形，右侧有牛头形，经考证，实为瑞像。右侧的象头山瑞像，高0.55米。《俱舍光记》第十八：“羯阇尸利沙山，此云象头山，山顶和象头，故以名焉，在鹫峰山北可三五里”，是佛曾为龙鬼神说法处，象头顶已残，仍可见作出山峰形，立一鹫，俯视下方。象头左侧有一苦修罗汉。象鼻下塑一佛侧身而立，为一双手合十胡跪的弟子说法，弟子身后有一高髻盛装妇人。左侧牛头山瑞像。牛头山又名牛角山。《大唐西域记》卷十二：“王城西南廿余里，有瞿室𩜁迦山，唐言牛角，山峰两起，岩隒四绝，于崖谷间建一伽蓝，其中佛像时烛光明，昔如来曾至此处，为诸天、人略说法要，悬记此地当建国土，敬崇遗法，尊习大乘。牛角山岩有大石室，中有阿罗汉，入灭心定，待慈氏佛，数百年间，供养无替。”又，《法苑珠林》卷三十八：“都城（于阗）西南十余里，有瞿室𩜁迦山，此云牛角山，有寺，像现光明，佛曾游此，为天人说法。山岩石室有一罗汉，入灭心定，待弥勒佛”。两处记载大同小异。图中牛头上正中有一坐像。牛头右侧有一禅窟，中坐一苦修罗汉，左侧有二弟子跪坐听法。在牛头下有一身立佛，为数身僧、俗人物说法，或即“佛为诸天、人说法”。记载中提到“待弥勒佛”，恰好该窟右壁主像即弥勒菩萨交脚像。如上瑞像是以雕塑形式表现佛教史迹故事内容的较早实例。

115　第159窟　正壁、右壁　坐佛、菩萨　北魏

116　第159窟　右壁　菩萨　北魏

117　第159窟　正壁、左壁　影塑　北魏

118　第159窟　正壁右侧　交脚菩萨　北魏

位于西崖东侧，属于第139～142窟下面的一层，是一个小型窟，形制虽小却甚精致，彩绘鲜明。主像为一佛二菩萨。坐佛高0.92米。菩萨高0.90米，侍立于左、右壁，面带微笑。三壁造像两侧各上下三层影塑，各高约0.20米左右，正壁上层两则皆一立佛二菩萨；中层皆一菩萨二胁侍，左侧菩萨思惟，右侧交脚；下层皆为供养人；左右两壁上层两侧皆二坐佛，中层里侧二交脚佛，外侧二坐佛，下层亦为供养人。窟内未受烟熏，壁面地色洁白，塑像妆銮淡雅，影塑之间点缀碧绿的莲荷，格调清新，生机盎然。

119　第159窟　正壁右侧　供养人　北魏

正壁右侧下层四身影塑男供养人，第一身披袈裟，光头，提净瓶，为一僧人，题名"比丘僧果供养佛"；余三身头戴冠，穿襦袍，手捧供品，墨书题名"亡父李道生供养"、"亡兄阿舍供养佛"、"亡兄阿□供养"。右壁男供养人和左侧的女供养人亦都作"亡母"、"亡姨"、"亡侄"、"亡息"等，可见此窟是为已亡先辈追记功德而修。

120　第163窟　右壁　倚坐佛　北魏
121　第163窟　右壁　菩萨（部分）　北魏
122　第163窟　左壁　北魏

位于第159窟下方，窟内以三世佛为主尊，形制和布局略有麦积山早期洞窟的余意：正壁坐佛两侧上部开二小龛，龛内原塑交脚、思惟菩萨像，以下开二层小龛，内各塑释迦多宝二佛并坐像，胁侍二菩萨立像塑在左、右侧壁后部，通身背光；左右二壁前部各一主像，上部开小龛一排，分别为六龛或七龛；惟造像生动、秀美，已全然北魏晚期的意境。左壁主像为交脚弥勒菩萨，高1.33米，下身残。右壁主像为过去佛倚坐像，高1.35米。窟内虽已熏黑，但无损雕塑的魅力。二菩萨立像尤为俊美，高1.26米，发髻像花瓣，柔软的衣裙如当风轻扬，丰腴的面庞上露出甜美的微笑，造型清秀，比例匀称。

123　第98龛　立佛、菩萨（部分）　北魏
124　第98龛　立佛（部分）　北魏

这是西崖西侧上部的一铺摩崖大像，为石胎泥塑。佛高13.88米，作螺纹肉髻，面方额宽，神情庄严，着通肩袈裟，双足立于莲台上，匠师在佛的眉毛、上眼睑及唇上都刻出深而显的阴线，使观者自远处仰视能够看清五官的轮廓，这与敦煌莫高窟第130窟盛唐大佛的处理手法相类似。右胁侍菩萨头戴花蔓宝冠，面型稍圆，项饰长璎珞，右手捧宝珠，左手拈花。立佛与胁侍均已经后代重修。左侧菩萨久已毁坏，仅存石胎。过去，立佛和右胁侍泥皮破裂几脱离崖面，大有一触即毁之势，1981年保管所进行了抢救性维修复位。在维修中，发现屡次重修的泥皮多达四层。龛壁壁画大体属北朝画风，其右上被西魏第123窟打破，因知此龛初建较早。

125　第16龛　正壁　坐佛　北魏

此龛位于东崖西缘。麦积山建窟顺序基本上是自西而东，北魏窟龛多集中在西崖，现存东崖窟龛时代大都自西魏以后。此龛或可说明，在中部崖面崩坍之前，北魏的营建活动延展至此。此龛平顶方口，正壁坐佛说法像高1.50米，高肉髻，着宽大的通肩袈裟，悬裳披于须弥座上，刻出比较稀疏的阴线衣纹，露出的一只脚用浮雕手法塑成。佛左、右画出十弟子。两侧各开上下二小龛，均塑立佛。两侧壁塑菩萨立像各一，其上方各开二小龛，内塑禅定佛，龛侧影塑弟子、菩萨。龛外壁两侧影塑数层，仅存左侧二层，为禅定佛和交脚像。据此，或可认为此龛原是三壁开龛的窟；这里所说的外壁有可能是坍塌之后两个侧壁佛龛的残存部分。

126　第120窟　正壁　坐佛（部分）　北魏
127　第120窟　右壁后部　菩萨（部分）　北魏

方形平顶窟，窟内三壁各塑坐佛一身，两侧壁后部各塑菩萨一身，为正壁坐佛的胁侍，前壁门左、右各塑弟子一身。这是与西魏洞窟第127、123等窟邻近的小窟，因其主尊造型与西魏第102、44等窟坐佛造型甚为相似，一般看作是西魏窟。但是，此窟正壁曾被第127窟打破，故可肯定时间较第127窟为早期。第127窟当建于西魏早期，则此窟似可看作北魏末期窟。

128　第120窟　正壁右侧　供养人　北魏
129　第120窟　正壁左侧　供养人　北魏

正壁两侧北魏壁画供养人，画面均已漫漶不清，仅数则题名尚可辨认。右侧可见比丘尼和女供养人题名："比丘尼法静供养佛时"、"亡祖母□供养佛时"等。左侧比丘和男供养人题名，可见："比丘颜集供养佛时"、"比丘才嶷供养佛时"、"亡□比丘进度供养佛时"、"亡弟天水郡□□真供养佛时"、"亡□□督骁骧将军天水太守王宗供养佛时"、"……武兴镇将王胜□（供）□□□（时）"、"□叔假伏波将军□石县令王□供养佛时"等。其中"武兴镇"题名值得注意。据记载，武兴镇为北魏正始三年（公元506年）所置，同年改为东益州。此题名起首数字已漫漶，据并列题名起首都有"亡……"字样，可知系追记亡人的功德，此窟当为其后人所建。

130　第102窟　正壁　坐佛（部分）　西魏
131　第102窟　右壁　文殊（部分）　西魏
132　第102窟　正壁右侧　佛弟子（部分）　西魏
133　第102窟　正壁左侧　菩萨（部分）　西魏
134　第102窟　左壁　维摩诘　西魏

西魏文帝元宝炬笃信佛教，注意经营秦州。他出于政治原因不得不将其钟爱的皇后乙弗氏废黜为尼，并迁居秦州；同时将自己年幼的爱子武都王元戊封为秦州刺史，以慰藉其母乙弗氏忧戚的心情。这样的处置势必给西魏初年的麦积山石窟带来巨大的影响。麦积山自大统（公元535～552年）初年即已出现技艺高超的龛像，比北魏晚期有了明显的发展，来自西魏王朝的直接眷顾当然是对此起决定作用的因素之一。在西崖的上层，出现了一批精美的西魏窟。其中稍靠下的第102窟，高2.80、宽2.67、深2.77米，以精湛的技艺，表现了新颖的造像题材维摩变。窟形四方，四角攒兴顶，正壁塑坐佛，右侧存一弟子，二胁侍菩萨的位置都已被扰乱，据现有遗迹，应都在左、右壁后部。坐佛高1.50米，作涡纹高肉髻，形象清俊、温厚。其右侧弟子高1.20米，丰满圆润，袈裟滑落右肩，更衬托出青年弟子活泼的个性。图中胁侍菩萨，下身已残，优美娴静。左壁维摩诘，结跏趺坐，高 1.22 米，表现的是古印度毗耶离城精通佛法、机智善辩的居士；其双眼炯炯有神，审视对方，身躯壮健，精力充沛，是一个充满自信的胜利者的形象，俨然人间高士。右壁与之相对的是文殊菩萨，倚坐（座已毁），高 1.20 米，手执桃形物，低垂双目，神情文静，带着谦和的笑容，似乎正在倾听着居士的演讲，表现出宽广豁达的胸怀。在中国石窟中，虽然自十六国已开始出现维摩变的题材，但多限于壁画和浮雕，像这样以整窟造像作立体的组合，大约还是最早的例子。

135　第 123 窟　正壁　西魏
136　第 123 窟　右壁　西魏
137　第 123 窟　左壁　西魏
138　第 123 窟　右壁　文殊　西魏
139　第 123 窟　左壁　维摩诘　西魏

此窟位于西崖窟龛群的东上角，高 2.47、宽 2.40、深 2.42 米，建于西魏；凿建时打破了第 98 龛摩崖大像右侧上部的北魏壁画。窟内造像生动秀美，引起艺术家的广泛注意。同第 102 窟相同，此窟亦以维摩诘变为题材。正壁开一龛，龛内塑坐佛一身，为释迦牟尼佛说法相，龛外左、右各塑胁侍菩萨一身，菩萨清秀、苗条。左右两壁方形坛座上维摩诘居士和文殊师利菩萨均作结跏趺坐，对坐论辩，其里侧为释迦的二弟子，外侧为男女二侍者。维摩诘变是自魏晋以来历北朝、隋唐盛行不衰的重要佛教艺术题材，多用于绘画，文献中有东晋顾恺之在南京瓦棺寺首创维摩诘变的记载，有“清羸示病之容，隐几忘言之状”。炳灵寺石窟西秦壁画中有菩萨装的维摩诘卧病形象。云冈、龙门石窟则有规模可观的浮雕维摩诘变。麦积山石窟的这两个西魏维摩诘变造像窟呈现出不同的面貌。此窟左壁维摩诘高 1.22 米，头梳小髻，造型清瘦，宛如青年书生的形象，睿智机敏、从容安详，与第 102 窟坚毅果敢的壮年形象不同，更不同壁画和浮雕中通常所见病容的老者。文殊高 1.20 米，服饰华丽，表现出沉静无畏，潇洒大度的风范。

140　第 123 窟　右壁前部　侍者　西魏
141　第 123 窟　左壁前部　侍者　西魏
142　第 123 窟　右壁前部　侍者（部分）　西魏
143　第 123 窟　左壁前部　侍者（部分）　西魏

窟内前部两侧的一对少年侍者，到此观光的人们多称之为“童男”、“童女”。童男高 0.97 米，留海覆额，脑后垂一小辫，戴项圈，长袍袖手，足登毡靴。童女高 0.99 米，头顶梳双鬟髻，戴项圈，穿大袖襦，束长裙。二像均为当时民间的少数族装束，造型洗练、单纯，形象端丽、健美；除了对于佛的崇敬和虔诚，还表现出了他们的稚气和纯朴。雕塑匠师着力于刻划人物的面部，对于躯体和动态则作相对静止和简练的整体处理，从而突出了神情和内心世界的表现。这两件杰作的成就，令众多的现代雕塑家称羡不已。中国著名的美术评论家、美学家王朝闻先生在为本卷撰写的序言中，给予它们高度的评价。

144　第 43 窟　外景　西魏

这是一所位于东崖下部西侧的崖阁，外观作石雕三间四柱单檐庑殿顶的前檐，宽 6.65 米，柱作八角柱，柱高 2.70 米，柱头上方浮雕卷蔓连枝莲花宝珠图案，屋顶雕出筒瓦瓦垄，脊两端雕出鸱尾。檐内为进深 1.20 米的前廊，廊正壁中央开一圆拱楣大龛，平面半圆形，龛顶穹窿形，龛两侧上部各开一小耳龛，耳龛内外残存西魏彩画痕迹。大龛后壁可通一梯形平面的盝顶后室。目前，窟内造像均为宋代重塑，原造像俱已无存，仅留有壁上孔眼，为早期塑像安置骨架所用。建筑风格无疑属于元魏时代。西魏初年，柔然侵逼，文帝元宝炬不得已废黜情爱所钟的乙弗后，而娶柔然公主郁久闾氏，却仍对乙弗氏恩好不忘。由于郁久闾氏心怀猜忌，大统六年（公元 540 年）柔然举国南下，文帝被迫敕令徙居秦州的乙弗氏自尽，遂凿麦积崖为龛而葬。此窟建筑雕饰华美，结构精致，且有可封闭的盝顶后室，适于置放棺具，无疑即乙弗后所葬墓，当时号为寂陵。公元 552 年，乙弗后之子太子元钦登皇帝位，为母亲迁葬到长安永陵与文帝合葬一处。

145　第 30 窟　外景　西魏

此窟位于东崖下部的东侧，变为三间四柱单檐庑殿顶的崖阁，外观比第 43 窟粗壮质朴，前檐柱头上有桩眼，可推知为安置木构所用，则此窟窟檐实为石、木结合的建筑结构。八角柱后亦作前廊，廊正壁开并列三龛，现有造像均为后修，但当年应也是表现三佛的内容。

146　第 43 窟　窟内左侧　菩萨（部分）　宋
147　第 43 窟　窟内右侧　菩萨（部分）　宋
148　第 43 窟　窟壁左侧　供养菩萨　宋
149　第 43 窟　前部左侧　力士（部分）　宋
150　第 43 窟　前部右侧　力士（部分）　宋

窟内西魏造像无存，现存全部造像均为宋塑，布局亦与原状不同，后又经过明代重妆。正壁大龛内塑倚坐佛一身，背后龛壁上浮塑龙首背靠。背靠后露出二供养菩萨的上半身，龙首的造型亦颇生动。佛前两侧塑二胁侍菩萨，面相丰腴，衣褶富于装饰性，明代重妆的痕迹比较明显。前廊左、右的二身力士高大魁伟、孔武有力，凶猛的面相使人感到震慑的力量，是宋塑中十分优秀的作品。

151　第 127 窟　正壁　佛龛　西魏
154　第 127 窟　正壁龛内右侧　菩萨　西魏

这是一个十分引人注目的大窟，高 4.00、宽 8.00、深 4.00 米，同西魏第 123 窟一起位于西崖上部最高处，甬道较长。窟室平面横长方形，盝形顶，正壁和左、右壁各开一龛，四壁及整个窟顶满绘壁画。此窟开凿时打破了左邻建于北魏末西魏初的小窟第 120 窟的后壁，因可推断是西魏窟，窟内艺术风格亦属西魏大统年间的典型样式，绘塑精湛、修饰富丽。大统初年乙弗后、武都王在秦州的活动，或与此窟有关。正壁一龛内置石雕坐佛及二胁侍菩萨，是一铺精致的石刻说法图。坐佛高 1.69 米，高肉髻，面型略长，眉眼细，唇薄，穿通肩袈裟，结跏趺坐，右手扬掌作施无畏印，左手作与愿印，悬裳覆盖大半个须弥座。其嘴角微微上翘，略含笑意，神情庄重之中显得和悦、亲切。两侧胁侍菩萨，高 1.22 米，各束高髻，着僧祇支、天衣、披帛、长裙，璎珞严身，神情端庄、优雅，肌肤细腻、柔润。

152 第127窟 正壁龛内 佛项光（部分） 西魏
153 第127窟 正壁龛内 佛项光（部分） 西魏

特别值得称道的是石雕坐佛的背、项光，与造像同由一块完整的石料雕成，浮雕精美，同圆雕佛像相互衬映，和谐而完整。项光中央为一大朵复瓣莲花，围绕以曲蔓分枝莲花化忍冬，上部中间雕莲花化佛，左右两侧为相向而飞的伎乐天各六身，构成项光的外周装饰。左侧伎乐天，第一身所持物不明；第二、三身前后呼应，分别吹奏胡角和排箫；第四身弹阮咸；第五身所持亦不明；第六身与第一身相似，属于管乐中的笙、筚篥之类。右侧伎乐同左侧大体对称，第一身似吹奏横笛；第二、三身相对拍击钹、腰鼓；第四身打拍板；第五身弹筝；第六身持物不明。背光雕二弟子、二飞天、二供养菩萨和四供养人，相对静止的人物动态与项光上的飞天形成对比，具有生动欢快的装饰趣味。

155 第127窟 左壁龛内右侧 菩萨（部分） 西魏
156 第127窟 右壁龛内左侧 菩萨（部分） 西魏
158 第127窟 左壁龛内左侧 菩萨（部分） 西魏

左、右壁佛龛内的坐佛均经后代重塑，臃肿、呆滞，两侧的泥塑胁侍菩萨则代表着西魏雕塑匠师的高超技艺。它们的造型都属于秀骨清像的类型，高髻宝冠，服饰华丽，风姿绰约，笑靥可亲。右壁龛内二菩萨（高1.58米）和悦端庄，面部妆色已变黑。左壁二菩萨更好地体现了大统年间潇洒恣纵的艺术风格，其形成是进一步接受南朝文化影响的结果。作者丰富了北魏晚期生动活泼的表现方法，不仅仅简单地再现现实生活中的生动场景，而力求通过形象的内心刻划表现活生生的人物情感和精神境界，并强调对美的追求。右侧菩萨（高1.45米）宁静、谦和。左侧菩萨（高1.40米）则欢快、活跃。作者大胆地塑造了后者上身斜欹的动态，写实而又略带夸张地表现出恭请的姿势，极富生活情趣。

157 第127窟 正壁龛上右侧 涅槃经变(部分) 西魏
159 第127窟 正壁龛上左侧 涅槃经变(部分) 西魏

此窟壁画在麦积山艺术中占有突出的地位。最恢宏和最精美的壁画保存在这里，装饰了三个佛龛以外的全部壁面。作者以整个正壁的巨大规模绘制了涅槃经变。画面界隔成了上下两部分，下部又被佛龛分为左、右两部分。上部虽然剥落、残缺，但画面形象略微清晰些。其中间画一佛二菩萨，似为佛说《涅槃经》的场面；然后故事情节从左向右展开，左侧依次画释迦临终遗教；释迦仰卧在七宝床上，并为迦叶示现双足；人、天与巨禽、走兽来集，劝请释迦莫般涅槃；各国国王率众前来分舍利，对峙在恒河之滨。右侧，首先是各国人众为分舍利展开战斗的场面；右上为浓密的林木围绕着的荼毗所（火葬的处所），幡带飘扬，台上舍利瓶八个；荼毗所以下画众武士护持一轿，似为表现舍利的启运；又画诸国王面向一覆钵形塔礼敬有加，为起塔供养场面。下部画面，左、右两侧作对称的构图，均为车骑行进的场面，浩浩荡荡，旗幡飘飘，戟矛如林，虽形象漫漶，但大致可辨认出与押运舍利有关。全画气势磅礴，气韵生动，是全窟的主题。涅槃，意味着人生苦难的最终解脱，是佛教徒追求的最高境界，如果将它同大统年间乙弗后的死联系起来，则壁画上的悲剧气氛实在是具有社会现实意义的。

160 第127窟 左壁龛上 维摩诘经变 西魏

维摩诘变是中国佛教艺术史上常见的题材，但在北朝时期，像第127窟左壁上这样内容详备、画幅巨大，并以高度成熟的经变形式出现的壁画，尚属仅见。画面亦分为上下两部分。上部右侧方形宝帐之中坐维摩诘居士，左侧圆形宝盖下为戴宝冠的文殊菩萨，这是维摩诘变中通常所见的场面，为文殊师利问疾品。画面中间有一飘逸潇洒的天女，面对文殊身旁的人众；天女施法力散花以讪笑佛弟子，为观众生品。文殊一侧有前来听法的帝王，作中国皇帝的形象，由众多的宦官随侍、扈从；维摩一侧画各国王子，表现出不同民族人物的形象特征，为方便品。下部佛龛两侧所画故事情节均已漫漶，应都是《维摩诘经》诸品中的内容。画面人物形象和绘画技法具有典型的中国特色，天女的造型与传世《洛神赋图》临本十分相似，推想此图的出现当与东晋顾恺之一派画风的流布有密切的关系。

161 第127窟 右壁龛上 西方净土变 西魏

右壁画西方净土变，上部绘有楼阁、殿宇、树木、莲池等，人物多达一百余身。中间佛殿内画阿弥陀佛结跏趺坐于莲座之上，两侧侍立观世音菩萨、大势至菩萨，以及二十余身诸菩萨、弟子。殿前两组乐队，中间是一架建鼓。建鼓、乐队之间画宽袍大袖的舞蹈者，舞姿轻柔徐缓，显然是汉民族的古典舞。画面前部两侧为高耸的双阙和树林。众多的菩萨和比丘在树下徜徉。横隔于壁面上下之间的石绿色带状水面，即为西方净土的"七宝池"、"八功德水"，水中莲花绽开，水鸟嬉戏。图中线描如春蚕吐丝，技法成熟。这是我国现存西方净土变中的一幅具有特别重要意义的杰出作品。

162 第127窟 前壁门上右侧 七佛（部分） 西魏
163 第127窟 前壁门左侧 十善十恶（部分） 西魏

前壁画十善十恶图一铺。上部为七佛。七佛即七世佛，以横列七铺坐佛说法图构成，每铺主尊两侧均有二菩萨及供养菩萨、比丘、比丘尼。此处七佛系十善十恶图的主尊。下部门两侧画十善十恶，可惜都已被烟熏黑，所绘形象殊难辨识。门左侧画面稍见清晰。可看出图中有一所大院落，有殿堂和院门，或可认为是阎罗王殿。院落后面又有小院落，具装铠武士在门前巡行，楼阁内一人高卧，榜题："此人行十善得参道时"；屋顶上有人翘首以待；空中画飞天，榜题："诸天罗汉迎去时"。据《受十善戒经》，"若有毁犯十善戒者，堕大地狱经无量世受诸苦恼"；凡行十恶，每一恶业即有十种地狱施以制裁。门右侧熏黑更甚，仅可见少数榜题，如"此人生时……令人截臂地狱"等。地狱的名目还有黑暗、刀山等。画面表达了惩恶劝善的思想，诚如七佛通戒偈所云："诸恶莫作，众善奉行，自净其意，是诸佛教"。

164 第127窟 窟顶右披 萨埵太子本生(部分) 西魏
165 第127窟 窟顶左披 萨埵太子本生(部分) 西魏
166 第127窟 窟顶正披 本生故事（部分） 西魏
169 第127窟 窟顶右披 萨埵太子本生(部分) 西魏

摩诃萨埵太子舍身饲虎本生故事，是人们最熟悉的早期佛教艺术题材之一。作为壁画，敦煌莫高窟北魏、北周和隋代都有杰出的作品，此窟所绘则展现了西魏艺术的风采。壁画萨埵太子本生占据了此窟窟顶的左右二披。左披画一座大城，城内又有城，内城即大车国国王的宫城。外城城门有人马驰出，当系摩诃三太子出发游猎。画面下部有二骑飞速回城，为萨埵舍身饲虎之后，二兄迅疾返回报信。内城的宫殿里，王者居中，官吏、侍者分列两侧，有人跪于阶下禀报。大车国王听到噩耗，哀痛欲绝，立时晕倒，侍者们赶忙扶持救护。右披画一座大山，视觉的中心是山崖之下群虎汹汹，饥饿觅食的情状。山上画萨埵跳崖，另一太子拦阻不及。山脚下，国王闻讯后，率领众人已经赶到。两披画面基本包含了这一本生故事的全部主要情节，只因剥落、漫漶，未见最后起塔供养的场面。图中故事内容和环境景物密切结合，构图巧妙，描绘生动，具有强烈的悲剧气氛。正披利用长卷式的幅面，画了大规模的出行场面，自左至右有车三乘。第一车旌旗猎猎，呈疾驰状。第二车行进已缓，或竟已停下。第三车，乘者下车，似王者身份，在众人簇拥之下冉冉步行向前，有数人伫立迎候。此图的内容诸说纷纭，由于残损过甚而难以确认；联系整个窟顶的壁画布局来看，应该是某一本生故事。

167　第127窟　窟顶前披　睒子本生　西魏
170　第127窟　窟顶前披左侧　睒子本生(部分)　西魏
171　第127窟　窟顶前披左侧　睒子本生(部分)　西魏

睒子本生是北朝石窟壁画中另一脍炙人口的题材。此窟整个前披采用中国传统的长卷式构图绘睒子本生，大体可分为右、中、左三段。右段是故事的开始，画迦夷国王进山狩猎，场面盛大。高大华丽的车乘和浩浩荡荡的随从，寂静地守候在林中。与此形成对比的是随即展开的紧张、激烈、快速的追猎，画在前披的中段，其长度大大超出了左、右两段。道道条状的山峦犹如横向的格线，使一组组追逐形同竞赛，风驰电掣，惊心动魄，使平面、静止的披壁传达出强烈的运动感。故事的主要矛盾冲突集中在右段；在山林的环境里，紧凑地描绘了国王误射睒子，国王至盲父母所，父母因睒子遇难而大恸等复杂而连续的情节，以生动自然的戏剧性场面，给观众以感染。

168　第127窟　窟顶天井　帝释天　西魏

帝释天是忉利天即三十三天的统治者，为了表现其王者的尊贵身份，中国的佛教艺术中一般都借用传统神话东王公遨游太空的现成样式。帝释天乘坐龙车，张伞盖，车后飘扬着旌旗，前后众多的乘龙飞天围绕。前方一身足踏莲台在无数伎乐天围绕下飞行的天人，或许是另一种独特的帝释天妃形象，不同于敦煌乘凤车的西王母形式。画满整个天井的帝释天图，以无数飘带和流云造成满天飞腾的气势。

172　第135窟　左壁　佛龛　西魏

第135窟是西魏时期的另一个大窟，平面横长方形，平顶；就规模和内容布局而言，它同第127窟简直是一对姊妹窟。由于它位于西崖的最高处，所以至少从十世纪上半叶起，就已被称作“天堂洞”。据五代《玉堂闲话》，“自此室（指万菩萨堂，即第133窟）之上，更有一龛，谓之天堂。空中倚一独梯，攀缘而上，至此则万中无一人敢登者。于此下顾，其群山皆如培楼。王仁裕时独能登之，乃题诗于天堂西壁上曰：“蹑尽悬崖万仞梯，等闲身与白云齐。檐前下视群山小，堂上平分落日低。绝顶路危人少到，古岩松健鹤频栖。天边为要留名姓，拂石殷勤手自题。“此窟内满绘壁画，正、左、右壁各开一龛。北周时，又在正壁两侧各开一龛。龛内各塑一佛二菩萨。图为左壁佛龛，它与右壁和正壁中间龛一样，都是西魏原作。坐佛高1.37米，形体清瘦，右手作施无畏印，左手与愿印，为说法相；悬裳褶襞规律、自然，完全覆盖了佛座的正面。左、右胁侍菩萨各高1.22米，谦恭和霭，典雅从容；其质地厚重的服饰和人物造型，都显示出地方性的艺术特色。

173　第135窟　立佛、菩萨　西魏、宋

窟室中央偏左侧，置石雕立佛及二菩萨一铺。佛高2.20米，水波纹高肉髻，面型方圆，穿通肩大衣，内穿僧祇支，衣褶呈阶梯形，质感厚重，脚下踏莲台。这尊石像立体感、体积感都很强，造型美而沉稳。两侧的菩萨，头部均经宋代用泥补塑。

174　第135窟　倚坐佛（部分）　北周

正壁左侧龛内置北周塑倚坐佛，高0.85米。其肉髻低平、面相丰满圆润，双手自然地抚于胸前。匠师以极细腻的手法，塑出了生动自然的造型和肌肤柔软的质感，表现出敦厚、纯真的个性，以及内心的充实和喜悦。

175　第135窟　正壁中间龛上　涅槃经变(部分)　西魏
176　第135窟　正壁右侧龛上　涅槃经变(部分)　西魏
177　第135窟　正壁左侧龛上　涅槃经变(部分)　西魏

正壁画涅槃经变，构图与第127窟基本相同，只是未见临终遗教和七宝床上释迦涅槃等情节，而集中表现了涅槃之后由争舍利引起的一系列矛盾冲突。虽然画面残损严重，但仍可看出，正壁上部中间画佛说法一铺，有二菩萨胁侍。左侧画恒河，以及互相对峙的各国王子及其军队，依佛经所云为“四种兵”：象兵、马兵、车兵、步兵。下方画一辇车，似准备载舍利用。右侧画荼毗所，其方台上置舍利瓶八个；大部分幅面描绘争舍利的激烈战事，似以骑兵为主，披坚执锐，跃马冲锋，而步兵则各举盾牌抵御。壁面下部画护卫舍利的武士车骑行列，浩浩荡荡、左右对称。可惜的是两侧画面被北周二龛所打破。两所大窟的正壁均画以八王争舍利为主的涅槃经变，而第135窟更是几乎只表现了这一情节，看来不是偶然的。长期生活在战乱中的壁画匠师们，以他们深厚的体验成功地描绘了这些军队和战争的画面；同时，通过分舍利平息争端的圆满结局，也寄托着他们对于禳解战祸以及和平安定生活的强烈渴望。

178　第110窟　前壁门上、窟顶　壁画　西魏

此窟塑像全无，几成空窟，仅前壁和窟顶保存了珍贵的壁画。窟顶画莲花、忍冬等。前壁门两侧及右壁画供养人，虽然画面漫漶，但题名榜书尚有迹可循。前壁门上画说法图一铺，画面高0.60米，居中画一佛二菩萨。左、右菩萨题名分别为:“此是观世音菩萨”、“此是无尽意菩萨”。两侧各画比丘、比丘尼、优婆塞、优婆夷共四身。两侧上部绘飞天各一身、莲花化生一身。关于观世音和无尽意两位菩萨之间的关系，《妙法莲华经》卷八《观世音菩萨普门品》之说，即由无尽意菩萨向释迦佛发问观世音菩萨以何因缘名观世音而引起。据《普门品》，佛告无尽意菩萨观世音救济诸难，以三十三现身度众生，凡此种种限无好处。于是无尽意菩萨解项上宝珠璎珞供养观世音菩萨。作为一种推测，这幅壁画有可能是法华经变普门品的初级形式。画面流畅生动并具有装饰效果。

179　第 20 窟　外景

180　第 20 窟　正壁、左壁　坐佛、菩萨　西魏

181　第 20 窟　正壁　坐佛　西魏

此窟位于东崖西侧中部，窟前部和左壁坍毁，原状三壁各塑一佛。正壁坐佛说法相，高 1.28 米，两侧壁角塑胁侍菩萨各一身。左壁塑坐佛高 1.21 米。佛像俊美，是典型的西魏优秀作品。菩萨像露出作骨架的铁条，可略窥当时彩塑制作的情况。

182　第 44 窟　正壁　坐佛、菩萨　西魏

183　第 44 窟　正壁龛内　坐佛（部分）　西魏

184　第 44 窟　正壁右侧　菩萨（部分）　西魏

185　第 44 窟　左壁　佛弟子（部分）　西魏

此窟位于东崖西侧，在第 20 窟的下方。窟前部塌毁，仅存后部造像。正壁龛内塑坐佛一身，龛外左、右胁侍菩萨各一身，左右两壁后部弟子各一身。佛高 1.60 米，水涡纹高肉髻，内穿僧祇支，于胸前系结，外披通肩袈裟，结跏趺坐。肉髻、胸前、衣裙上残存彩绘痕迹。覆于佛座前的悬裳衣褶俱呈圆转的线条，质感厚重，层次分明，富有装饰的韵味。龛内右侧残存壁画供养菩萨，笔意潇洒，天衣飞动。龛外胁侍菩萨高 1.30 米，头戴冠，长发三缕成束披于肩上又垂至臂肘，袒上身，披巾绕肩，佩项饰，下身着裙，侧壁弟子高 1.07 米，左侧似为阿难像，双手合十，形象质朴。此窟主尊坐佛清俊典雅，集中体现了西魏造像的美。从较早的第 120、102 窟到第 20、44 窟，佛像造型几乎如出一辙，或可说明它们出自同一匠师的传派。

186　第 87 窟　右壁前部　佛弟子（部分）　西魏

此窟位于西崖上部，平面方形，平顶中央二层叠涩方井。三面开龛，龛均有尖拱龛楣，龛内各塑一说法坐佛。正壁龛外塑二胁侍菩萨，左、右壁龛外里侧（后部）塑菩萨，外侧（前部）塑弟子。右壁弟子迦叶像，高 0.94 米，深目、高鼻，俨然一位西域的老年得道高僧；手法简练、概括，大胆地夸张，而又十分真实、动人，亦是麦积山最杰出的作品之一。

187　第 88 窟　正壁左侧　菩萨（部分）　西魏

此窟方形平顶，正壁坐佛经北周重修；左、右壁前部各开一龛，龛内塑佛禅定像（亦经重修）；在布局上保留较多北魏的余绪。正壁两侧胁侍，仅存此左侧一身，头梳扇形双高髻，身材修长。

188　第 172 窟　正壁、左壁　坐佛、菩萨、佛弟子（部分）　西魏

此窟开在第 16 窟正下方，窟顶离第 16 窟窟底仅数厘米，几乎穿透。窟内三壁开龛各塑坐佛，但前部坍塌，右壁全毁，左壁残存半龛。图为全窟仅存的三身造像。正壁龛内坐佛高 0.80 米，两侧壁画二弟子。龛外左侧胁侍菩萨高 0.70 米。左壁龛外右侧侍立一弟子。造像面形方而略短，略呈上宽下窄的梯形。

189　第 132 龛　内景　西魏

这是西崖中部的一个摩崖龛，平面马蹄形，佛高 1.20 米，穿通肩大衣、僧祇支，造型清瘦。两侧菩萨高 1.05 米。龛壁原有影塑三排，现已残失殆尽。

190　第 146 龛　正壁龛内　坐佛（部分　西魏

191　第 146 龛　正壁右侧　菩萨　西魏

位于西崖中部，正壁龛内塑一坐佛说法，高 1.25 米，高肉髻，穿通肩大衣、僧祇支。龛外右侧胁侍菩萨一身，高 1.05 米，扇形发髻，上身微俯，似正低首聆听世尊的教诲。

192　第 147 龛　正壁　佛龛　西魏

西崖中部摩崖龛内，正壁开一圆券龛，龛内坐佛高 1.15 米，作说法相，面形和身躯均甚修长，覆于座前的悬裳衣褶显示出丰富的层次和非凡的韵律感。

193　第 92 窟　左壁　比丘尼　西魏

194　第 92 窟　右壁　比丘　西魏

这是位于西崖中部的方形平顶窟，前壁坍毁，正壁塑一坐佛说法。两侧壁后部，右壁为比丘形象的弟子一身，高 0.77 米；左壁胁侍，僧衣僧履，蓄发，发髻形状因残毁而不可知，或为菩萨，或为比丘尼形象的弟子，高 0.92 米。二像均手捧莲花供养，匠师通过其身躯的扭动，抬足、摆手，以及衣袖、裙裾的飘动，表现出人物的运动感。

195　第 162 窟　正壁、左壁　西魏

位于西崖中部，方形平顶窟，依正、左、右壁作高坛基，连接成马蹄形。三壁坛上各塑一坐佛，直接在坛上结跏趺坐，不另设佛座。正壁主尊作说法印，高 0.90 米，左右两壁佛皆以双手前后相叠于腹前作定印，高 0.85 米。这种在左、右侧壁通壁高坛基上列置坐佛的做法，已开北周形制的先河。佛两侧的胁侍菩萨均作影塑。

196　第 161 窟　正壁　坐佛（部分）　西魏

197　第 161 窟　左壁　佛弟子（部分）　西魏

198　第 161 窟　右壁　佛弟子（部分）　西魏

此窟在第 162 窟正上方，平面方形，平顶，正壁及左、右壁各塑坐佛一身。正壁佛高 1.05 米，高肉髻，面部略长，通肩袈裟，结跏趺坐，说法相；两则上部画供养比丘各三身，中部画庐中僧人禅定像各一身，下部画莲花火焰摩尼宝珠。点缀壁间的花草山石，烘托了静穆而又富有生趣的气氛。左、右壁里侧塑弟子各一身。右壁年轻弟子，质朴憨厚。左壁年长弟子，深目高鼻，为西域僧人形象；壁上画女供养人及侍者，下部画药叉。

199　第60龛　坐佛、菩萨　西魏、隋
200　第60龛　右侧　菩萨（部分）　隋
201　第60龛　左侧　菩萨　西魏
202　第60龛　坐佛（部分）　西魏、隋

此龛位于西崖西侧，因塑造精美，彩绘富丽，又是浅龛，宜于观赏，故备受游人瞩目。龛内正壁塑一佛，结跏趺坐，高1.23米，身躯为西魏原作，造型扁平，着通肩大衣，衣褶用阴刻线；头部经补塑，轮廓圆润，肉髻低平，补塑时间当在北周至隋代之间。左、右壁各塑一胁侍菩萨。左胁侍高1.06米，宽袍大袖，为西魏原作。右胁侍高1.04米，着天衣、僧祇支，折腰长裙，面形略方，是隋代的优秀作品。彩绘佛背光以火焰纹为主，项光外周饰莲花忍冬卷草纹，由于石青、石绿和红、黑等色相间配置，色泽浓郁、热烈，衬托出赋彩淡雅的塑像。

203　第54龛　坐佛（部分）　西魏、北周
204　第54龛　左侧　菩萨（部分）　西魏、北周

位于西崖西侧，距西崖栈道出入口不远，第60龛即在其上方，二龛情况相似。造像内容为一佛二弟子二菩萨。正壁坐佛高1.20米，头部为北周补塑，脸略短，肉髻低平，身体为西魏原作，通肩袈裟上彩绘田相纹。左壁胁侍菩萨高1.10米，体态修长；北周补塑的头部，戴花鬘宝冠，冠上饰莲花摩尼宝珠、忍冬花叶，浮塑手法简洁明快，宛若石雕。

205　第141窟　正壁　佛龛　北周
206　第141窟　正壁左侧　菩萨（部分）　北周
207　第141窟　右壁后部　佛龛　北周
208　第141窟　左壁后部　佛龛　北周

此窟位于西崖东侧上层，窟内平面方形，覆斗顶，天井浮塑莲花，梁、枋、脊檩均塑出，仿木构帐形。正壁开一大龛，尖拱龛楣，忍冬龛梁尾，龛柱为莲花宝珠柱头；龛内坐佛高1.45米，肉髻低平，面形浑圆，背、项光绘火焰纹、忍冬卷草纹、火焰宝珠纹及二供养比丘，以石绿色为主调。龛下部塑出须弥座正面，坐佛悬裳被覆其上，具有装饰效果。龛外两侧塑二胁侍菩萨。图中左胁侍高1.24米，戴束发冠，长发、天衣披肩，项饰华丽，面相丰满，体形颀长。左右两壁各开三龛，每龛内均塑一坐佛，与正壁主尊合为七佛的造像题材，唯两壁中间龛内造像已毁，且右壁中间龛后壁已被打透与第140窟相通，两侧龛内坐佛皆作定印。左壁里侧（后部）龛内佛高0.68米，右壁里侧（后部）龛内佛高0.79米。前壁已坍毁。

209　第45龛　坐佛、菩萨　北周

此龛圆券顶，前部坍毁，龛内原塑坐佛三身，主尊说法，左佛禅定，右佛已佚。主尊于方形须弥座上结跏趺坐，高1.40米，形体硕壮，悬裳短而褶纹对称。两侧二胁侍菩萨高1.17米，披帛与衣裙浑然一体，显然很讲究雕塑的整体造型。

210　第55龛　坐佛　北周

与第54龛相邻，为北周所建摩崖龛，圆券形顶，龛内塑一佛二菩萨。坐佛头部残失，残高1.26米，虽然残缺，但塑像仍具有很强的体积感。衣褶细密，富有流动感，使沉稳的整体造型兼有生动的韵律。坐佛左膝部残破处显示泥质坚硬如石，令人叹服古人制泥技术的高超。

211　第18龛　坐佛（部分）　北周

位于东崖西侧，圆券龛，龛内仅存一坐佛，高1.14米，比例匀称，形象端庄，兼有哲人的坚毅、睿智和女性的慈和，为北周造像的杰作。

212　第36窟　正壁左侧　菩萨　北周
213　第36窟　右壁后部　坐佛（部分）　北周、宋
214　第36窟　正壁右侧　菩萨（部分）　北周

此窟位于东崖中部，洞窟形制为最典型的北周样式，平面方形，四角攒尖窟顶，塑出柱、梁、枋、脊檩（帐柱、帐楣、帐杆），仿木构帐形，正壁开一龛，龛内塑坐佛说法，龛外两侧塑二菩萨，两侧壁通壁高坛基上列置坐佛各三身，均作定印，与正壁合为七佛。正壁坐佛经宋代重修，龛外二胁侍菩萨为北周原作，高1.20米，形体匀称、健美，跣足立于仰覆圆台之上，双臂动态自然，与整体造型浑然一体。右壁三身坐佛中，前部（外侧）一身已不存，余二身均系宋代重塑。图为后部（里侧）一身，凤眼小口，具有宋塑的造型特点。

215　第22窟　坐佛、佛弟子　北周
216　第22窟　正壁、左壁　佛弟子、菩萨(部分)　北周
217　第22窟　正壁龛内　坐佛(部分)　北周

此窟位于第18龛正下方，与北魏第23窟同层相邻，前部坍毁，现存进深甚浅，仅正壁龛及左侧胁侍。正壁圆券龛上火焰纹尖拱龛楣，龛内塑一坐佛，高1.62米，右手作施无畏印，左手作与愿印，背光外周火焰纹，其内左侧画一天女二比丘，右侧画二天女一菩萨。龛外左侧依龛沿立一弟子，高1.11米，头微微转向龛内，似作侧耳聆听状。左侧壁角立一胁侍菩萨，高1.19米。坐佛塑造细腻，弟子立意生动。壁画以白色为地，石绿、黑、土红三色造型，代表着北周艺术简洁明快的特点。

218　第62窟　正壁　北周
219　第62窟　左壁　北周
220　第62窟　右壁　北周
221　第62窟　正壁、左壁　菩萨　北周

此窟位于西崖中部，平面方形，四角攒尖顶，是麦积山现存北周洞窟中造像保存最好且未经后代重修的一个洞窟。正、左、右壁各开一圆券龛，龛内塑坐佛一身，龛外两侧胁侍菩萨各一身。前壁塑二弟子，窟外壁左侧塑一力士（右侧力士已失），全窟共保存塑像计十二身，正壁佛高0.92米，头微俯，双目低垂，结跏趺坐，作说法状。龛外左侧菩萨高1.15米，右侧菩萨高1.12米，均戴三珠宝冠，头发拢得很高，顶上再束小髻。左、右壁龛内坐佛皆作禅定，分别高0.89、0.90米。左壁左、右胁侍分别高1.12、1.11米。右壁左、右胁侍分别高1.12、1.06米。前壁门左、右弟子分别高0.94、0.92米。三对胁侍菩萨的宝冠和发髻形式各有不同。六身菩萨都具有统一的整体造型和灵活多变的细节塑造，其肌肉丰满、身段修长，既有北朝秀骨清像的余韵，又开隋唐丰满圆润之新风。

222　第3窟　千佛　北周

东崖的入口，首先是一条石阶廊道。这条斜廊长约14米，编号为第168窟，由此登上第3窟。第3窟是一条水平的廊，长37米，可分为十四间，廊顶凿出梁、檩、椽等仿木结构，成人字披形，廊后壁为石胎泥塑千佛上下二排，计96身，已被宋、明两代所重修。廊下又有千佛四排，计201身，系北周原作。廊上下合为摩崖千佛六排，共297身。千佛均结跏趺坐，肉髻的形式呈有规律的变化，各高约0.80米。出第3窟廊道可沿梯道上登第4窟，显然，这是一个工程浩大的整体布局。

223　第31窟　北周

这是一个屋形小龛，龛上塑出庑殿顶，龛内正壁影塑坐佛上下两排，每排五身。这种模制成一块块矩形的浮塑千佛，尺寸规整划一，是北周出现的新形式。坐佛大多作禅定印，坐双狮须弥座，袈裟和宝盖的样式有所变化。宝盖长垂璎珞、珠串、流苏，雕饰华丽。下排两端的坐佛双手抚于胸前，须弥座两侧各蹲坐一人，似金刚力士或药叉。龛左、右侧壁各浮塑上下二菩萨。

224　第4窟　前廊　北周
225　第4窟　廊左壁上部　维摩诘变龛　宋
226　第4窟　廊右壁上部　维摩诘变龛　宋
227　第4窟　廊左壁　力士　宋
228　第4窟　廊右壁　力士（部分）　宋
229　第4窟　廊正壁　天龙八部之一　北周
230　第4窟　廊正壁　天龙八部之一　北周
231　第4窟　廊正壁　天龙八部之一　北周
232　第4窟　廊正壁　天龙八部之一　北周
233　第4窟　廊正壁　天龙八部之一　北周

第4窟，习称散花楼、上七佛阁，位于东崖最高处，距崖底地面相对高度约80米，海拔高度1670米，是麦积山最高的洞窟，也是最大最精丽的一窟，为仿木构建筑的崖阁。前部为单檐庑殿顶窟廊，面阔七间，长31米，高达15米，东西两端仅存高近8米的巨大八角柱各一，可以想见当年廊檐完好无损时，廊前排列着八根巨型八角柱的壮观景象。这所崖阁，与千佛廊、石阶廊道合为一个整体，凌驾于东崖窟龛群之上，这样空前宏伟的建筑规模显然出自当时地位烜赫的上层人物。自西魏晚期，宇文导即为秦州刺史，他的政绩深得当地人士的称颂。宇文导与北周皇族宇文氏同出一支。北周建国，其子宇文广为秦州刺史，第二年进位大将军，第三年迁梁州都督并进封蔡国公。又过了三年（公元562年），宇文广再次出任秦州都督。公元568年，宇文广调任陕州都督，但未及视事即已病倒，仍返回秦州任职。公元570年宇文广又被加封豳国公，同年十一月逝于长安，周武帝尝前往吊唁，“素服亲临，百僚毕集”。武帝诏准将宇文广遗体归葬秦州，不久又以其子宇文亮为秦州总管。自西魏末直到公元574年北周武帝灭佛，秦州始终在宇文广家族统治之下，这个家族理当为当时麦积山石窟最大的功德主。庾信所撰《秦州天水郡麦积崖佛龛铭》述及为王父造七佛龛的大都督李允信（李充信）不过是宇文广的故吏。过去一般认为第4窟即李允信所造七佛龛，若据上述历史情况分析，恐怕不宜于贸然做这样的定论。廊正壁开凿帐形佛龛七个，两龛之间各浮塑护法天神，均作武士装束，当系天龙八部的形象。图版中的五身保存较完整，依次分别位于第二、第三号龛之间，第五、第六号龛之间，第七号龛与右侧壁角间，第一、第二号龛之间，第一号龛与左侧壁角间；虽经后代屡次妆修，仍显示出北周匠师高超的浮塑技法。廊左、右壁下部各塑一力士，上部各开一耳龛。左壁耳龛内塑维摩诘坐像，两侧胁侍弟子一身、天女三身。右壁耳龛内塑文殊菩萨倚坐像，胁侍菩萨一身、弟子三身。两龛遥相对望，表现维摩诘变，为宋代作品，经明代重修。左、右壁力士像各高达4.50米，半裸上身，腰束战裙，挥拳怒目，形象威猛，为宋塑杰作，亦不失唐代遗风。

234　第4窟　廊右侧顶部　北周
236　第4窟　廊右侧顶部　平棋　北周
237　第4窟　廊左侧顶部　平棋　北周

此窟前廊正壁诸龛上方都雕出帐的顶部和帐帷装饰。佛帐之上，画飞天各一组。廊顶作平棋，按现存残迹可知，原每间有六方，则七间总计平棋四十二方，每方之中画壁画。目前保存壁画的只有右端第七间的三方、第六间的二方和右端第二间的二方。由保存的画面过于零散和残破，其内容的考订十分困难；从总体来看，据认为是佛传故事。按学者们的推断，第二间的二方为“诸天普乘”，第七间画有庭院建筑的一方为“建三时殿”，有车骑场面的一方为“母子还宫”，这些说法都没有充足的根据。令人注意的是北周绘画艺术的成就。所谓“诸天普乘”中（图版237），飞天和圣众仅仅凭借人物的动势和周围飞逝的流云，已成功地表现出在天空飘浮、飞行的效果。所谓“母子还宫”一图（图版236），色泽鲜艳，中间的骑手乘红马，姿态从容、自如；骏马健步行进，更觉栩栩如生，富有神韵。所谓的“建三时殿”，中庭院、殿堂、廊庑建筑，以及另一方的城池楼阁建筑（图版236），都较好地运用了透视画法，具体而清晰地描绘了建筑结构和组合关系，是一千四百年前的优秀建筑画。

235　第4窟　廊正壁龛上　飞天　北周
238　第4窟　廊正壁龛上　飞天　北周
239　第4窟　廊正壁龛上　飞天　北周
240　第4窟　廊正壁龛上　飞天　北周
241　第4窟　廊正壁龛上　飞天　北周
242　第4窟　廊正壁龛上　飞天（部分）　北周
243　第4窟　廊正壁龛上　飞天（部分）　北周
244　第4窟　廊正壁龛上　飞天　北周

正壁第一至第七号龛上各画飞天一组。第一组伎乐天四身，分别吹笛、排箫、胡角，打腰鼓。第二组（图版241）飞天四身，散花供养。第三组（图版240）伎乐天四身，分别演奏横笛、笙、琴、阮咸。第四组（图版239）飞天残存三身，执香炉供养。第五组（图版238）伎乐天四身，吹胡角、陶埙、弹箜篌、击锣。第六组（图版235）四飞天托花盘散花供养。第七组（图版234）伎乐天四身，吹箫、弹琵琶、敲铃等。这些飞天中的五组，采用壁画与薄肉塑相结合的表现方式，即将飞天的脸面、四肢及身体其它肌肤裸露的部分用细泥浮塑而成，并将衣裙、飘带、冠饰及四周的流云、飞花等以壁画描绘。浮塑极薄，而立体效果毕具，使飞天形象脱壁欲出，令人叹为观止。每组画面约达 6 平方米。那些奏乐散花的飞天在高空翔舞，观者仰望，只觉仙乐袅袅、漫天花雨，自然心生遐想，散花楼之名当由此而起。

245　第 4 窟　第七号龛内正壁、右壁　坐佛、佛弟子、菩萨　隋、宋、明

246　第 4 窟　第六号龛内左壁　菩萨　隋、宋、明

247　第 4 窟　第六号龛内右壁　菩萨(部分)　隋、宋、明

廊正壁所开七佛龛，各龛形制相同，约 4.25 米见方，四角攒尖顶，同于北周时期各佛帐式洞窟。龛内正壁中间均塑一主尊坐佛，左、右二胁侍（除第三、五号龛内为二菩萨外，诸龛都塑二弟子）。左、右壁均为菩萨三尊立像。塑像大体都是在隋代像胎之上经宋代重修或重塑，又经明代妆修，壁间留下了不少明代妆彩贴金的题记。现有造像以第六号龛内数身菩萨较为精美。菩萨像高皆在 2.80 米左右，虽然服饰华丽，失在繁缛，但整体造型上仍可见出隋代简洁、明快、结实、有力的特点。三壁上部均有影塑千佛数层，现存数十身至一百余身不等，为北周原作。影塑形壮为矩形，与第 31 龛内的相同，可见是北周流行的制法，显然比元魏时期影塑更规整、更适合于建筑装饰。龛内壁画大都是明代重绘的。

248　第 9 窟　内景　北周、明、清

此窟位于千佛廊下，原亦为北周时期所建仿木构崖阁，现有木构廊檐为近代重修。廊长约 20 米，正壁开圆券大龛七个，每龛内塑坐佛一身、胁侍二身（除第四号龛为二弟子外，诸龛都塑二菩萨）。七佛造像题材在北周时盛行。此窟造像经历代重塑、重修，原作痕迹仅见于第三号龛内佛座上露出北周悬裳和数龛上依稀可辨的北周龛楣彩绘。此窟虽然被后代改动过大，原作几已殆尽，但它既正在第 4 窟总体建筑规划之下，规模颇可观，可以设想，其北周原构也会是相当宏伟壮丽的。它是麦积山仅有的两所七佛阁之一。庾信为之作铭、宇文广属吏李允信所建的七佛龛，或即此窟，这应是一种合理的推断。

249　第 48 窟　龛外右侧　力士（部分）　北周

250　第 48 窟　左侧龛内　菩萨　元

251　第 48 窟　两龛中间　力士(部分)　北周

此窟原为一对并列的双龛，建于北周。二龛都是穹窿顶，平面马蹄形。龛内塑像原作皆已无存，从壁面孔眼遗迹可知原各塑像五尊，可能是一佛二弟子二菩萨。现龛内都曾经过改造，塑出高大的须弥坛和通壁的光背，坛上起仰覆莲座，座上塑主尊坐像。右侧龛内佛像，结跏趺坐。图中为左侧龛内四臂菩萨坐像（观音），按造像风格似应为元代作品。龛上塑出尖拱形龛楣，两侧龛柱为莲花火焰宝珠柱头。两龛侧塑力士，尚存两龛之间一身，身 1.12 米；右龛外右侧一身，高 1.07 米；左龛外左侧一身残毁。二力士虽经后代重修，但未失原作精神。

252　第 26 窟　窟顶正披　涅槃经变（部分）　北周

253　第 26 窟　窟顶右披　涅槃经变（部分）　北周

254　第 26 窟　窟顶左披　涅槃经变（部分）　北周

255　第 26 窟　窟顶正披右侧　涅槃经变（部分）　北周

257　第 26 窟　窟顶正披左侧　涅槃经变（部分）　北周

这是东崖中部的一个典型的北周帐形窟，平面方形，四角攒尖顶，正壁开一龛，龛内塑一坐佛，龛外两侧二菩萨，左右两壁高坛基上各塑三坐佛。塑像都经过了宋代的重修，已不是北周的本来面貌。此窟修缮之后又曾坍塌，现状只保存了后半部，值得重视的是窟内上部的壁画原作。三壁上部画千佛二层。窟顶画涅槃经变，所存画面为正披和左、右披的各一半。正披宽 3.45 米，左侧画释迦牟尼临终前在林中为弟子说法；右侧画释迦于娑罗双树间在七宝床上入般涅槃，众弟子四周围绕举哀。一弟子抚摸佛的双足，是佛涅槃之后向弟子摩诃迦叶示现双足的情景。正披右下角所画棺具，是佛涅槃后殓入的金棺。左、右披残存部分可见成组的菩萨、弟子、诸天、善男信女及各国王子前来举哀，作最后的供养。右披破损处边缘残存须弥座形象，前有供案并仿佛有火焰形象，或为荼毗的内容，若此为塔座，则可能是表现起塔供养。

256　第 27 窟　窟顶正披　法华经变（部分）　北周

258　第 27 窟　窟顶左披　法华经变（部分）　北周

此窟为第 26 窟的左邻，同样为方形四角攒尖顶帐形窟，正壁龛内一佛、龛外二菩萨，左、右壁各三龛，龛内各塑一佛，亦为七佛题材，大小亦相仿佛，窟顶披上画经变，与第 26 窟犹如一对双窟。窟前部坍毁，右壁残存一龛，左壁残存二龛，窟顶尚存正披、左披的大半和右披的小半。正披宽 3.05 米，画摩揭陀国王舍城外东北耆阇崛山（灵鹫山）中释迦说《法华经》场面，众多菩萨、声闻、天龙八部及诸弟子、比丘、比丘尼、优婆塞、优婆夷等前来听法，聚集在周围，主尊为释迦、多宝并坐二佛。这属于《法华经·见宝塔品》中的内容，多宝佛为听《法华经》而坐多宝塔涌现其前，分半座请释迦入内并坐。释迦欣然入座，多宝塔遂上升虚空，接受万众赞颂礼拜，形成了法华会的高潮，象征着《法华经》的真实不虚、至高无上。画面右侧的一座城，或即为佛说法处的王舍城，一说为化城喻品。右披残存壁画赴会弟子、飞天。

259　第 94 龛　内景　隋

260　第 94 龛　右侧　菩萨、佛弟子　隋

261　第 94 龛　左侧　佛弟子、菩萨　隋

此龛位于西崖西侧，圆拱形龛口，穹窿顶，龛内塑一佛二弟子二菩萨。佛高 0.93 米，两手前后相叠作禅定印，结跏趺坐，悬裳甚短。二弟子俱作青年比丘形象。二菩萨披天衣、长璎珞。造像形体丰腴饱满。造像的手指柔软灵活，格外生动，表现出匠师高度的写实技巧。

262　第 67 龛　倚坐佛、菩萨　隋

263　第 67 龛　右侧　力士（部分）　隋

这是位于西侧中部的圆券顶龛，已残破，壁面泥层全部剥落，龛内现存主尊倚坐佛，左侧胁侍菩萨一身，右侧菩萨一身、力士一身。倚坐佛高 1.30 米，面形长圆，眉间白毫镶一颗绿玉宝珠，着右袒袈裟，内穿僧祇支。左侧菩萨高 1.00 米，头冠已毁。右侧力士高 0.92 米，肩宽体壮，圆睁大眼，面部塑造相当写实。攥拳于胸前的右手保存完好，表现出力士的孔武有力和勇猛果敢的个性。

264　第14窟　正壁、左壁　菩萨、力士　隋

265　第14窟　正壁左侧　菩萨（部分）　隋

此窟位于东崖中部，在摩崖大佛龛的西侧，平面方形，四角攒尖顶，属于典型的北周窟型。窟高3.30、宽3.80米，前部已坍毁，残深2.05米。正壁开一龛，龛内塑坐佛说法像，龛外两侧胁侍菩萨各一身，左壁后部塑一力士。窟内造像都经过隋代重修，龛沿残存龛楣忍冬尾和莲花宝珠柱头系北周原作。图中左胁侍菩萨高1.62米，造型丰满、健壮，倚壁而立，眼神中流露出亲切、慈和的微笑，宛如一位站立休息的劳动妇女。力士像高1.89米，造型结实、厚重，头大胸阔，双臂虽已断残，仍能显示出有力的动作，似为隋代重塑而成。

266　第13龛摩崖造像及周围窟龛

第13龛摩崖大佛一铺，位居麦积山东崖的中心，其左侧为千佛廊（第3窟）、石阶（第168窟）和中七佛阁（第9窟）等；其上方为上七佛阁（第4窟）和牛儿堂（第5窟）；其右侧上层为第14、15、16、172窟，下层为第27、26、25、156、21、20、19、18、22、23、24窟；其右下方以魏后墓（第43窟）为中心，有第33、35、36、37、44、45、46、48、49等窟；其下方有第12、30、31、32、34等窟。东崖的西缘，邻近崩塌的中部崖面，有少量北魏晚期窟龛；往东，有部分西魏窟龛，而大佛周围的大部分窟龛都建于北周和隋代。这一铺大像，主尊佛像高15米余，善跏趺坐，其规模大于北魏凿建的西崖第98龛。两侧胁侍菩萨身材比例较短，具有隋代造像结实敦厚、整体造型简洁明快的特点。三尊大像均经过历代多次重修，现根据造像所显示的艺术风格定为隋代造像，亦不排除有北周始建的可能性。

267　第12窟　正壁右侧　菩萨（部分）　隋

268　第12窟　正壁左侧　菩萨（部分）　隋

269　第12窟　前壁左侧　佛弟子（部分）　隋

270　第12窟　前壁右侧　佛弟子（部分）　隋

第12窟位于东崖中部，是第13龛摩崖大像左下方的一个小窟，平面方形，四角攒尖顶，正壁龛内塑一坐佛，龛外两侧二胁侍菩萨，左、右壁通壁宽高坛基上各塑坐佛三身，与正壁主尊合为七佛，前壁门两侧塑二弟子。此窟虽小，却极精致，造像保存完整；虽经明代妆彩，但都保持着原作风格。从洞窟形制、造像内容和艺术风格看，此窟与典型的北周样式并无二致，所以一般均将此窟看作北周窟；但是，造像技巧之纯熟、艺术表现之完美，也使人怀疑是隋代的作品。麦积山北周石窟艺术十分兴盛，隋代艺术是在北周基础上发展起来的；它继承和发展了北周造型的特点，又使艺术表现手法更为丰富和成熟。隋王朝统一了全国，实现了南、北方文化艺术的融合，从而为唐代艺术辉煌时期的到来拉开了序幕。此窟正壁二菩萨，双手托莲花，或捧净瓶，皆高1.06米。前壁二弟子，高0.94米，都是满怀虔敬、一心向佛的少年弟子，他们的俊秀儒雅和二菩萨的丰腴健美已足堪媲美唐代彩塑的风采。

271　第37龛　右侧　菩萨（部分）　隋

此龛位于东崖北周第36窟右侧，圆券顶，龛内仅存主尊倚坐佛和右胁侍菩萨。菩萨高1.86米，形体修长，双手自然地交叉于胸际，姿态优美，表现手法简练、写实，是麦积山隋代造像的精品。

272　第24窟　右侧　菩萨（部分）　隋

273　第24窟　左侧　菩萨（部分）　隋

274　第24窟　右侧　佛弟子（部分）　隋

这是东崖西侧的一个马蹄形穹窿顶窟，为北魏第23窟的左邻。窟前部坍毁，现存造像为一坐佛，左侧立一菩萨，右侧立一弟子一菩萨，布局不相对称。造像均写实，头冠及手指残破处露出截面方形的铁条骨架，作为研究泥塑制作的方法，尤足珍贵。菩萨像各高1.64米。

275　第160窟　右壁　供养人　隋

276　第160窟　窟顶右侧　飞天　隋

麦积山崖面经十六国、北朝各代开凿，窟龛分布已密如蜂房，隋代以降，新开洞窟寥寥，大都利用旧有洞窟进行妆修，或者改绘、重塑。隋代遗迹已经不多，壁画则更为稀少。在西崖东部的第160窟中，造像悉数残毁无存，精美的壁画引人注目，其底层有北魏画，表层据认为是隋代重修时的作品。此窟为方形平顶窟，却用壁画手段在平顶上摹拟了四角攒尖顶的帐形结构，确是十分别致的做法。隋代飞天以飘逸、灵动、快速见长；此窟顶部飞天，凭藉着飞扬的衣袖、裙裾和巾带，恰好体现了这样的特点。窟顶底层原作画大莲花。右壁保存着多组女供养人画像，均着交领衣，束长裙，穿高头履。其题名可见:“姜氏妹小晖□□供养佛时”、“妹小□持花供养”、“妹□晖持花供养佛时”，等等。由画面可看出底层项光、花卉等早期画迹。

277　第5窟　外景　隋、唐

278　第5窟　廊正壁左侧　摩醯首罗天　隋、明

279　第5窟　廊正壁右侧　佛龛　隋、明

在崖面中部了无余裕的情况下，隋代在崖面最高处与北周第4窟相邻开凿了又一所宏伟壮观的大窟，亦是仿木构建筑的崖阁；三间四柱，前檐已坍毁，窟前部为廊，宽15.9米、高11米，正壁开三龛。中间一龛较大，为平面马蹄形穹窿顶深龛，内塑一坐佛二弟子四菩萨。龛外左侧一立像，戴宝冠，披甲，髭髯贲张，立牛背上。右侧对称的造像已不存。过去此像多被称作天王或牛王，其实应即摩醯首罗天，或名大自在天。在云冈石窟北魏第8窟门道左侧和敦煌莫高窟西魏第285窟正壁中间龛外左侧均有此乘牛天神的形象。其对侧是乘金翅鸟的毗瑟纽天，即那罗延天。此像高4.50米，比例匀称，英姿勃勃而又从容安详，犹如中国西北地区少数族武士的形象，隋代塑成之后，大约经过唐、宋、明屡次重修。由于对侧天神像早已残失（至迟毁于唐开元年间大地震），人们依据摩醯首罗天足下卧牛，亲切地称此窟为“金蹄银角犊儿”，后来便径呼之为“牛儿堂”。牛是古代人民劳动生活中的亲密伴侣，匠师在塑造卧牛时，显然倾注了深厚的感情，使这一动物形象始终受到观者和游客的喜爱。正壁两侧圆券形浅龛内各塑一坐佛二菩萨，均造型饱满厚重，虽经重妆，仍较好地保存着隋塑的特点。佛像高3.20米，现存龛内彩绘均为明人所作。

280　第 5 窟　廊正壁右侧　龛楣及龛上壁画　唐
281　第 5 窟　廊右侧顶部　平棋　唐
282　第 5 窟　廊正壁右侧龛上　西方净土变、供养人（部分）　唐
283　第 5 窟　廊正壁右侧龛上　供养人（部分）　唐

此窟工程浩大，终隋之世，迄未完工，看来是由唐代补作完成的。大抵隋代塑成造像，未及画壁。现存壁画除明代改绘者外，原作均为初唐作品，主要保存在正壁右侧和残存的右壁上。正壁右侧龛楣画宝珠火焰纹，其中间被明代用白粉覆盖作成题榜，但并未书题。龛楣上方画西方净土变一铺，是为初唐构图完整的大型阿弥陀经变，大约 4.5 米宽、2.25 米高，阿弥陀佛于佛帐前结跏趺坐，居于画面中心，上有花团锦簇的宝盖，下坐束腰莲座，观世音、大势至二大菩萨胁侍两侧，左、右平台上聚集着众多菩萨，围绕着七宝莲池。远处两侧各有廊榭重阁相对，中间以八功德水相隔，其上架设桥梁以通往来。廊阁之中，到处是听法的会众。经变下方、龛楣两侧，画供养人行列，右侧为男供养人一排，左侧为女供养人三排，均着宽袍大袖，拱手而立，衣裾由仆婢在身后提携。此处壁画，在麦积山展现了金碧辉煌的唐画风采，聊补罕见唐塑的遗憾。廊顶平棋形式与第 4 窟相仿，亦为每间六方，总计应有十八方，但现存壁画仅右侧后部一方，画一奔马、一驰象，其左右簇拥着散花的飞天，前方有三摩尼宝珠。所绘可能是佛传故事中的犍陟马及象王。据佛经，犍陟马系悉达多太子坐骑，太子乘之逾城出家；太子诞生，同日生犍陟马、象王。

284　第 165 窟　正壁、左壁　菩萨、侍者　宋
285　第 165 窟　右壁、正壁　菩萨、侍者　宋
286　第 165 窟　右壁　菩萨（部分）　宋
287　第 165 窟　左壁　菩萨（部分）　宋
288　第 165 窟　正壁右侧　侍者（部分）　宋
289　第 165 窟　正壁左侧　侍者（部分）　宋

麦积山石窟自隋以后趋于冷落，特别是经过唐开元二十二年（公元 734 年）秦州大地震，山崖大面积崩塌，寺院倾圮，僧人星散。乾元二年（公元 759 年）大诗人杜甫来到秦州时，见到的是“野寺残僧少”的荒芜景象。此后，五代虽有王仁裕等到此，无非涉险登临、游览尽兴而已。直到北宋，才对麦积山进行了较大规模的修缮；不仅李师中、赵瞻、蒋子奇、游师雄、吕大忠等人在此赋诗题辞，而且相当多的窟龛中都留下了宋人重修的遗迹。此窟建于第 78 窟正上方，原来应也是麦积山最早的洞窟之一，原作造像应是一交脚菩萨二弟子二菩萨。现存造像俱为北宋重塑。原正壁交脚菩萨束帛座上，宋塑一菩萨坐像，高 3.28 米，两侧塑侍者各一身，高 2.18 米。左、右壁各塑一菩萨立像。左侧菩萨披风帽，高 2.49 米，右侧菩萨梳锥型发髻，高 2.45 米。全窟造像内容应与观世音菩萨有关。菩萨、侍者，都是宋塑精品。鹅蛋形的脸上，斜挑向上的细眼、长眉，小巧的嘴，均属宋代造像的典型特征。侍者头上以极细的阴线刻出发丝，其形象有如世间虔信而又骄矜的上层妇女，尤具有很强的写实性。左壁菩萨背光上墨书：“维大宋庆元丙辰四月初八日”，当是重修之后南宋人留下的题记。

290　第 191 龛　龛外右侧　交脚菩萨　宋
291　第 191 龛　龛外左侧　交脚菩萨　宋
292　第 191 龛　龛内　坐佛（部分）　宋
293　第 191 龛　龛内右侧　佛弟子（部分）　宋
294　第 191 龛　龛下　迦楼罗（部分）　宋
295　第 191 龛　龛下左侧　狮子　宋

位于西崖西侧入口处上方，为摩崖造像一铺，高约 3 米，宽约 4.33 米。上部居中开一龛，龛内塑倚坐佛一身，其右侧塑弟子一身，左侧残失。龛外两侧悬塑交脚菩萨各一身。龛下塑迦楼罗，上身似从大莲花中生出，双手承托佛龛，双翅向左、右伸展，化作莲花枝叶，翼端莲花成为承托龛侧交脚菩萨的莲台。迦楼罗，即金翅鸟，为八部天之一，据《法华文句》：其“翅翮金色，居四天下大树上，两翅相去三百三十六万里”，在佛教艺术中往往被人格化而变成了人首鸟翼的形象。这一身迦楼罗，两眼圆睁，毛发卷曲，似西域胡人形象。在迦楼罗下方，塑造了两头雄狮，形貌和塑造手法各异，十分生动。佛教习惯以狮子的勇猛无畏来比喻佛法的威力。龛外两侧的交脚菩萨均甚修长，但人们从崖下仰观时，由于透视的作用，并无不协调的感觉。

296　第 35 窟　正壁龛内　坐佛　元

此窟较小，位于东崖第 36 窟左侧，亦为方形四角攒尖顶窟，原系北周开窟，现存正壁龛内坐佛，面形圆而短，头顶作螺纹肉髻，坐下莲台及莲花宝珠背靠装饰，种种皆属密宗造像风格。麦积山石窟经北宋修缮之后，南宋建炎、绍兴年间，秦州为金人所有，麦积山虽然地处宋军所辖地界，但经常被于战祸，加之山寺田产多受占夺，寺僧大部逃散外方，几再次濒于荒芜，直到明代，修葺之举方又兴起。现存数处后修造像，颇似元代风格，或可说明在麦积山石窟，元代近百年中亦并非毫无建树。此窟内已全部熏黑，壁画无存，造像仅此一身。

297　第 25 窟　菩萨（部分）　明

图为东崖西侧的一个大龛，龛内现存塑像一尊，为明代所作，系观世音菩萨坐像，高逾 3.50 米。宝冠上塑出宝珠、化佛，缯带垂于双肩，胸前佩璎珞珠串，衣裙纹饰沥粉堆金，装饰华丽。龛壁背、项光亦为明代所绘。须弥座左面现存明天启七年（公元 1627 年）妆贴彩画匠人侯尽兄弟及僧人惠莲、惠省、本羊等墨书题记。

298　第 1 窟　释迦涅槃（部分）　明

此窟位于东崖最东端，为三间四柱崖阁，早期建于元魏。窟内横长方形，平顶，正壁起通壁宽佛坛，坛上塑卧佛一身，长 6.30 米，右胁而卧，为释迦牟尼入般涅槃的形象。身后塑十大弟子举哀。造像经历代重修，已非原貌；卧佛似仍为原胎，现状略显唐风，众弟子则皆为明塑形象。足端坐一供养人，身着明代官服，是明代妆修施主的供养像。十大弟子，表情各异，显示出不同的个性和修养，尽管塑造上不免俗恶之处，仍有数身感人之作。

第 128 窟实测图

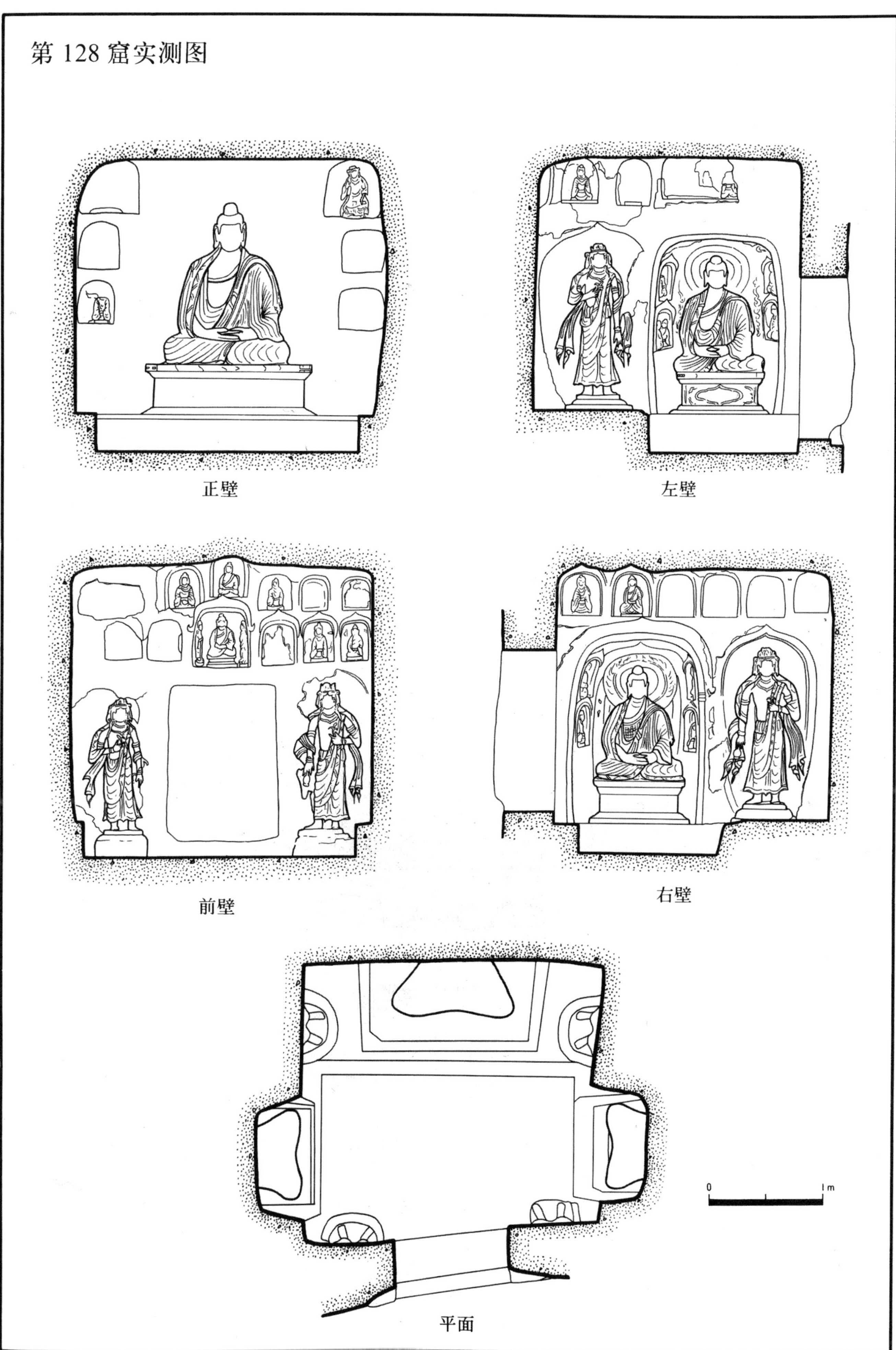

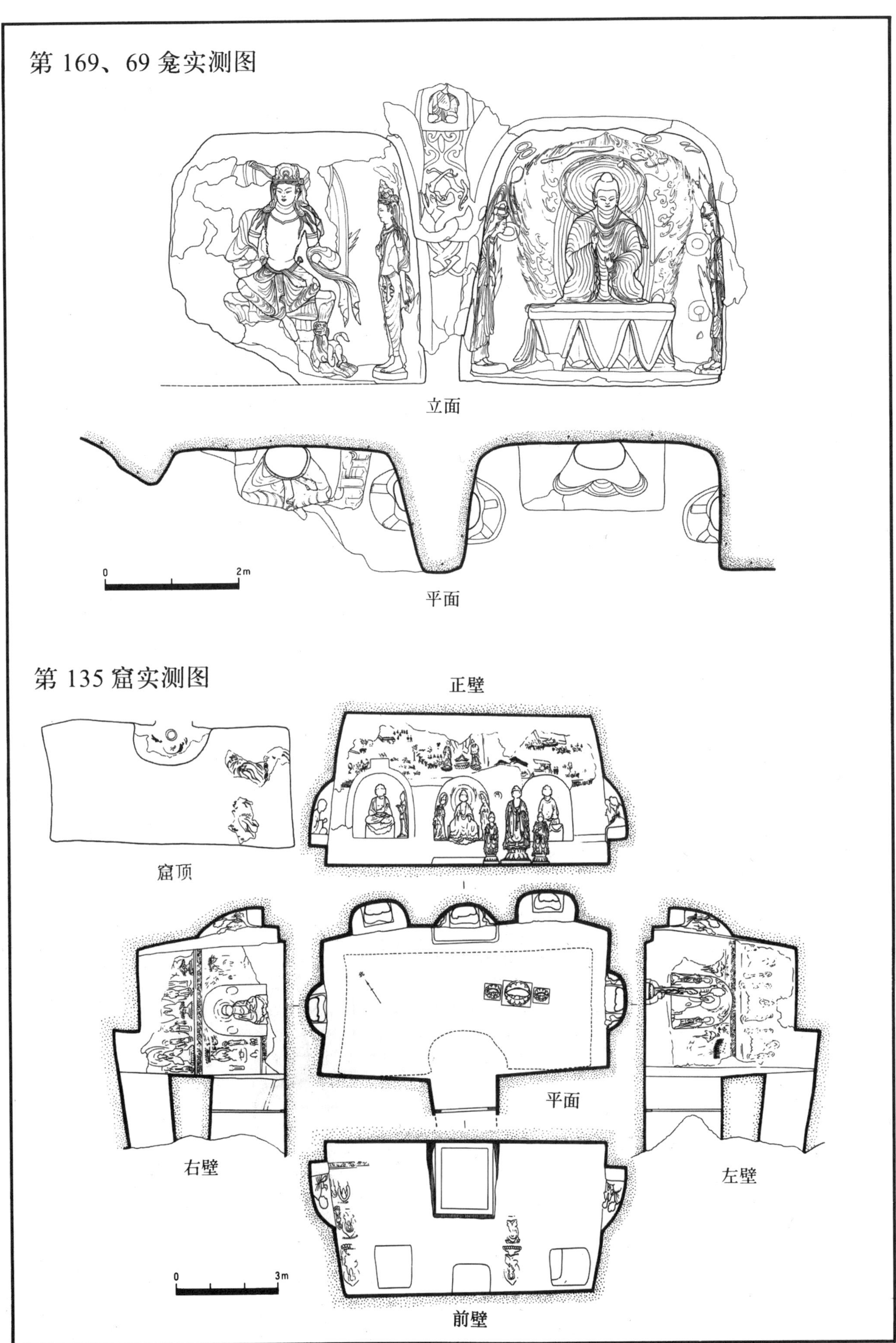
第 169、69 龛实测图
立面
0
2m
平面
第 135 窟实测图
正壁
窟顶
平面
右壁
左壁
0
3m
前壁

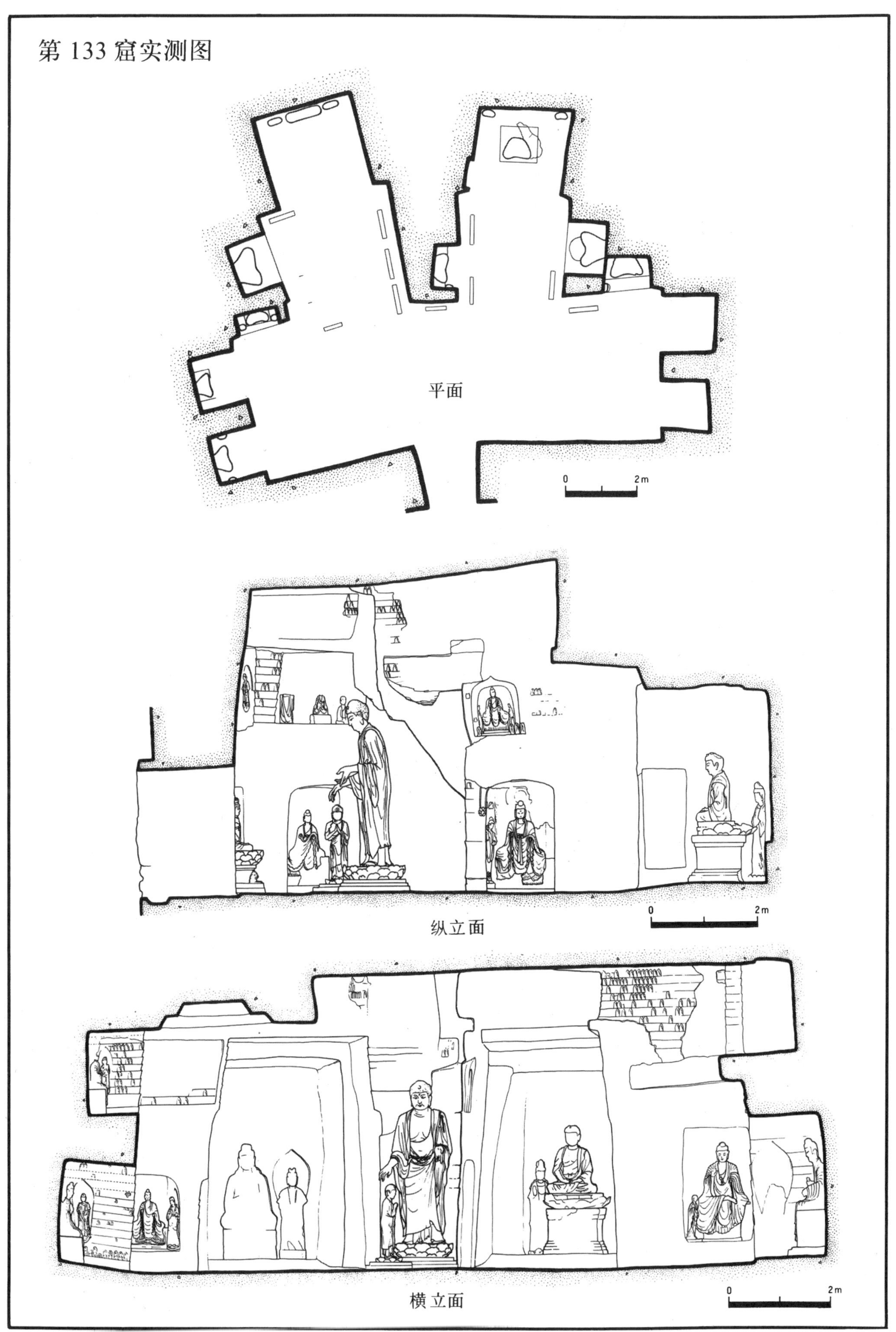
第133窟实测图
平面
0
2m
纵立面
0
2m
横立面
0
2m

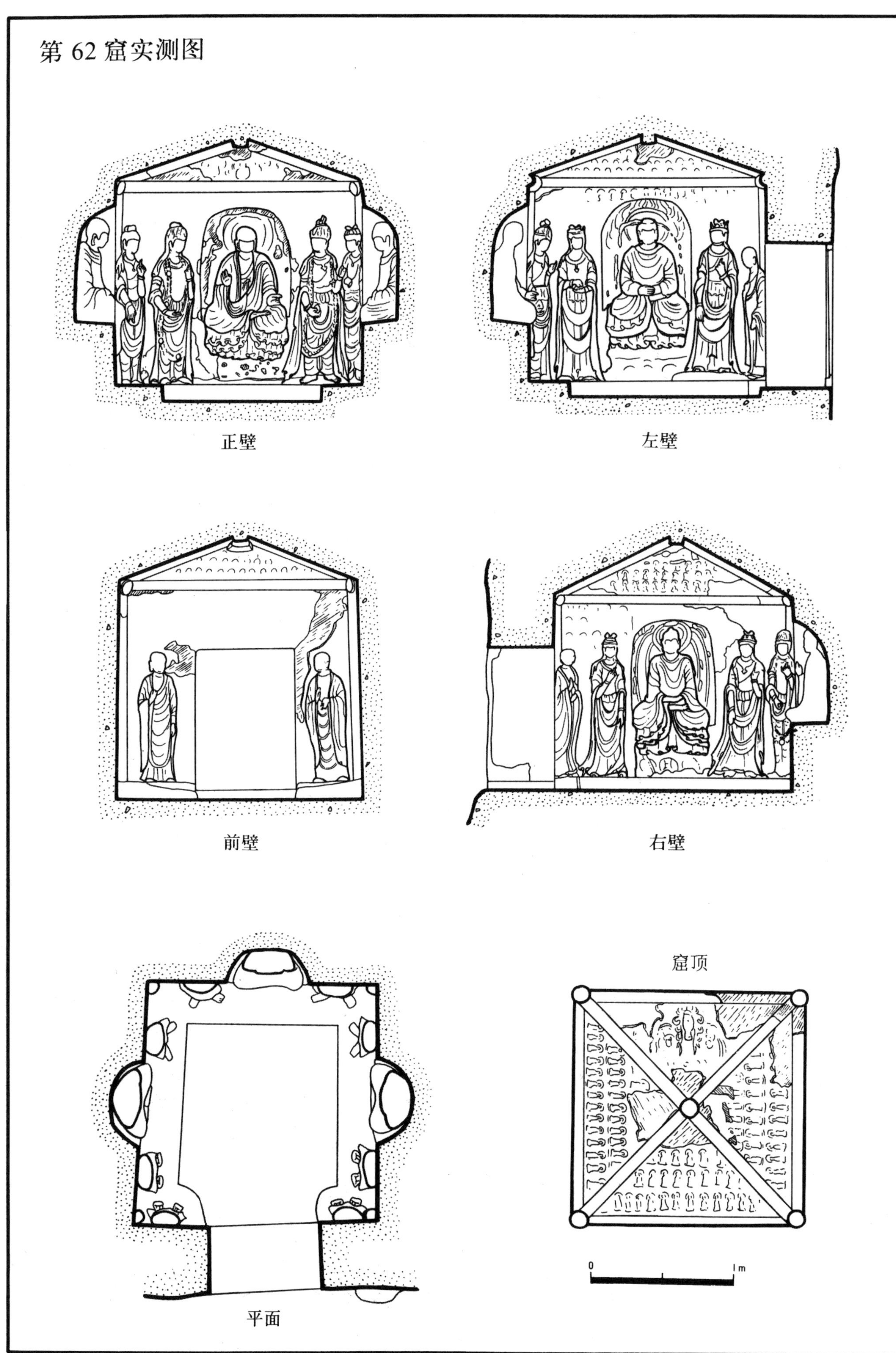
第 62 窟实测图
正壁
左壁
前壁
右壁
窟顶
平面
0
1m

天水麦积山大事年表

黄文昆　何静珍编

公元前 10～9 世纪	西周	周孝王		昔伯翳[1]为舜主畜，故有土，赐姓嬴。周孝王分土为附庸，邑之秦，号曰秦嬴。按秦，即秦亭，在今甘肃省天水县东南。麦积山西，有秦亭山。（《史记》卷五《秦本纪》、《十三州志》、《括地志》、《直隶秦州新志》卷二[2]）
公元前 688 年	东周	周庄王九年	癸巳	秦武公十年，伐邽、冀戎[3]，初县之。（《史记》卷五《秦本纪》）
公元前 221 年	秦	秦始皇二十六年	庚辰	秦并天下，分三十六郡。上邽县属陇西郡。（《史记》卷六《秦始皇本纪》、《汉书》卷二十八《地理志》）
公元前 114 年	西汉	元鼎三年	丁卯	置天水郡。（《汉书》卷二十八《地理志》）
公元 9 年	新	始建国元年	己巳	王莽称帝，郡县尽易其名，陇西郡曰厌戎，天水郡曰镇戎。（《汉书》卷二十八《地理志》、《资治通鉴》卷三十七）
公元 23 年	淮阳王刘玄	更始元年	癸未	天水郡成纪隗崔、隗义，上邽杨广，冀人周宗同起兵应汉，推崔兄子嚣为上将军。（《后汉书》卷十三《隗嚣公孙述列传》、《资治通鉴》卷三十九）
公元 25 年	东汉	建武元年	乙酉	隗嚣自长安复归天水，招聚其众，自称西州上将军，曾于城北寿山建宫室[4]。（《后汉书》卷十三《隗嚣公孙述列传》）
公元 74 年	东汉	永平十七年	甲戌	天水更名汉阳郡，领冀、望恒、阿阳、略阳、勇士、成纪、陇、獂道、兰干、平襄、显亲、上邽、西等十三县[5]。（《后汉书》志第二十三《郡国》）
公元 213 年	东汉	建安十八年	癸巳	复《禹贡》九州，自三辅距西域皆属雍州。（《后汉书》卷九《孝献帝纪》、《晋书》卷十四《地理志》）
公元 220 年	魏	黄初元年	庚子	魏文帝曹丕即位，分河西为凉州，分陇右为秦州。（《三国志》卷二《魏书·文帝纪》、《晋书》卷十四《地理志》）
公元 228 年	魏	太和二年	戊申	蜀相诸葛亮攻魏天水、南安、安定三郡。魏将张郃破蜀军于街亭。时汉阳已复为天水郡。（《三国志》卷三《魏书·明帝纪》、《晋书》卷十四《地理志》）
公元 269 年	西晋	泰始五年	己丑	以雍州陇右五郡及凉州之金城、梁州之阴平，合七郡置秦州，镇冀城。（《晋书》卷三《武帝纪》、卷十四《地理志》）
公元 282 年	西晋	太康三年	壬寅	罢秦州，并雍州。（《晋书》卷三《武帝纪》、卷十四《地理志》）
公元 297 年[6]	西晋	元康七年	丁巳	复立秦州，镇上邽，统郡六[7]、县二十四。（《晋书》卷十四《地理志》、《宋书》卷三十七《州郡志》、《南齐书》卷十五《州郡志》）
公元 317 年	西晋	建兴五年	丁丑	去年，西晋愍帝司马邺降于刘曜。是年三月琅邪王司马睿即帝位，为晋元帝，改元建武，史称东晋。麦积山瑞应寺始自东晋起迹，敕赐无忧王寺，给田供赡[8]。又，东晋麦积山名为太石崖[9]。（《晋书》卷五《孝愍帝纪》、卷六《元帝纪》）
公元 319 年	东晋	太兴二年	己卯	南阳王司马保于上邽自称晋王，改元建康，以张寔为征西大将军。陈安自称秦州刺史，降于前赵刘曜。（《晋书》卷六《元帝纪》、卷三十七《南阳王保传》，《资治通鉴》卷九十一）
公元 320 年	东晋	太兴三年	庚辰	晋王保为刘曜所逼，迁于桑城，为部将张春所害。陈安攻灭张春，据上邽。（《晋书》卷六《元帝纪》）
公元 322 年	东晋	永昌元年	壬午	二月，陈安击刘曜，自称大都督、大将军、雍凉秦梁四州牧、凉王，陇上氐、羌皆附于安。十二月，张茂使将军韩璞帅众取陇西、南

				安之地，以置秦州。明年，前赵刘曜自陇上西击凉州，张茂遣使称藩，曜拜茂侍中都督凉、南、北秦、梁、益、巴、汉、陇右、西域杂夷、匈奴诸军事，封凉王。再明年，张茂卒，世子骏立。张骏分狄道郡属凉州，又以狄道县立武始郡。（《晋书》卷十四《地理志》、卷八十六《张轨传》，《资治通鉴》卷九十二）
公元 326 年	东晋	咸和元年	丙戌	张骏畏赵人之逼，徙陇西、南安民二千余家于姑臧。明年张骏遣将与赵战于秦州，赵南阳王刘胤将兵击之，陷令居，入振武，河西大震，骏遂失河南之地。（《晋书》卷八十六《张轨传》、《资治通鉴》卷九十三）
公元 329 年	前赵	光初十二年	己丑	后赵石虎攻灭前赵，屠上邽。（《晋书》卷七《成帝纪》、《资治通鉴》卷九十四）
公元 349 年	后赵	太宁元年	己酉	正月，后赵主石虎即皇帝位。四月，虎卒，太子世立。五月，石遵废世而立。十一月，石鉴弑遵而自立。秦雍流民相率西归，推蒲洪为主，众十余万，逼鉴。（《晋书》卷八《穆帝纪》、《资治通鉴》卷九十八）
公元 350 年	东晋	永和六年	庚戌	闰月，鉴被弑。晋封蒲洪为氐王。洪自称三秦王，改姓苻氏。三月，洪遇酖而卒，子苻健立。八月，健率师入关，十一月入长安，献捷于晋，秦雍夷夏皆附之。赵凉州刺史石宁独据上邽，十二月，苻雄击斩之。明年，苻健称王，改元皇始，为前秦。（《晋书》卷八《穆帝纪》，《资治通鉴》卷九十八、九十九）
公元 353 年	前秦	皇始三年	癸丑	二月，凉州张重华遣将伐秦，兵败，秦以苻愿为秦州刺史，镇上。五月，重华复使王擢伐上邽，秦州郡县多应之，苻愿战败，奔长安。（《晋书》卷八《穆帝纪》、《资治通鉴》卷九十九）
公元 364 年	前秦	甘露六年⑩	甲子	东晋顾恺之于金陵瓦棺寺北小殿画维摩诘一躯。（《历代名画记》卷五）
公元 366 年	前秦	建元二年⑪	丙寅	沙门乐僔在敦煌鸣沙山造窟一龛，次有法良禅师从东届此，更即营建，莫高窟滥觞于斯。（李克让《修莫高窟佛龛碑》⑫）
公元 367 年	前秦	建元三年	丁卯	十月，秦秦州刺史苻双据上邽及苻柳据蒲阪、苻武据安定、苻廋据陕城，皆举兵反；明年秋，秦将军王鉴、王猛等攻拔上邽、蒲阪，十二月拔陕城，平定之。（《晋书》卷一百十三《苻坚载记》、《资治通鉴》卷一百一）
公元 384 年	前秦	建元二十年	甲申	夏四月，苻坚将姚苌起兵于北地⑬，自立为王，国号秦，改元白雀，是为后秦。（《晋书》卷九《孝武帝纪》、卷一百十六《姚苌载记》）
公元 385 年	前秦	建元二十一年	乙酉	秋七月，姚苌获苻坚，八月杀坚于新平。苻丕于晋阳继为秦主，改元太安。九月，乞伏国仁闻坚死，自称大都督大将军大单于领秦河二州牧，改元建义，分其地置武城、武阳、安固、武始、汉阳、天水、略阳、漒川、甘松、匡朋、白马、苑川等十二郡。（《十六国春秋》卷三十八、三十九《前秦录》，卷八十五《西秦录》，《晋书》卷九《孝武帝纪》、卷一百十五《苻丕载记》、卷一百二十五《乞伏国仁载记》，《资治通鉴》卷一百六）
公元 386	前秦	太安二年	丙戌	四月，后秦姚苌即皇帝位于长安，改元建初。九月，王统以秦州降于后秦，姚苌飨将士于上邽，以弟硕德为使持节都督陇右诸军事秦州刺史，镇上邽。十月，前秦苻登来攻秦州，姚苌被箭创，走保上邽。（《晋书》卷一百十五《苻丕载记》、卷一百十六《姚苌载记》，《资治通鉴》卷一百六）
公元 389 年	后秦	建初四年	己丑	姚苌使硕德置秦州守宰，以从弟常戍陇城、邢奴戍冀城、姚详戍略阳。九月，仇池杨定攻克陇、冀、略阳，斩常，执邢奴；详奔阴密。杨定遂称秦州牧陇西王。（《资治通鉴》卷一百七）

公元 393 年	后秦	建初八年	癸巳	冬十月，姚苌死，子兴嗣。姚兴之世，凿麦积山而修瑞应寺⑭。（《晋书》卷九《孝武帝纪》、《方舆胜览》卷六十九）
公元 394 年	后秦	建初九年	甲午	五月，姚兴即皇帝位，改元皇初；七月，于平凉马毛山执苻登杀之。十月，乞伏乾归遣军大败杨定，杀定及前秦主苻崇，前秦灭。乾归尽有陇西之地，十一月，自称秦王，是为西秦。杨定既死，天水姜乳袭据上邽。明年乾归遣乞伏益州讨之，败绩。姚兴遣使与后燕结好。明年正月，后燕主慕容垂遣使报聘于后秦。（《晋书》卷一百十七《姚兴载记》、卷一百二十五《乞伏乾归载记》，《资治通鉴》卷一百八）
公元 396 年	后秦	皇初三年	丙申	东晋戴逵造成无量寿木像，高丈六，并菩萨，迎至山阴灵宝寺。后秦姚硕德进讨姜乳，乳率众降。以硕德为秦州牧，镇上邽。强熙、权千城率众三万围上邽，硕德击破之。（《历代名画记》卷五、《晋书》卷一百十七《姚兴载记》、《资治通鉴》卷一百八）
公元 399 年	后秦	皇初六年	己亥	姚兴以灾异屡见，降号称王，改元弘始，存问孤贫，举拔贤俊，简省法令，清察狱讼，守令有政迹者赏之，贪残者诛之，远近肃然。同年法显等发迹长安，偕行度陇，西行求戒律。（《晋书》卷一百十七《姚兴载记》、《出三藏记集》卷十五《法显法师传》、《资治通鉴》卷一百一十一）
公元 400 年	后秦	弘始二年	庚子	七月，姚兴使硕德率陇右诸军伐西秦，乞伏乾归败，奔南凉。八月，乾归降于后秦。冬十一月，兴以乾归为都督河南诸军事河州刺史归义侯。（《晋书》卷十《安帝纪》、《资治通鉴》卷一百一十一）
公元 401 年	后秦	弘始三年⑮	辛丑	北凉沮渠蒙逊杀段业，自号大都督凉州牧，改元永安。蒙逊之世⑯，于州南百里，或石或塑兴建凉州石窟。是年秋七月，后秦军至姑臧，大破后凉兵。西凉公李暠、河西王利鹿孤、沮渠蒙逊各遣使奉表入贡于后秦。九月，后凉吕隆遣使请降于后秦，姚硕德表隆为镇西大将军凉州刺史建康公。南燕王慕容德因其母及兄纳流落后秦，遣杜弘往访之。弘至张掖为盗所杀。明年后秦遣使拜南凉王秃发傉檀为车骑将军广武公，北凉王蒙逊为镇西将军沙州刺史西海侯，西凉王暠为安西将军高昌侯，河、湟诸国皆畏秦之强。赫连勃勃与没奕干奔于秦州。（《晋书》卷十《安帝纪》、卷一百二十七《慕容德载记》、卷一百二十九《沮渠蒙逊载记》，《法苑珠林》卷十三，《集神州三宝感通录》卷中，《资治通鉴》卷一百一十二）
公元 403 年	后秦	弘始五年	癸卯	去年⑰，昭仪张氏立为后秦皇后，未几卒。姚兴以皇后所遗珠、佛像赐弟姚嵩。嵩上表谢，盛颂兴亲营像事。（《十六国春秋》卷六十《后秦录》）
公元 405 年	后秦	弘始七年⑱	乙巳	南燕王慕容德兄纳遗腹子超在后秦，德遣吴辩前往视之。超、辩同潜逃归南燕。七月，杨盛请降于后秦。秦以盛为都督益宁二州诸军事征南大将军益州牧武都侯。东晋刘裕遣使求和于后秦。（《晋书》卷一百十七《姚兴载记》、卷一百二十八《慕容超载记》，《资治通鉴》卷一百一十四）
公元 407 年	后秦	弘始九年⑲	丁未	南燕王慕容超遣使献太乐伎一百二十人于后秦，姚兴乃还超母、妻。（《晋书》卷一百二十八《慕容超载记》、《资治通鉴》卷一百一十四）
公元 409 年	后秦	弘始十一年	己酉	去年五月，谯纵遣使称藩于秦。是年正月，姚兴遣使册拜纵为大都督相国蜀王，加九锡。七月，乞伏乾归复即西秦王位，改元更始，明年三月攻克后秦金城郡，六月拔后秦略阳、南安、陇西诸郡，徙民二万五千户于苑川、枹罕。（《晋书》卷十《安帝纪》、卷一百二十五《乞伏乾归载记》，《资治通鉴》卷一百一十五）
公元 413 年	后秦	弘始十五年	癸丑	初，乞伏乾归背姚兴，拔后秦郡县，兴力未能西讨，以太常索棱

				为太尉领陇西内史，使招抚西秦，更拜乾归为河南王。去年，乾归被弑，世子炽磐袭称河南王，改元永康。是年三月，索棱以陇西降炽磐。（《晋书》卷一百二十五《乞伏乾归载记》、《资治通鉴》卷一百一十六）
公元 414 年	后秦	弘始十六年	甲寅	夏六月，西秦灭南凉。十月，乞伏炽磐复称秦王。（《晋书》卷十《安帝纪》、《资治通鉴》卷一百一十六）
公元 416 年	后秦	弘始十八年	丙辰	二月，姚兴卒，太子泓即位，改元永和。四月，西秦襄武侯昙达等击后秦秦州刺史姚艾，大败之，艾奔上邽。六月，氐王杨盛攻拔祁山，进逼秦州，后将军姚平、上邽守将姚嵩与盛战于竹岭，嵩败死。夏王赫连勃勃率骑袭上邽，二旬克之，屠毁其城而去。冬十月，西秦使王松寿镇马头⑳，以逼上邽。（《晋书》卷十《安帝纪》、卷一百十九《姚泓载记》、卷一百二十五《乞伏炽磐载记》、卷一百三十《赫连勃勃载记》,《资治通鉴》卷一百一十七）
公元 417 年	后秦	永和二年㉑	丁巳	八月，东晋刘裕克长安，姚泓降，后秦灭。十月，西秦左丞相昙达等击后秦故上邽镇将姚艾，艾遣使称藩，炽磐以艾为秦州牧。十二月，刘裕统军东还。明年十月，姚艾叛秦，降北凉沮渠蒙逊，艾叔父儁率众复归于西秦，逐艾。炽磐以昙达为秦州牧，镇南安，十二月徙上邽民五千余户于枹罕。（《晋书》卷十《安帝纪》、卷一百二十五《乞伏炽磐载记》,《资治通鉴》卷一百一十八）
公元 420 年	西秦	建弘元年	庚申	先有沙门玄高，杖策西秦，隐居麦积山，山学百余人。长安沙门昙弘及秦地高僧亦隐在此山，与高相会，以同业友善。时西秦乞伏炽磐跨有陇西，西接凉土，有外国禅师昙无毗来入其国，领徒立众，训以禅道。玄高即率众从毗受法。是年三月，毗及沙门道融等在河北堂述山造无量寿佛一龛㉒。六月，东晋恭帝禅位于宋王刘裕,为宋武帝永初元年，东晋亡。（《高僧传》卷十一、《晋书》卷十《恭帝纪》）
公元 421 年	西秦	建弘二年	辛酉	春正月，炽磐遣将木弈干、元基攻上邽，遇霖雨而还。（《资治通鉴》卷一百一十九）
公元 426 年	西秦	建弘七年	丙寅	夏主赫连昌遣将韦伐攻拔南安，获秦州刺史翟爽、南安太守李亮。（《资治通鉴》卷一百二十）
公元 427 年	夏	承光三年	丁卯	六月，北魏主拓跋焘攻克统万，夏主赫连昌奔上邽。夏平原公定与魏将奚斤相拒于长安，定闻统万破，亦亡保上邽。（《魏书》卷四《世祖纪》、卷九十五《铁弗刘虎传》）
公元 428 年	夏	承光四年	戊辰	二月，魏将尉眷攻上邽，赫连昌退屯平凉，寻魏监军侍御史安颉擒昌于安定。昌余众立昌弟定为王，走还平凉，改元胜光，三月于马髦岭㉓擒魏将奚斤，复取长安。（《魏书》卷四《世祖纪》、《资治通鉴》卷一百二十一）
公元 429 年	夏	胜光二年	己巳	秦地震，草木皆自反。（《资治通鉴》卷一百二十一）
公元 430 年	夏	胜光三年	庚午	十月，西秦王乞伏暮末请迎于魏，焚城邑、毁宝器，迁户万五千，东如上邽，为赫连定所拒，遂留保南安。十一月，魏主至平凉，围夏主定于安定鹑觚原。定中重创，单骑遁走，西保上邽。是日，夏东平公乙斗弃安定奔长安，复奔上邽。十二月，西秦略阳太守杨显以郡降夏。夏上谷公社干等以平凉降魏。关中悉入于魏。（《魏书》卷四《世祖纪》、卷九十九《乞伏国仁传》,《十六国春秋》卷八十六《西秦录》,《资治通鉴》卷一百二十一）
公元 431 年	夏	胜光四年	辛未	春正月，夏主击秦，北平公韦伐率众攻南安，城内大饥，人相食，乞伏暮末及宗族五百余人舆榇出降，送于上邽，西秦亡。六月，赫连定北济河，欲击沮渠蒙逊而夺其地。吐谷浑慕璝遣将乘其半济而邀击之，执定而归，夏亡。（《魏书》卷四《世祖纪》、《资治通鉴》卷一百二十二）

公元432年	氐	杨难当四年㉔	壬申	初，沙门玄高于河南化毕，进游凉土，沮渠蒙逊深相敬事。时魏阳平王杜超，请高同还魏都。既达平城，大流法化。魏太子拓跋晃，事高为师。六月，宋加氐王北秦州刺史杨难当征西将军。难当以子顺为秦州刺史守上邽。（《高僧传》卷十一、《佛祖统纪》卷三、《资治通鉴》卷一百二十二）
公元436年	氐	杨难当八年㉕	丙子	氐王杨难当自称大秦王，改元建义。秋七月，魏主诏乐平王丕等督河西高平诸军讨之。九月，丕等至略阳，难当奉诏摄上邽守兵还仇池。（《魏书》卷四《世祖纪》、《资治通鉴》卷一百二十三）
公元439年	北魏	太延五年	己卯	三月，以杨保宗为秦州牧武都王，镇上邽。九月，魏主攻姑臧，沮渠牧犍降，北凉灭。冬十月，车驾东还，徙凉州民三万余户于平城，并掳掠凉州沙门与之俱还。沙门佛事皆俱东，像教弥增矣。凉州名士阚骃、刘昞、索敞、常爽等，魏主皆礼用之。十二月，氐王杨难当将兵寇魏上邽，镇将拓跋意头击走之，难当引还仇池。（《魏书》卷四《世祖纪》、卷一百一十四《释老志》，《续高僧传》卷二十五，《资治通鉴》卷一百二十三）
公元442年	北魏	太平真君三年	壬午	杨难当南侵，谋据蜀土。五月，宋将刘真道、裴方明等至汉中，分兵取武兴、下辩、白水、兰皋，追之赤亭。难当败，弃仇池，奔上邽，魏中山王辰迎之赴平城。明年，北魏复仇池。（《魏书》卷一百一《氐传》、《资治通鉴》卷一百二十四）
公元445年	北魏	太平真君六年	乙酉	八月，魏秦州刺史天水公封敕文击吐谷浑，入枹罕，分徙其民千家还上邽。（《魏书》卷四《世祖纪》）
公元446年	北魏	太平真君七年	丙戌	魏太武帝拓跋焘信重崔浩、寇谦之，奉道。二月，焘讨盖吴，至长安，入佛寺，见兵器、酿具及州郡牧守富人所寄藏财物，又为窟室匿妇女，浩因进说，焘从之，先尽诛长安沙门，焚破佛像，敕留台下四方，令一依长安行事。三月，诏诸州诸有佛图形像及胡经尽皆击破焚烧，沙门无少长悉坑之。太子晃缓宣诏书，使远近豫闻之，沙门亡匿，收藏经像，而土木宫塔，莫不毕毁。是月，金城边固、天水梁会反，据众万余户于上邽东城，氐、羌、休官、屠各皆起兵应之，五月秦益二州刺史封敕文讨平之。是年，分天水置汉阳郡。置仇池镇。（《魏书》卷四《世祖纪》、卷一百六《地形志》、卷一百一十四《释老志》，《资治通鉴》卷一百二十四）
公元447年	北魏	太平真君八年	丁亥	并安夷置显新县，置当亭县，俱属天水郡。置黄瓜县，属汉阳郡。（《魏书》卷一百六《地形志》）
公元452年	北魏	正平二年	壬辰	十月，魏文成帝濬登皇帝位，改元兴安。十二月，诏诸州郡县于众居之所各听建佛图一区，民欲为沙门听其出家。于是所毁塔寺，率皆修复。（《魏书》卷一百一十四《释老志》、《资治通鉴》卷一百二十六）
公元460年	北魏	和平元年	庚子	魏诏昙曜为沙门统，文成帝奉以师礼。曜请于平城西武州塞，凿山石壁，开窟五所，镌建佛像各一，雕饰奇伟，冠于一世㉖。（《魏书》卷一百一十四《释老志》、《续高僧传》卷一）
公元477年	北魏	太和元年	丁巳	秦州刺史于（尉）洛侯，性残酷。正月，略阳民王元寿聚众五千余户反。二月，于洛侯击破之。闰十二月，秦州地震，殷殷有声。自兴光至此，魏京城（平城）内寺新旧且百所，僧尼二千余人，四方诸寺六千四百七十八，僧尼七万七千二百五十八人。（《魏书》卷七《高祖纪》、卷八十九《酷吏传》、卷一百一十二《灵徵志》，《资治通鉴》卷一百三十四）
公元481年	北魏	太和五年	辛酉	二月，秦州地震。明年五月，秦州地震有声，八月甲午震有声如雷，乙未又震。（《魏书》卷一百一十二《灵徵志》）
公元483年	北魏	太和七年	癸亥	魏孝文帝元宏遣使至秦州，于于洛侯常刑人处宣告吏民，然后斩

				之。是年三月，秦州地震有声。（《魏书》卷八十九《酷吏传》、卷一百一十二《灵徵志》，《资治通鉴》卷一百三十五）
公元 486 年	北魏	太和十年	丙寅	正月，魏孝文帝始服衮冕。四月，始制五等公服。是岁，分置州郡，凡三十八州，二十五在河南、十三在河北。秦州治上邽城，领天水、略阳、汉阳三郡，上邽、显新、平泉、当亭㉗、安戎、绵诸、陇城、清水、阿阳㉘、黄瓜、阳廉、阶陵㉙等十二县。是年闰正月，秦州地震，二月复震有声。（《魏书》卷七《高祖纪》、卷一百六《地形志》、卷一百一十二《灵徵志》，《资治通鉴》卷一百三十六）
公元 488 年	北魏	太和十二年	戊辰	九月，比丘慧成于洛阳南伊阙山为亡父洛州刺史始平公造石像一龛。龙门石窟始建于此际。是年魏改仇池镇为梁州㉚，治仇池。（《比丘慧成造像记》㉛、《魏书》卷一百六《地形志》）
公元 493 年	北魏	太和十七年	癸酉	北地民支酉聚众起兵于和安城北，秦州民王广亦起兵应之，攻执刺史刘藻，秦雍间七州民皆响震㉜，众至十万，屡败河南王斡、丘穆陵亮，南齐将兵与相接应。九月，魏将卢渊等破之。（《南齐书》卷五十七《魏虏传》、《资治通鉴》卷一百三十八）
公元 494 年	北魏	太和十八年	甲戌	北魏迁都,冬十月,车驾发平城，十一月至洛阳。十二月，诏禁士民胡服。（《魏书》卷七《高祖纪》）
公元 496 年	北魏	太和二十年	丙子	春正月，魏诏拓跋氏改姓元，诸功臣旧族姓或重复，皆改之。（《魏书》卷七《高祖纪》、《资治通鉴》卷一百四十）
公元 497 年	北魏	太和二十一年㉝	丁丑	氐帅南梁州㉞刺史杨灵珍举州降南齐，袭魏武兴王杨集始。集始窘急，请降。九月，魏以河南尹李崇将兵讨之，克武兴，以崇为都督梁秦二州诸军事梁州刺史，以安其地。（《魏书》卷六十六《李崇传》、《资治通鉴》卷一百四十一）
公元 500 年	北魏	景明元年	庚辰	魏梁州刺史杨椿招降氐王杨集始，使归守武兴。是年六月，秦州地震。（《魏书》卷五十八《杨播传》、卷一百一《氐传》、卷一百一十二《灵徵志》、《资治通鉴》卷一百四十三）
公元 502 年	北魏	景明三年	壬午	九月，遣上邽镇司□张元伯在麦积山造窟㉟。
公元 503 年	北魏	景明四年	癸未	梁州氐杨会反，魏杨椿讨破之。六月，秦州地震。十二月，比丘法生在龙门石窟为魏孝文帝并北海王母子造佛像㊱。武兴安王杨集始卒，世子绍先立，国事决于叔父集起、集义。秦州地震。（《魏书》卷五十八《杨播传》、卷一百一《氐传》、卷一百一十二《灵徵志》，《资治通鉴》卷一百四十五）
公元 504 年	北魏	正始元年	甲申	魏改梁州置南秦州，治洛谷城，领天水、汉阳、武都、武阶、修武、仇池六郡。（《魏书》卷一百六《地形志》）
公元 505 年	北魏	正始二年	乙酉	闰二月，杨集起、集义率郡氐叛魏，外引萧梁为内援。冬十月，立杨绍先为帝，集起、集义并称王。十一月，魏遣杨椿将兵讨之。十二月，复遣骠骑大将军源怀讨武兴氐，邢峦等并受节度。（《魏书》卷一百一《氐传》、《资治通鉴》卷一百四十六）
公元 506 年	北魏	正始三年	丙戌	正月，魏安西将军邢峦遣建武将军傅竖眼破杨集义，克武兴，执杨绍先，遂灭其国，以为武兴镇，其年，改镇为东益州。魏秦州屠各王智聚众二千，自号王公，推秦州主簿吕苟儿为主，改元建明，攻逼州郡。泾州民陈瞻亦聚众称王。二月，诏右卫将军元丽都督诸军与别驾杨椿讨之。六月，元丽击破王智。七月，吕苟儿屯孤山㊲，围逼秦州，平西将军李焕遣别将石长乐等由麦积崖赴援，与元丽共进击，大破之，行秦州事李韶掩击孤山，苟儿降。杨椿袭破陈瞻。秋八月，秦州地震。（《魏书》卷八《世宗纪》、卷十九《阴济王传》、卷三十六《李顺传》、卷一百一《氐传》、卷一百一十二《灵徵志》，《元和郡县志》卷二十二，《资治通鉴》卷一百四十六）
公元 508 年	北魏	正始五年	戊子	春正月，秦州地震。（《魏书》卷一百一十二《灵徵志》）

公元 509 年	北魏	永平二年	己丑	魏泾州刺史奚康生于泾州北建北石窟寺，明年四月建南石窟寺㊳十一月，魏宣武帝元恪于式乾殿为诸僧、朝臣讲《维摩诘经》。时佛教盛于洛阳，沙门自西域来者三千余人，魏帝立永明寺千余间以处之。（《洛阳伽蓝记》卷四、《魏书》卷八《世宗纪》、《资治通鉴》卷一百四十七）
公元 510 年	北魏	永平三年	庚寅	二月，秦州沙门刘光秀谋反，州郡捕斩之。秦州陇西羌杀镇将赵儁，阻兵反叛，州军讨平之。（《魏书》卷八《世宗纪》）
公元 512 年	北魏	延昌元年	壬辰	十月，秦州地震有声。延昌中，天下州郡僧尼寺积一万三千七百二十七所，徒侣逾众。（《魏书》卷一百一十二《灵徵志》、卷一百一十四《释老志》）
公元 516 年	北魏	熙平元年	丙申	魏胡太后在洛阳起永宁寺㊴，又作石窟寺于伊阙口，皆极土木之美。自佛法入中国，塔庙之盛未之有也。（《洛阳伽蓝记》卷一、《魏书》卷一百一十四《释老志》、《资治通鉴》卷一百四十八）
公元 517 年	北魏	熙平二年	丁酉	十二月，秦州地震有声。（《魏书》卷一百一十二《灵徵志》）
公元 518 年	北魏	神龟元年	戊戌	冬十一月，魏胡太后遣使者宋云与比丘惠生如西域求经。明年，至左末城㊵，城中图佛与菩萨，乃无胡貌，云是吕光伐胡所作㊶。又至捍麼城㊷，城南十五里大寺有金像一躯，后人悬采幡盖以万计，魏之幡过半、幅上隶书多云太和十九年、景明二年、延昌二年，唯有一幅观其年号是姚秦时幡。（《洛阳伽蓝记》卷五、《魏书》卷一百一十四《释老志》）
公元 521 年	北魏	正光二年	辛丑	六月，秦州地震有声，东北引。（《魏书》卷一百一十二《灵徵志》）
公元 524 年	北魏	正光五年	甲辰	秦州刺史李彦，政刑残虐。六月，城内薛珍等聚党突入州门杀彦，推莫折大提为帅。大提称秦王。魏遣雍州刺史元志讨之。南秦州城民张长命、韩祖香、孙掩等攻杀刺史崔游，以城应大提。大提遣其党卜胡袭高平，杀镇将赫连略、行台高元荣。大提寻卒，子念生代立，称天子，改元天建。七月，魏遣吏部尚书元脩义率诸将西讨念生。念生遣其兄天生将兵东下陇。八月，魏员外散骑侍朗李苗上书请敕大将坚壁勿战，别命偏师精兵数千出麦积崖以袭念生之后。于是诏苗为统军与别将淳于诞俱出梁、益。未至元志大败于陇东，退保岐州。九月，魏诏尚书左仆射齐王萧宝夤为西道行台大都督，率诸将西讨念生。十一月，莫折天生攻陷岐州，执都督元志及刺史裴芬之等，送上邽，念生杀之。念生又使卜胡、王庆云等攻泾州，败光禄大夫薛峦等于平凉郡东。十二月，东益州刺史魏子建招降南秦氐民，复六郡十二戍，斩韩祖香。张长命告降于萧宝夤。念生遣兵攻凉州，城民赵天安执刺史宋颖以应之。（《魏书》卷九《肃宗纪》、卷十四《神元平文诸帝子孙列传》、卷六十一《薛安都传》、卷七十一《裴叔业传》、《李苗传》，《资治通鉴》卷一百五十）
公元 525 年	秦	天建二年	乙巳	春正月，魏行台萧宝夤与岐州刺史崔延伯于黑水大破莫折天生，天生退走入陇西，塞陇道。（《魏书》卷九《肃宗纪》、卷五十九《萧宝夤传》、卷七十三《崔延伯传》，《资治通鉴》卷一百五十）
公元 526 年	秦	天建三年㊸	丙午	天水民吕伯度本莫折念生之党，后更据显亲㊹以拒念生，战败，降于胡琛，琛资以士马使击念生。伯度大败念生将于成纪、水洛城，遂复据显亲。念生率众拒战，又大败。伯度乃叛琛，东引魏军。九月，念生窘迫，请降于萧宝夤，宝夤使行台左丞崔士和入据秦州。念生复反，送士和于胡琛杀之，势益盛，宝夤不能制。（《魏书》卷九《肃宗纪》、卷五十九《萧宝夤传》，《资治通鉴》卷一百五十一）
公元 527 年	秦	天建四年㊺	丁未	正月，魏萧宝夤大败于泾州，收散兵还雍州，东秦州刺史潘义渊以汧城降莫折念生。念生进逼岐州，城人执刺史魏兰根以城应之。豳

				州刺史毕祖晖战没，行台辛深弃城走，叱干麒麟据豳州以应莫折天生。北海王元颢军亦败，胡引祖据北华州。天生乘胜攻雍州，宝夤部将羊侃射毙之。九月，秦将杜粲杀念生，自行州事。南秦州民辛琛自行州事，遣使诣魏归罪。十二月，秦州民骆超杀杜粲，遣使归罪。（《魏书》卷九《肃宗纪》、卷五十九《萧宝夤传》，《梁书》卷三十九《羊侃传》，《资治通鉴》卷一百五十一）
公元 529 年	北魏	永安二年㊻	己酉	南朝梁武帝萧衍于建康同泰寺设四部无遮大会，升讲堂法座，为大众开《涅槃经》题。（《梁书》卷三《武帝纪》、《资治通鉴》卷一百五十三）
公元 530 年	北魏	永安三年	庚戌	六月，高平万俟道洛走归略阳王庆云。庆云得道洛，乃称帝。秋七月，魏尔朱天光率军入陇，至水洛城，擒王庆云、万俟道洛，坑城民一万七千，于是三秦、河、渭、瓜、凉、鄯州皆降。天光顿军略阳。秦州城民谋杀刺史骆超，南秦州城民谋杀刺史辛琛㊼，超、琛皆觉之，走赴天光，天光遣兵平定之。明年三月，以贺拔岳为岐州刺史、侯莫陈悦为秦州刺史。（《魏书》卷十《孝庄纪》、卷七十五《尔朱天光传》，《资治通鉴》卷一百五十四、卷一百五十五）
公元 531 年	北魏	普泰元年㊽	辛亥	十月，梁武帝萧衍在同泰寺讲《涅槃经》，七日而罢，十一月讲《般若经》。（《梁书》卷三《武帝纪》、《资治通鉴》卷一百五十五）
公元 532 年	北魏	中兴二年	壬子	初，魏以唐永代魏子建为东益州刺史，寻氐人悉反，州遂没于氐。是年，改东益州为兴州。（《魏书》卷一百一《氐传》、《元和郡县志》卷二十二、《资治通鉴》卷一百五十三）
公元 534 年	北魏	永熙三年	甲寅	正月，魏秦州刺史侯莫陈悦害行台贺拔岳。悦得岳府属周惠达，欲官之，惠达辞以疾，遁入麦积崖。宇文泰至平凉统岳军，四月引兵上陇征悦。悦退保略阳，复退保上邽，召南秦州刺史李弼与之拒泰，又弃州城南保山险。弼聚悦众举城降，泰入上邽。悦败走灵州缢于野。泰以李弼为秦州刺史，惠达为州司马。（《魏书》卷八十《侯莫陈悦传》、《周书》卷十四《周惠达传》、《资治通鉴》卷一百五十六）
公元 535 年	西魏	大统元年	乙卯	正月，魏南阳王元宝炬即位于长安城西，为西魏文帝，改元大统，立妃乙弗氏为皇后。是年，在麦积山再修崖阁，重兴寺宇。大统初，念贤拜太尉，出为秦州刺史。（《周书》卷十四《念贤传》、《北史》卷五《魏本纪》、《秦州雄武军陇城县第六保瑞应寺再葬佛舍利记》㊾、《资治通鉴》卷一百五十七）
公元 536 年	西魏	大统二年㊿	丙辰	二月，东魏丞相高欢令阿至罗逼西魏秦州刺史建忠王万俟普拨。夏五月，普拨及其子太宰寿乐干等率部奔东魏。明年，念贤转太师都督河凉等七州诸军事河州刺史。（《周书》卷十四《念贤传》、《北史》卷五《魏本纪》、《资治通鉴》卷一百五十七）
公元 538 年	西魏	大统四年	戊午	柔然雄据北方，数有边患，西魏丞相宇文泰欲结婚以抚之，二月请文帝废乙弗氏，纳柔然可汗女，乃以乙弗后为尼。三月，柔然送女郁久闾氏于魏。去年冬，常善除使持节、卫将军，假骠骑大将军秦州刺史。明年，念贤除都督秦渭原泾四州诸军事秦州刺史，薨于州。（《周书》卷十四《念贤传》、卷二十七《常善传》，《北史》卷五《魏本纪》，《资治通鉴》卷一百五十八）
公元 540 年	西魏	大统六年	庚申	乙弗氏既为尼，居别宫，郁久闾氏犹忌之，魏文帝乃以其子武都王戊为秦州刺史，以黄门侍郎苏亮为秦州司马辅佐之51，使乙弗氏随之徙秦州。是年春，柔然渡河至夏州，文帝遣使敕令乙弗氏自尽，凿麦积崖为龛而葬之，后号寂陵52。（《周书》卷三十八《苏亮传》、《北史》卷十三《后妃传》、《资治通鉴》卷一百五十八）

公元 541 年	西魏	大统七年	辛酉	西魏岷州刺史宕昌王梁仚定举兵反，二月为其下所杀，部众屯赤水城，冬十一月陇右十一州大都督秦州刺史独孤信击平之。（《北史》卷五《魏本纪》、《周书》卷十六《独孤信传》）
公元 543 年	西魏	大统九年	癸亥	清水氐酋李鼠仁据地反，独孤信屡击不克，宇文泰遣天水赵昶往谕，乃降。（《北史》卷九十六《氐传》、《资治通鉴》卷一百五十八）
公元 548 年	西魏	大统十四年	戊辰	去年，侯景来附西魏，诏徵独孤信东下，令章武公宇文导代信为秦州刺史都督十五州诸军事。是年五月，宇文泰进位太师，奉太子巡抚西境，自新平出安定，登陇，刻石纪事，遂至原州。（《北史》卷九《周本纪》、《周书》卷二《文帝纪》）
公元 550 年	西魏	大统十六年	庚午	西魏丞相宇文泰以北齐主高洋称帝，率诸军讨之，以齐王元廓镇陇右，徵秦州刺史章武公宇文导为大将军都督二十三州诸军事，屯泾北，镇关中；冬，大军还，乃旋旧镇。（《周书》卷二《文帝纪》、卷十《邵惠公颢传》，《资治通鉴》卷一百六十三）
公元 553 年	西魏	废帝二年	癸酉	夏四月，宇文泰勒锐骑三万西逾陇，渡金城河，至姑臧讨吐谷浑。（《周书》卷二《文帝纪》）
公元 554 年	西魏	废帝三年[53]	甲戌	春正月，魏始作九命之典，以叙内外官爵，又改置州郡及县；改东秦为陇州，南秦为成州，北秦为交州；凡改州四十六，置州一，改郡一百六，改县二百三十。宇文泰废废帝元钦，立齐王廓，为恭帝元年，复姓拓跋氏。九十九姓改为单者[54]，皆复其旧。四月，梁元帝萧绎使散骑常侍庾信等聘于魏。六月，邓至羌檐桁失国来奔西魏，泰使秦州刺史宇文导率兵送复之。十二月，导逝于上邽，葬于城西无疆原，会葬万余人，悲号满野。（《周书》卷二《文帝纪》、卷十《邵惠公颢传》、卷四十九《异域传》，《资治通鉴》卷一百六十五）
公元 557 年	北周	闵帝元年	丁丑	去年冬，西魏恭帝拓跋廓禅位于周。元魏历一百一十七年，佛经流通，大集中国，凡四百一十五部，合一千九百一十九卷。正光[55]以后，僧尼过二百万、寺三万有余。是年春正月，周公宇文觉即位，是为北周。二月，改封永昌郡公宇文广为天水郡公。四月，授广都督秦州刺史。秋九月，闵帝觉废，岐州刺史宇文毓即位，为明帝。授广骠骑大将军开府仪同三司。（《魏书》卷一百一十四《释老志》，《故周大将军赵公墓志铭》[56]，《周书》卷三《孝闵帝纪》、卷四《明帝纪》、卷十《邵惠公颢传》）
公元 559 年	北周	明帝三年	己卯	去年[57]，宇文广进位大将军；十月，遣柱国大将军尉迟迥镇陇右，为陇右大都督秦凉等十四州诸军事秦州刺史[58]。今年春正月，初改都督诸州军事为总管。二月，迥在武山拉梢寺造摩崖像释迦牟尼佛一铺[59]。八月，改元武成。九月，大将军天水郡公广迁梁州总管[60]，进封蔡国公。（《故周大将军赵公墓志铭》，《周书》卷四《明帝纪》、卷十《邵惠公颢传》）
公元 562 年	北周	保定二年	壬午	闰月[61]，周以蔡国公宇文广为秦州总管[62]。六月，以蜀国公尉迟迥为大司马。（《故周大将军赵公墓志铭》，《周书》卷五《武帝纪》、卷十《邵惠公颢传》）
公元 565 年	北周	保定五年	乙酉	秋七月，北周武帝宇文邕行幸秦州；八月，还长安。（《周书》卷五《武帝纪》、《资治通鉴》卷一百六十九）
公元 568 年	北周	天和三年	戊子	三月，周授宇文广陕州总管[63]。寻广以病免。陈国公宇文纯为秦州总管。（《故周大将军赵公墓志铭》，《周书》卷五《武帝纪》、卷十《邵惠公颢传》）
公元 570 年	北周	天和五年	庚寅	夏四月，周以陈国公宇文纯为陕州总管。蔡国公宇文广更除秦州刺史。十一月，追封章武公宇文导为豳国公，以长子广袭之，蔡国并于豳。是月，广病逝，武帝素服亲临，百僚毕集。其故吏仪同李充信[64]

				等上表以申广之宿志："窀穸之礼，庶存俭约"；诏使得申遗志，赠本官，加太保，葬于陇西。明年四月，周以广弟大将军杞国公宇文亮继为秦州总管。六月，归葬广于秦州之某原。充信尝于麦积崖梯云凿道，奉为亡父造七佛龛⑥⑤；庾信铭记，刊于岩中。（《秦州天水郡麦积崖佛龛铭并序》⑥⑥、《故周大将军赵公墓志铭》、《周书》卷五《武帝纪》、卷十《邵惠公颢传》、《太平广记》卷三百九十七）
公元 574 年	北周	建德三年	甲午	去年十二月，周武帝集群臣及沙门、道士等，辨三教先后，以儒教为先，道教为次，佛教为后。今年五月，初断佛、道二教，经像悉毁，罢沙门、道士，并令还俗。并禁诸淫祀，礼典不载者尽除之。九月，以周昌公侯莫陈琼为秦州总管。明年秋七月，武帝下诏伐齐，以陈琼为后第二军总管、宇文亮为右第二军总管。（《周书》卷五、卷六《武帝纪》、卷十《邵惠公颢传》）
公元 579 年	北周	大成元年	己亥	去年六月，周武帝宇文邕病逝，太子赟立，为宣帝。是年正月，宣帝受朝于路门，始与群臣服汉魏衣冠，前此北周君臣皆胡服也。二月，卢国公尉迟运以惧祸求出为秦州总管；至秦州，以忧死。帝传位于太子衍，自称天元皇帝，改元大象。是岁初复佛像及天尊像。冬十月，天元帝赟幸道会苑大醮，与二像俱南面坐，大陈杂戏，令长安士民纵观。（《周书》）卷七《宣帝纪》、卷四十《尉迟运传》，《隋书》卷十一《礼仪志》，《资治通鉴》卷一百七十三）
公元 580 年	北周	大象二年	庚子	六月，周复行佛道二教，旧沙门、道士精诚自守者，简令入道。九月，随公杨坚为大丞相。十二月，诏诸改姓者悉宜复旧⑥⑦。大丞相坚进爵为随王，受十郡。大象中，刘昶位至柱国秦灵二州总管，其弟靖为天水郡守。（《周书》卷八《静帝纪》、卷十七《刘亮传》、《隋书》卷二十九《地理志》）
公元 581 年	北周	大定元年	辛丑	二月，随王杨坚为相国，更封十郡，寻称尊号，为隋开皇元年。周静帝宇文衍为介国公逊于别宫，年九岁。周之世二十五年，有佛寺合九百三十一所，译经四人一十六部。是岁，隋诏境内之民听任出家，仍令计口出钱，营造经像。于是时俗随风而靡,民间佛书多于六经数十倍。（《周书》卷八《静帝纪》、《隋书》卷一《高祖纪》、《辩正论》卷三⑥⑧、《资治通鉴》卷一百七十五）
公元 582 年	隋	开皇二年	壬寅	秋八月，以左武候大将军窦荣定为秦州总管。时突厥纵兵自木硖、石门两道入寇，武威、天水、安定、金城、上郡、弘化、延安六畜咸尽。（《隋书》卷 ·《高祖纪》、卷三十九《窦荣定传》、卷八十四《北狄传》、《资治通鉴》卷一百七十五）
公元 583 年	隋	开皇三年	癸卯	冬十月，以秦王杨俊为秦州总管，陇右诸州尽隶焉。十一月，罢天下诸郡为州。秦州天水郡、清水郡废，改县；略阳郡废，县改曰河阳⑥⑨。（《隋书》卷一《高祖纪》、卷二十九《地理志》、卷四十五《文四子列传》、《资治通鉴》卷一百七十五）
公元 586 年	隋	开皇六年	丙午	此际，河间王杨弘为秦州总管。河阳县改名陇城。（隋书》卷二十九《地理志》、《资治通鉴》卷一百七十六）
公元 589 年	隋	开皇九年⑦⓪	己酉	正月，隋灭陈，统一全国。（《隋书》卷二《高祖纪》）
公元 600 年	隋	开皇二十年	庚申	四月，诏长孙晟领突厥降人为秦州行军总管⑦①。十一月，大风，秦、陇压死者千余人，地大震，鼓皆应。十二月，诏有毁坏偷盗佛及天尊岳镇海渎神形者以不道论，沙门坏佛像道士毁天尊者以恶逆论。（《隋书》卷二《高祖纪》、卷二十三《五行志》、卷五十一《长孙览传》、《资治通鉴》卷一百七十九）
公元 601 年	隋	仁寿元年	辛酉	六月，诏请沙门三十人分道送舍利往诸州，按所司造样起塔，限于十月十五日午时同时下入石函。麦积崖再开龛窟，葬舍利函，建宝塔，敕赐寺名净念寺⑦②。（《广弘明集》卷十七）

公元602年	隋	仁寿二年	壬戌	九月，陇西地震。　（《隋书》卷二《高祖纪》）
公元604年	隋	仁寿四年	甲子	隋自开皇至此，所度僧尼二十三万人，海内诸寺三千七百九十二所；凡写经论四十六藏一十三万二千八十六卷，修治故经三千八百五十三部，造金铜檀香夹纻牙石像等大小一十万六千五百八十躯，修治故像百五十万八千九百四十许躯，宫内常造刺绣织成像及画像，五色珠幡五彩画幡等不可称计。　（《辩正论》卷三）
公元607年	隋	大业三年	丁卯	四月，改州为郡，罢诸总管。秦州废总管府，改为天水郡，统上邽、冀城⑬、清水、秦岭⑭、陇城、成纪六县，户五万二千一百三十。　（《隋书》卷三《炀帝纪》、卷二十八《百官志》、卷二十九《地理志》）
公元609年	隋	大业五年	己巳	夏四月，炀帝杨广大猎于陇西，西巡河右。是时天下凡有郡一百九十、县一千二百五十五、户八百九十万有奇，隋朝盛极于此。（《隋书》卷三《炀帝纪》、《资治通鉴》卷一百八十一）
公元613年	隋	大业九年	癸酉	灵武白瑜娑⑮，劫掠牧马，北连突厥，陇右多被其患。遣将军讨之，连年不能克。八月，炀帝以杨玄感初平。令裴矩安集陇右。（《隋书》卷四《炀帝纪》、卷六十七《裴矩传》，《资治通鉴》卷一百八十二）
公元617年	隋	大业十三年	丁丑	夏四月，金城校尉薛举率众反，囚郡县官，开仓赈施，自称西秦霸王，改元秦兴，分兵攻掐诸郡；未几，尽有陇西之地。五月，唐公李渊起兵于太原。七月，薛举称秦帝，遣太子仁杲将兵克天水，遂自金城徙都之。十一月，李渊人长安，立代王杨侑为恭帝，改元义宁，渊进封唐王。十二月，渊使姜謩、窦轨出散关，安抚陇右。渊子秦公李世民大破仁杲于扶风，追至陇坻而还。謩、轨进至长道⑯，为薛举所败。　（《隋书》卷四《炀帝纪》，《旧唐书》卷五十五《薛举传》、《资治通鉴》卷一百八十三、卷一百八十四）
公元618年	秦	秦兴三年	戊寅	夏五月，隋恭帝逊位于唐。李渊即位于长安，是为唐高祖武德元年；罢郡置州。终隋之世，凡三十七年，佛寺有三千九百八十九所，度僧尼二十三万六千二百人，译经二十六人八十二部。八月，薛举死，仁杲称帝。十一月，唐秦王李世民大破仁杲于浅水原，降之，陇右平。　（《辩正论》卷三、《旧唐书》卷一《高祖纪》）
公元619年	唐	武德二年	己卯	改天水郡置秦州领上邽、成纪、秦岭、清水等四县；仍立总管府，管秦、渭、岷、洮、叠、文、武、成、康、兰、宕、扶等十二州。拜秦州上邽人长道县公姜謩为秦州刺史。　（《元和郡县志》卷三十九、《旧唐书》卷五十九《姜謩传》、卷四十《地理志》）
公元621年	唐	武德四年	辛巳	置邽州于清水。总管府改都督府。　（《旧唐书》卷四十《地理志》、卷四十四《职官志》）
公元623年	唐	武德六年	癸未	废邽州，复以清水属秦州。　（《旧唐书》卷四十《地理志》）
公元625年	唐	武德八年	乙酉	伏州废，伏羌县⑰属秦州；文州废，陇城县⑱属秦州。　（《旧唐书》卷四十《地理志》）
公元626年	唐	武德九年	丙戌	于伏羌县废城置盐泉县。夏五月，诏诸僧、尼、道士、女冠等，其不能精进、戒行有阙、不堪供养者，并令罢遣，各还桑梓；违制之事，悉宜停断；京城留寺三所、观二所，其余诸州各留一所，余皆罢之。约于此际，敕麦积崖寺名应乾寺⑲。突厥寇原、灵、凉、朔、泾、西会、秦、兰、陇、渭等州。七月，柴绍破突厥于秦州。（《旧唐书》卷一《高祖纪》、《新唐书》卷四十《地理志》、《资治通鉴》卷一百九十一）
公元627年	唐	贞观元年	丁亥	以州县之数倍于开皇、大业之间，民少吏多，二月，命大加并省，因山河形便分为十道；秦、渭、河、鄯、兰、阶、洮、泯、廓、叠、宕、凉、瓜、沙、甘、肃等州为陇右道。盐泉县更名夷宾。

				(《旧唐书》卷三十八、卷四十《地理志》,《资治通鉴》卷一百九十二)
公元 629 年	唐	贞观三年	己丑	省夷宾，并入伏羌县。（《旧唐书》卷四十《地理志》)
公元 632 年	唐	贞观六年	壬辰	省长川县[80]入陇城。（《旧唐书》卷四十《地理志》)
公元 633 年	唐	贞观七年	癸巳	授申王李慎秦州都督。（《旧唐书》卷七十六《太宗诸子列传》)
公元 634 年	唐	贞观八年	甲午	七月，陇右山崩。（《旧唐书》卷三《太宗纪》、卷三十七《五行志》)
公元 637 年	唐	贞观十一年	丁酉	去年，李慎改封纪王。是年六月，纪王秦州都督慎等二十一王制为代袭刺史。寻又罢代袭之制。（《旧唐书》卷六十四《高祖二十二子列传》、卷七十六《太宗诸子列传》,《资治通鉴》卷一百九十五)
公元 640 年	唐	贞观十四年	庚子	秦州都督府督秦、成、渭、武四州，治上邽。(《旧唐书》卷四十《地理志》)
公元 643 年	唐	贞观十七年	癸卯	省秦岭县。纪王李慎迁襄州刺史。（《旧唐书》卷三《太宗纪》、卷七十六《太宗诸子列传》,《新唐书》卷四十《地理志》)
公元 653 年	唐	永徽四年	癸丑	司徒荆王秦州刺史元景坐与驸马都尉房遗爱等谋反，赐死。(《旧唐书》卷四《高宗纪》)
公元 669 年	唐	总章二年	己巳	时以陇右虚耗、户口凋敝，高宗李治罢西巡。（《资治通鉴》卷二百一)
公元 690 年	唐	载初元年	庚寅	沙门法明等撰《大云经》，表上之；秋七月，制颁于天下。九月，武则天革唐命，改国号为周，改元天授。（《旧唐书》卷六《则天皇后纪》)
公元 698 年	周	圣历元年	戊戌	四月，娄师德充陇右诸军大使，检校营田事；明年八月卒。(《旧唐书》卷九十三《娄师德传》、《新唐书》卷四《则天皇后纪》)
公元 700 年	周	久视元年	庚子	七月，陇右诸军副大使唐休璟败吐蕃于凉州。八月，魏元忠为陇右诸军大使，以击吐蕃。十二月，实厥掠陇右诸监马万余匹而去。明年十一月，以郭元振为凉州都督陇右诸军大使。（《旧唐书》卷九十七《郭元振传》,《新唐书》卷四《则天皇后纪》、卷一百一十一《唐休璟传》、卷一百二十二《魏元忠传》,《资治通鉴》卷二百七)
公元 705 年	周	神龙元年	乙巳	春正月，武则天传位于太子李显。二月，复国号唐。（《旧唐书》卷七《中宗纪》)
公元 711 年	唐	景云二年	辛亥	分陇右为河西道。（《资治通鉴》卷二百一十)
公元 714 年	唐	开元二年	甲寅	春正月，唐玄宗李隆基命有司沙汰天下僧尼。二月，敕自今所在毋得创建佛寺；旧寺颓坏应葺者，诣有司陈牒检视，然后听之。八月，诏薛讷摄左羽林将军陇右防御使，郭知运为副使，十月与陇右群牧使王晙大破吐蕃。十二月，置陇右节度大使，领鄯、秦、河、渭、兰、临、武、洮、岷、廓、叠、宕十二州，以郭知运为之。（《旧唐书》卷八《玄宗纪》、卷九十三《薛讷传》、《王 传》、《新唐书》卷五《玄宗纪》,《资治通鉴》卷二百一十一)
公元 716 年	唐	开元四年	丙辰	此际，郭虔瓘开为陇右节度使。明年七月，陇右节度使郭知运大破吐蕃。（《新唐书》卷五《玄宗纪》、《资治通鉴》卷二百一十一)
公元 721 年	唐	开元九年	辛酉	冬十月，河西、陇右节度大使郭知运卒，王君㚟代之。明年十月，以秦州都督张守洁等为诸卫将军。（《旧唐书》卷一百三《郭知运传》、《王君㚟传》、《资治通鉴》卷二百一十二)
公元 727 年	唐	开元十五年	癸亥	春，王君㚟与秦州都督张景顺击破吐蕃。九月，瓜州县令守城，御吐蕃，尔后以功迁鄯州都督、陇右节度使。明年秋七月，河西节度使萧嵩、陇右节度使张忠亮大破吐蕃。（《旧唐书》卷一百三《王君㚟传》、《资治通鉴》卷二百一十三)

公元 733 年	唐	开元二十一年	癸酉	分天下为京畿、都畿、关内、河南、河东、河北、陇右等凡十五道，各置采访史；陇右治鄯州。（《旧唐书》卷三十八《地理志》、《资治通鉴》卷二百一十三）
公元 734 年	唐	开元二十二年	甲戌	二月，秦州地震，殷殷有声，经时不止，地拆而复合，坏廨宇及居人庐舍数千间，压死四千余人，命右丞相萧嵩、仓部员外郎韦伯阳往赈恤，移秦州治所于成纪县之敬亲川。（《旧唐书》卷八《玄宗纪》、卷三十七《五行志》、卷四十《地理志》、《资治通鉴》卷二百一十四）
公元 742 年	唐	天宝元年	壬午	改州为郡。改秦州为天水郡，还治上邽，都督府依旧，督天水、陇西、同谷三郡㉛。（《旧唐书》卷四十《地理志》）
公元 759 年	唐	乾元二年	己亥	去年，郡复为州，复天水郡为秦州。是年秋七月，杜甫弃官自华州流寓秦州，居东柯谷其侄杜佐所㉜，曾至西枝村寻置草堂地，夜宿赞公土室㉝；亦尝见麦积崖荒芜之景作《山寺》诗，云："野寺残僧少，山园细路高。麝香眠石竹，鹦鹉啄金桃。乱石通人过，悬崖置屋牢。上方重阁晚，百里见秋毫。"十月，杜甫往成州同谷。（《旧唐书》卷四十《地理志》、卷一百九十《文苑列传》，《新唐书》卷二百一《文艺列传》）
公元 763 年	唐	广德元年	癸卯	七月，吐蕃人大震关，陷秦、成、渭三州，及兰、廓、河、鄯、洮、岷等州，尽取陇右之地。十月，吐蕃陷长安，寻郭子仪收复之。（《旧唐书》卷十一《代宗纪》）
公元 773 年	吐蕃	墀松德赞二十年㉞	癸丑	冬，吐蕃欲掠汧、陇，唐盐州刺史李国臣引兵趣秦原，鸣鼓而西，吐蕃遂引还。（《资治通鉴》卷二百二十四）
公元 783 年	吐蕃	墀松德赞三十年㉟	癸亥	春正月，唐陇右节度使张镒与吐蕃宰相尚结赞盟于清水，分界于泾州西至弹筝峡西口、陇州西至清水县、凤州西至同谷县、剑南西山大渡河。（《旧唐书》卷十二《德宗纪》、卷一百九十六《吐蕃传》）
公元 822 年	吐蕃	墀祖德赞八年㊱	壬寅	唐盟会使刘元鼎与吐蕃使者论讷罗同赴吐蕃就盟定界，是年八月还，往来途经陇右，逾成纪、武川。（《新唐书》卷二百一十六《吐蕃传》）
公元 848 年	吐蕃㊲		戊辰	迥觉大师于麦积崖寻旧基圣迹，构精蓝㊳。十二月，唐凤翔节度使崔珙奏破吐蕃，克清水，诏以秦州未复，清水权隶凤翔府。（《新唐书》卷四十《地理志》、《资治通鉴》卷二百四十八）
公元 849 年	吐蕃㊴		己巳	春，吐蕃论恐热奉表以秦、原、安乐三州及石门、木硖等七关降唐。七月，河、陇老幼千余人诣阙，解辫易服，欢呼舞跃，宣宗李忱御延喜门楼观之，命善地处之。秦州徙治成纪，上邽废，清水县来属。明年二月，以秦州隶凤翔府。后年，沙州张义潮尽复唐河西、陇右故地。（《方舆胜览》卷六十九、《新唐书》卷四十《地理志》、卷二百一十六《吐蕃传》、《资治通鉴》卷二百四十九）
公元 863 年	唐	咸通四年	癸未	置天雄军于秦州，隶成、河、渭三州。秦州废天水、陇城二县。（《资治通鉴》卷二百五十、《直隶秦州新志》卷一）
公元 872 年	唐	咸通十三年	壬辰	复置长道县㊵，属秦州。（《新唐书》卷四十《地理志》）
公元 893 年	唐	景福二年	癸丑	李茂贞为凤翔节度使兼山南西道节度使，李茂庄为天雄节度使。时茂贞尽有凤翔、兴元、洋、陇秦等十五州之地。（《资治通鉴》卷二百五十九）
公元 901 年	唐	天复元年	辛酉	五月，凤翔、彰义节度使李茂贞来朝，加为尚书令，进爵岐王㊶。明年，六月，朱温围凤翔。七月，温将孔勍取茂贞凤、陇、成三州，至秦州，州人城守，乃自故大震关归。（《旧唐书》卷二十《昭宗纪》、《新唐书》卷十《昭宗纪》、《旧五代史》卷二《梁书·太祖纪》、卷一百三十二《世袭列传》、《资治通鉴》卷二百六十二）

公元907年	唐	天祐四年	丁卯	三月㉒，唐哀帝李柷禅位于梁，朱温即位为后梁太祖，改元开平。（《旧唐书》卷二十《哀帝纪》、《旧五代史》卷三《梁书·太祖纪》）
公元911年	唐	天祐八年㉓	辛未	初㉔，梁同州节度使刘知俊反，奔凤翔，是年岐王李茂贞夺其军，李继崇召知俊举族居于秦州。时天水人王仁裕以文辞知名秦陇间，是年独登麦积崖天堂洞㉕，题诗于四壁："蹑尽悬空万仞梯，等闲身共白云齐。檐前下视群山小，堂上平分落日低。绝顶路危人少到，古岩松健鹤频栖。天边为要留名姓，拂石殷勤手自题。"（《旧五代史》卷十三《梁书·刘知俊传》、《资治通鉴》卷二百六十八、《太平广记》卷三百九十七）
公元915年	唐	天祐十二年㉖	乙亥	十一月，蜀王王建遣王宗绛等取秦州、成州。明年八月，王建遣王宗播率天雄节度使王宗俦等将兵十二万出秦州，以伐岐。（《资治通鉴》卷二百六十九）
公元925年	前蜀	乾德七年㉗	乙酉	蜀安重霸，王承休、韩昭劝蜀王王衍东游秦州，王宗弼等上表谏，不听。前秦州节度判官蒲禹卿上表几二千言。言及秦州敌境咫尺，塞邑荒凉，人杂羌戎，地多疫瘴，别无风华异境，不可选胜寻幽，麦积崖无可瞻恋。冬十月，衍引兵数万发成都，至利州，后唐军入散关，克兴州，蜀城镇望风款附，重霸以秦州来降。十一月，唐军入成都，前蜀亡。唐以孟知祥为西川节度使、董璋为东川节度使。又于秦州置雄武节度使㉘。（《旧五代史》卷三十三《唐书·庄宗纪》、《新五代史》卷六十三《前蜀世家》、《资治通鉴》卷二百七十三、卷二百七十四、《鉴戒录》㉙）
公元932年	后唐	长兴三年	壬辰	四月，后唐据前唐开元《十道图》分为十道，陇右道第九领秦、成、洮三州。秦州见管长道、成纪、清水三县及十二镇，以归化、恕水、五龙、黄土四镇就归化镇复置旧陇城县，赤砂、染坊、夕阳、南冶、铁务五镇就赤砂镇复置旧天水县，白石、大泽、良恭三镇割属长道县。（《旧五代史》卷一百五十《郡县志》）
公元936年	后唐	清泰三年	丙申	节度使何建移镇秦州。十二月，汴京陷于契丹，后晋亡。明年二月，契丹主耶律德光称帝，改国号辽。刘知远于太原称帝，改元为天福十二年，是为后汉。是月，何建以其地入于后蜀。（《旧五代史》卷九十四《晋书·何建传》、卷九十九《汉书·高祖纪》）
公元955年	后蜀	广政十八年⑩	乙卯	五月，后周诏王景、向训率师伐蜀，图复秦凤。诏诸道州府县镇村坊寺院无敕额者悉停废，禁私度僧尼，令两京及诸州岁造僧帐，籍帐内无名者并勒还俗。是岁废寺凡三万三百三十六，存二千六百九十四所。闰九月，王景遣将败蜀军于黄花谷，蜀雄武节度使韩继勋弃秦州奔还成都，观察判官赵玭举城降于周。（《旧五代史》卷一百一十五《周书·世宗纪》、《资治通鉴》卷二百九十二）
公元960年	后周	显德七年	庚申	正月，赵匡胤受命统军御契丹、北汉，出至陈桥驿，兵变，遂称帝，定国号曰宋，改元建隆，封雄武节度使王景为太原郡王。次年三月，景自秦州来朝，复迁凤翔节度使，充西面沿边都部署。（《续资治通鉴长编》卷二、《宋史》卷一《太祖纪》）
公元962年	北宋	建隆三年	壬戌	六月，以枢密使吴廷祚为雄武节度使，知秦州，乃罢夕阳镇⑪采造务。九月，吐蕃尚波于等献伏羌地。（《续资治通鉴长编》卷三、《宋史》卷一《太祖纪》）
公元997年	北宋	至道三年	丁酉	始分天下为十五路，其五曰陕西路，秦州属之。（《续资治通鉴长编》卷四十二）
公元1027年	北宋	天圣五年	丁卯	三月，秦州地震。（《宋史》卷六十七《五行志》）
公元1035年	北宋	景祐二年	乙亥	麦积山应乾寺主赐紫沙门惠珍及太原王秀等募集款物妆塑东西两阁佛像⑫。

公元 1041 年	北宋	庆历元年	辛巳	分陕西为秦凤、泾原、环庆、鄜延四路。秦凤路部署司事兼知秦州韩琦并兼本路马步军都部署经略安抚沿边招讨使，治秦州天水郡，统秦、陇、阶、成、凤凡五州。明年十一月，徙龙图阁直学士吏部员外郎文彦博为秦凤路都部署经略安抚招讨使兼知秦州。（《续资治通鉴长编》卷一百三十四、卷一百三十八，《宋书》卷八十七《地理志》）
公元 1064 年	北宋	治平元年	甲辰	秋，西夏数出兵秦凤、泾原路，攻围堡寨，驱胁熟户八十余族，杀掠弓箭手约数千人、人畜以万计。（《续资治通鉴长编》卷二百二、《宋书》卷四百八十五《外国列传》）
公元 1070 年	北宋	熙宁三年⑽	庚戌	六月，秦凤经略使李师中罢使，与傅□、陈琪、庞元直、吕大忠同游麦积山，留题诗二首于崖："路人青松翠霭间，斜阳倒影下溪湾。此中猿鹤休相顾，谢傅东归自有山。 大抵襟怀要自然，圣贤事业本优闲。东山不负苍生望，更有何人继谢安。"⑽冬十月，李师中知舒州。（《续资治通鉴长编》卷二百十二、卷二百十六）
公元 1072 年	北宋	熙宁五年	壬子	五月，诏以古渭寨⑽为通远军，秦凤路统之。十月，以熙、河、洮、岷四州及通远军置熙河路，徙秦凤路沿边安抚使王韶为熙河路经略安抚使，知熙州。十一月，又分陕西熙河通旧鄜延等五路共三十四州军为永兴、秦凤两路；凤翔府、秦阶陇凤成泾原渭熙河洮岷州、镇戎德顺通远军为秦凤等路，转运使于秦州置司。仍以永兴、鄜延、环庆、秦凤、泾原、熙河分六路，各置经略安抚司。明年⑽二月，夏人寇秦州，都巡检使刘维吉败之。（《续资治通鉴长编》卷二百三十三、卷二百三十九，《宋史》卷八十七《地理志》）
公元 1075 年	北宋	熙宁八年	乙卯	三月，试校书郎赵瞻来观麦积山石佛阁⑽。
公元 1081 年	北宋	元丰四年	辛酉	三月，陕西发运副使蒋子奇登麦积山观悬崖置屋之处⑽。（《宋史》卷三百四十三《蒋子奇传》）
公元 1085 年	北宋	元丰八年	乙丑	神宗之世⑽，尝宣诏麦积山寺得道高僧秀铁壁入内升座讲演宗乘，敕赐圆通禅师，给赐田土二百余顷，供赡僧众⑾。时秦州治成纪县，领成纪、天水、陇城、清水县，太平监，伏羌、甘谷城及七寨、三堡。（《元丰九域志》卷三）
公元 1091 年	北宋	元祐六年	辛未	二月，陕西转运判官提点秦凤等路形狱公事游师雄及提举茶马公事仇伯玉等同登麦积山寺七佛□阁⑾。（《宋史》卷三百三十二《游师雄传》）
公元 1098 年	北宋	元符元年	戊寅	麦积山火灾，隳坏寺宇⑾。
公元 1101 年	北宋	建中靖国元年	辛巳	麦积山寺主僧智 等再建宝塔⑾。
公元 1107 年	北宋	大观元年	丁亥	于麦积山绝顶阿育王塔旁地产芝草三十八本，龙图阁学士秦州经略陶节夫具表进上，敕赐改寺名瑞应寺⑾。（《宋史》卷三百四十八《陶节夫传》）
公元 1128 年	南宋	建炎二年⑾	戊申	正月，金陕西诸路都统洛索破长安，陷凤翔府。二月，洛索陷同州，西下陕、华、陇、秦诸州，秦凤经略使李复生降。五月，金兵退，泾原统制官曲端复秦州，凤翔、长安皆为义兵收复。（《建炎以来系年要录》卷十二、卷十三、卷十五）
公元 1130 年	南宋	建炎四年	庚戌	九月，刘豫受金册为皇帝，都大名府，是为伪齐，奉金正朔，称天会八年。宋知枢密院事宣抚处置使张浚统军与金人战于耀州富平县，大溃；十月，自邠州退保秦州；十一月，自秦州退军兴州。明年春正月⑾，金人掠天水县，时县徙治榆林。二月，陕西地几尽陷于金，刘豫以张中彦守秦州。十一月，伪齐秦凤经略使郭振率骑掠白石镇，宋宣抚司选锋将王彦与熙河统制官关师古并兵大败之，获振，遂复秦州。（《建炎以来系年要录》卷三十五、卷三十七、卷三十八、卷三十九、卷四十一、卷四十二、卷四十九，《宋史》卷四百七

				十五《叛臣列传》、《金史》卷七十七《刘豫传》)
公元1132年	南宋	绍兴二年[117]	壬子	十二月，金遣宋叛将李彦琪驻秦州，窥仙人关。是年，麦积山寺崖阁栈道遭兵火毁伤[118]。明年九月，陕西同统制军马杨政率诸军深入至清水县，命宣抚司统领官吴胜等率忠义人进讨，败伪齐兵于黄堆寨。(《建炎以来系年要录》卷六十一、卷六十八)
公元1134年	齐	阜昌四年[119]	甲寅	三月，宋川陕宣抚司都统制吴玠败金人于仙人关。四月，吴玠与金人战，败之，遂复凤、秦、陇州。明年二月，川陕宣抚副使吴玠闻金人侵淮南，遣统制关外军马吴璘、杨政乘机牵制，出奇兵，自天水至秦州，拔其城。（《建炎以来系年要录》卷七十四、卷七十五、卷八十五)
公元1137年	金	天会十五年[120]	丁巳	十一月，金废伪齐刘豫。（《建炎以来系年要录》卷一百十七)
公元1139年	南宋	绍兴九年[121]	己未	和议既成，金尽割还宋陕西、河南故地。春正月，宋以金国通和大赦天下，诏应河南新复路分见任文武官各安职守，并不易置。明年五月，金主诏元帅府复取河南、陕西地。（《建炎以来系年要录》卷一百二十五、卷一百三十五，《宋史》卷二十九《高宗纪》，《金史》卷四《熙宗纪》)
公元1141年	金	皇统元年[122]	辛酉	九月，宋右护军都统制吴璘引兵至秦州城下，川陕宣抚司都统制杨政引兵入陇州界。吴璘急攻秦州，拔之，复于剡家湾大败金兵；杨政下陇州，枢密院都统制郭浩取华、虢等州，有破竹之势。朝廷与金约和，诏班师。（《建炎以来系年要录》卷一百四十一、一百四十二)
公元1142年	南宋	绍兴十二年[123]	壬戌	宋、金和议成，二月，川陕宣谕使郑刚中等及金使赞谟分画地界，至秦州南吴玠原管界为宋，以北属金。八月，割商、秦之半，存上津、丰阳、天水三县及陇西、成纪余地，弃和尚、方山原，以大散关为界。始拨天水隶成州。是年陕西不雨，五谷焦枯，十二月秦民以饥离散，壮者为北人所买，郡邑遂空。（《方舆胜览》卷六十九，《建炎以来系年要录》卷一百四十四、卷一百四十六，《宋史》卷三十《高宗纪》、卷六十七《五行志》)
公元1161年	南宋	绍兴三十一年[124]	辛巳	金败盟。九月，宋四川宣抚使吴璘命统领刘海等复秦州。(《宋史》卷三十二《高宗纪》)
公元1163年	南宋	隆兴元年[125]	癸未	春正月，吴奉诏班师，秦凤、熙河、永兴三路新复十三州、三军皆复为金取 。明年宋、金和议成，宋许割海、泗、唐、邓四州，并割商、秦地，世为叔侄之国。（《宋史》卷三十三《孝宗纪》、《续资治通鉴》卷一百三十九)
公元1205年	南宋	开禧元年[127]	乙丑	宋韩侂胄议用兵伐金。三月，宋兵入秦川界。明年三月，宋四川宣抚使程松遣兵攻天水界，至东柯谷，为金将刘铎所败。十一月，金富察贞攻湫池堡，破天水，肆掠关外四州。十二月，宋宣抚副使吴曦降，受金诏，求封蜀王，以阶、成、和、凤四州予金。（《宋史》卷三十八《宁宗纪》、卷三百九十六《程松传》、卷四百二《安丙传》、卷四百七十五《叛臣列传》，《金史》卷十二《章宗纪》)
公元1207年	南宋	开禧三年[128]	丁卯	二月，吴曦丞相长史安丙、兴州合江仓官杨巨源、中军正将李好义等共谋诛吴曦。三月，好义等会忠义及民兵复西和、成、阶、凤、巩五州，进趣秦州，金撤兵退保要害。宋诏加安丙瑞明殿学士四川宣抚副使。五月，好义攻秦州，不克。此际，安丙奏乞将天水县创为军。开禧兵火之后，明年，麦积山瑞应寺遭忠义首领李寔等骚扰打劫[129]。（《方舆胜览》卷六十九》，《宋史》卷三十八《宁宗纪》、卷四百二《安丙传》、《杨臣源传》、《李好义传》、卷四面七十五《叛臣列传》，《金史》卷十二《章宗纪》)

公元1214年	南宋	嘉定七年⑬⓪	甲戌	四川制置司遣提举皂郊堡马务何九龄率诸将与金人战于秦州城下，败还。（《宋史》卷三十九《宁宗纪》、《金史》卷十四《宣宗纪》）
公元1217年	南宋	嘉定十年⑬①	丁丑	十二月，金胥鼎奉诏发兵，由秦、巩、凤翔三路南伐，破天水军、大散关。（《宋史》卷四十《宁宗纪》、《金史》卷一百八《胥鼎传》）
公元1220年	南宋	嘉定十三年⑬②	庚辰	夏人以书来议并兵夹攻金人。八月，宋安丙分遣将士赴熙、巩会夏人，并传檄招谕陕西五路官吏军民。九月，攻巩州不克，遂趋秦州。十月，邀夏人共攻秦州，夏人不从，退师。其时，麦积山瑞应寺将物斛尽数运赴随军转运司，助献军粮二百五十石⑬③。（《宋史》卷四十《宁宗纪》、卷四百二《安丙传》）
公元1222年	南宋	嘉定十五年	壬午	建炎、绍兴以来，秦州为金人侵占，麦积山瑞应寺前给赐田已失三分之二；开禧之后，所余湫池一带田土又被忠义军强行拘作屯田；经寺住持赐紫明觉大师重遇反复申诉，始由四川制置使司给还，牒利州路提举常平司及移牒总领所照会并下天水军照应施行，是年二月于寺内立《四川制置使司给田公据》碑，以资凭证⑬④。七月，蒙古木华黎军出秦、陇以张声势；十一月；拔同州，攻长安不下，遂西击凤翔府。明年二月，以凤翔久围不下，乃驻兵渭水南，徇宋凤州而还。（《金史》卷十六《宣宗纪》、《元史》卷一百一十九《木华黎传》）
公元1236年	南宋	端平三年⑬⑤	丙申	七月，蒙古皇子阔端取宋关外数州；九月，破大安军阳平关，遂长驱入蜀。十月，阔端入成都，招谕金秦、巩等二十余州，皆降。（《宋史》卷四十二《理宗纪》、《元史》卷二《太宗纪》）
公元1242年	蒙古	乃马真后元年	壬寅	以汪世显挈成都归附，今迁于栗亭，割天水县来属。明年，阔端拜世显便宜都总帅，统秦巩二十余州事⑬⑥；寻卒，以世显子德臣代为总帅。（《元史》卷六十《地理志》、卷一百五十五《汪世显传》）
公元1270年	蒙古	至元七年	庚午	并同谷、天水二县入成州。秦州领成纪、清水、秦安三县。（《元史》卷六十《地理志》）
公元1333年	元	元统元年	癸酉	九月，秦州山崩。十一月，秦州地裂山崩。明年五月，秦州山崩。（《元史》卷五十一《五行志》）
公元1352年	元	至正十二年	壬辰	闰三月，陕西大地震，移山湮谷，陷没庐舍⑬⑦。明年三月复震。（《元史》卷五十一《五行志》）
公元1357年	元	至正十七年⑬⑧	丁酉	十月，刘福通部红军白不信，大刀敖、李喜喜出兴元，取秦、陇，据巩昌，围凤翔。寻为元察罕帖木儿所败，走入蜀。（《元史》卷四十五《顺帝纪》、卷一百四十一《察罕帖木儿传》）
公元1369年	元	至正二十九年⑬⑨	己酉	三月，明左副将军常遇春拔凤翔。大将军徐达渡陇，克秦州，下伏羌、宁远。四月，徐达入巩昌。明置陕西等处行中书省，巩昌府直隶行省，领安定、会宁、西和、成、秦、阶、文、徽州及陇西、通渭、漳、宁远、伏羌、秦安、清水、礼县。秦州省州治成纪县入州。右副将军冯胜至临洮，元李思齐降；分兵下兰州。五月，徐达下平凉、延安；七月，克庆阳，斩元张良臣，陕西平。（《明史》卷二《太祖纪》、卷四十二《地理志》、卷一百二十五《徐达传》、《常遇春传》）
公元1371年	明	洪武四年	辛亥	正月，巩昌、临洮、庆阳地震。巩昌府阶州、文州降为县，属府。（《明史》卷三十《五行志》、卷四十二《地理志》）
公元1377年	明	洪武十年	丁巳	六月，巩昌府安定、会宁、西和、成、徽五州降为县，属府；阶县复为州，文县改属阶州。（《明史》卷四十二《地理志》）
公元1477年	明	成化十三年	丁酉	闰二月，临洮、巩昌地震，城有颓者。四月，宁夏大震，甘州、巩昌、榆林、凉州等地同日俱震。（《明史》卷三十《五行志》）
公元1484年	明	成化二十年	甲辰	四月，麦积山瑞应寺大铁钟铸成⑭⓪。明年闰四月，巩昌府、固原

				卫及兰、河、洮、岷四州地俱震，有声。（《明史》卷三十《五行志》）
公元1520年	明	正德十五年	庚辰	山东巡抚秦安人胡缵宗游麦积山，做诗《与麦积山上人》并刻石。（胡缵宗《鸟鼠山人集》）
公元1542年	明	嘉靖二十一年	壬寅	十一月，巩昌、固原、西安、凤翔地震。秦州属县地震，山崖崩坠，尘飞蔽野[141]。（《直隶秦州新志》卷六、《明史》卷三十《五行志》）
公元1555年	明	嘉靖三十四年	乙卯	十二月，山西、陕西、河南同时地震，声如雷，军民压死八十三万有奇[142]。（《明史》卷三十《五行志》）
公元1560年	明	嘉靖三十九年	庚申	孟冬，秦州知州冯惟讷自书诗《游麦积山四首》并刻石[143]。（《直隶秦州新志》卷七、卷十一，《明诗纪事》）
公元1564年	明	嘉靖四十三年	甲子	冯惟讷重刻庾信《秦州天水郡麦积崖佛龛铭并序》，碑石立瑞应寺中。山东按察副使甘茹、苑马寺卿胡安在麦积山题诗刻石[144]。（《秦州直隶州新志》[145]、《明诗纪事》）
公元1567年	明	隆庆元年	丁卯	四月，邺郡西埜李篴在麦积山题诗刻石[146]。
公元1582年	明	万历十年	壬午	七月，在麦积山散花楼正壁中间龛楣上刊字“麦积奇观”[147]。
公元1604年	明	万历三十二年	甲辰	闰九月，巩昌及醴泉地一日十余震，城郭民居并摧[148]。（《明史》卷三十《五行志》）
公元1617年	明	万历四十五年	丁巳	集资邀工重修麦积山西崖天桥[149]。明年清水县地震四十余日。（《直隶秦州新志》卷六）
公元1619年	明	万历四十七年	己未	四月，陕西都司巩昌卫后□□□等舍马一匹在麦积山妆画贴金佛像功完。明年四月，比丘惠琏等僧众在麦积山发心贴金。后年四月，铁匠王化明、画匠侯□等在麦积山重修佛堂 。
公元1626年	明	天启六年	丙寅	五月，麦积山住侍大戒僧惠莲为麦积山散花楼东侧龛内立佛二尊妆彩贴金 。明年四月，会首僧人惠莲、木匠僧人本羊同妆贴菩萨匠人陇州梨林里侯尽兄弟在麦积山今第25龛妆彩贴完 。
公元1630年	明	崇祯三年	庚午	四月，清水县信士会首黄加宾曹氏等众会女同贴金画匠雍海妆贴麦积山佛龛两壁诸像完[153]。明年六月，临洮、巩昌地震，坏庐舍，损民畜[154]。（《明史》卷三十《五行志》）
公元1633年	明	崇祯六年	癸酉	八月，陇州南乡梨林里侯家嘴画匠侯荣、侯相等三人在麦积山开工妆彩贴金，十月工完[155]。十二月，巩昌西和地震[156]。明年秋，陕西全省地大震，坏屋伤人无数。（《西和县志》[157]、《直隶秦州新志》卷六、《明史》卷三十《五行志》）
公元1641年	明	崇祯十四年	辛巳	五月，秦州礼县地震，地裂水出。（《直隶秦州新志》卷六、《明史》卷三十《五行志》）
公元1642年	明	崇祯十五年	壬午	巡道范学颜、州守毛凤冠准免麦积山常住地粮。九月，举人姚隆运撰文刻《麦积山开除常住地粮碑》[158]。
公元1643年	明	崇祯十六年	癸未	冬十月，李自成克潼关，连破华州、渭南、临潼、西安；十一月，破延安、凤翔、宁夏、庆阳，遣袁宗弟、刘体纯取秦州，陕西之地悉归之。明年正月，自成称王于西安，国号大顺，改元永昌。（《直隶秦州新志》卷五，《明史》卷二十四《庄烈帝纪》、卷三百九《流贼传》）
公元1645年	大顺	永昌二年[159]	乙酉	正月，清军破李自成于潼关，克西安，自成南走；二月，英亲王阿济格克陕西四城，降三十八城，旬月之间全秦底定。（《清史稿》卷四《世祖本纪》）
公元1649年	清	顺治六年	己丑	两当县地震烈，涌出黑水，窑房崩塌，压死人民牲畜无数，半月始平。（《两当县志》[160]）
公元1654年	清	顺治十一年	甲午	去年八月，礼县地震。是年六月，秦州地震，年余不止；是月空中有声如雷，经时乃止；秦州城垣官署民房崩圮殆尽，压死男妇万余

				口；兴安、安康、白河、紫阳、洵阳、兰州、巩昌、庆阳各处皆震[161]。（《顺治实录》、《秦州志》[162]、《直隶秦州新志》卷六、《清史稿》卷四十四《灾异志》）
公元1672年	清	康熙元年	壬寅	正月，伏羌地震。（《清史稿》卷四十四《灾异志》）
公元1672年	清	康熙十一年	壬子	徽州地震。（《直隶秦州新志》卷六）
公元1674年	清	康熙十三年	甲寅	去年十二月，吴三桂反清；是年五月，遣总兵郝龙、陆道清据秦州。十二月，陕西提督王辅臣叛清，应吴三桂。明年正月，辅臣陷兰州，副将白光勇陷清水县城，遂据平凉、秦州。三月，清军复秦州。四月，辅臣遣兵援秦州，清军击败之。后年正月，清以王进宝为陕西提督，驻秦州。七月，四川总兵吴之茂与三桂将王屏藩援辅臣，攻秦州，力战，败走四川。八月，清军复礼县。（《直隶秦州新志》卷五、《清史稿》卷六《圣祖本纪》、卷四百七十四《吴三桂传》）
公元1688年	清	康熙二十七年	戊辰	八月，西厢里三甲弟子赵永祥妻牛氏等，在麦积山补塑圣像全完[163]。
公元1718年	清	康熙五十七年	戊戌	五月，秦州诸处地大震，数十日不止，山崩地裂，压伤人畜[164]。（《直隶秦州新志》卷六）
公元1729年	清	雍正七年	己酉	秦州升直隶州，降巩昌属之徽州为县，与所领两当县来属，合秦安、清水、礼县，共领五县。（《清史稿》卷六十四《地理志》）
公元1743年	清	乾隆八年	癸亥	瑞应寺僧圆慧合白衣同募诸上善人重修麦积山顶佛舍利塔[165]。
公元1761年	清	乾隆二十六年	辛巳	僧圆觉重修瑞应寺[166]。
公元1764年	清	乾隆二十九年	甲申	秦州知州费廷珍等刊刻《麦积山瑞应寺常住香火田地四至碑》，载明寺中田地东至天池怦高岭、南至老庵大梁、西至庙沟梁、北至前湾石堡为界，上以供香火，下以裕僧众[167]。
公元1767年	清	乾隆三十二年	丁亥	毕沅新受甘肃巩秦阶道，来麦积山题诗刻石[168]。（毕沅《灵岩山人诗集》）
公元1796年	清	嘉庆元年	丙辰	秦安人张仲翩撰《麦积山记》[169]。
公元1820年	清	嘉庆二十五年	庚辰	重建瑞应寺大殿[170]

注：

① 据唐・司马贞《史记索隐》，伯翳，又名伯益、大费，皋陶（大业）之子，系秦、赵之祖、嬴姓之先。

② 清乾隆二十九年（公元1764年）费廷珍修。

③ 据刘宋・裴骃《史纪集解》。邽，汉陇西上邽县；冀县，汉属天水郡。

④ 杜甫《秦州杂诗廿首》之二有云："秦州城北寺，胜迹隗嚣官。苔藓山门古，丹青野殿空"。诗约作于杜甫乾元二年（公元759年）秋移家秦州之后。另据宋・祝穆《方舆胜览》称，麦积山北为雕巢峪，上有隗嚣避暑宫（《四库全书》史部・地理类）。

⑤ 《后汉书》志第二十三《郡国》刘昭注引《秦州记》，东汉献帝中平五年（公元188年）分汉阳郡置南安郡；引《献帝起居注》，初平四年（公元193年）十二月，"已分汉阳、上郡为永阳"。此后，魏改永阳为广魏郡；西晋武帝泰始中，更名略阳郡（《晋书》卷十四《地理志》、《资治通鉴》卷八十二）。

⑥ 据《晋书》为太康七年（丙午，公元286年）。

⑦ 陇西、南安、天水、略阳、武都、阴平等六郡。后惠帝时（公元290～306年），分陇西之狄道、临洮、河关，又立洮阳、遂平、武街、始兴、第五、真仇六县，合九县置狄道郡，属秦州。

⑧ 据今麦积山第1窟东现存南宋嘉定十五年（公元1222年）《四川制置使司给田公据》刻石。另据宋秦州雄武军陇城县第六保《瑞应寺再葬佛舍利记》刻石，现存瑞应寺院内。

⑨ 清・张冲翩嘉庆元年（公元1796年）作《麦积山记》。光绪三十一年（公元1905年）刻石现存麦积山石窟艺术研究所。

⑩ 时值东晋兴宁二年。

⑪ 时敦煌属前凉张天锡治下，值升平十年。

⑫ 碑原立于莫高窟第332窟，现已残断，存敦煌文物研究所。

⑬ 今陕西省富平县。

⑭ 明崇祯十五年（公元1642年）刻《开除常住地粮碑》称："麦积山为秦地林泉之冠，其古迹系历代敕建者，有碑碣可考，自姚秦至今一千三百余年，香火不绝。"此碑现存麦积山。

⑮ 时值北凉天玺三年、后凉神鼎元年、南燕建平二年、南凉建和二年、西凉庚子二年。

⑯ 蒙逊是年自立，义和三年（公元433年）死，在位近三十二年。

⑰ 据《资治通鉴》。

⑱ 时值南燕建平六年。

⑲ 时值南燕太上三年。

⑳ 古上邽城西。

㉑ 时值东晋义熙十三年、西秦永康六年、北凉玄始六年。

㉒ 即今甘肃省永靖县炳灵寺石窟第169窟北壁第6号龛。题记纪年“建弘元年岁在玄枵三月二十四日造”。龛侧供养人题名有“□国大禅师昙摩毗之像”、“比丘道融之像”等。

㉓ 马毛（髦）山之岭。

㉔ 时值南朝宋元嘉九年、北魏延和元年。

㉕ 时值北魏太延二年。

㉖ 即今山西省大同市云冈石窟第16～20窟，习称“昙曜五窟”。

㉗ 上邽等四县属天水郡。当亭县，以故冀城置之。

㉘ 安戎等五县属略阳郡。阿阳县明年（太和十一年，公元487年）改属汉阳郡。

㉙ 黄瓜等三县属汉阳郡。

㉚ 《魏书》作“渠州”，据杨守敬《北魏地形志扎记》，以为作梁州“于情事颇合”。

㉛ 龛像及石刻造像记现存河南省洛阳市龙门石窟古阳洞北壁。

㉜ 七州，为雍、岐、秦、梁、泾、豳华。

㉝ 时值南齐建武四年。

㉞ 南梁州镇武兴。

㉟ 今麦积山第115窟佛座正面墨书题记：“唯大代景明三年九月十五日遣上邽镇司□张元伯稽首白常住三宝今在此麦积□□□□□□为菩萨造石室一区……”，计十三行，一百九十余字。

㊱ 龛像及石刻造像记现存龙门石窟古阳洞南壁。今麦积山第127窟内曾发现沙弥法生屈请良匠造龛石刻题记一方，无纪年，当系寺僧自别窟移入；此法生与龙门石窟同名者或非同一人，待考。

㊲ 孤山，当在上邽左右。

㊳ 《南石窟寺之碑》，碑现藏泾川县文化馆。

㊴ 永宁寺后于永熙三年二月（公元534年）焚毁。其遗址近年经考古发掘，出土小型泥塑，风格与麦积山同期影塑极相似，可知麦积山石窟与中原文化关系之密切（见中国社会科学院考古研究所洛阳工作队《北魏永宁寺塔基发掘简报》，《考古》1981年第3期）。

㊵ 即且末，在新疆罗布泊西滨。

㊶ 前秦建元十八年（公元382年），苻坚遣吕光征西域，取焉耆、龟兹。

㊷ 即《大唐西域记》中之媲摩城，今新疆策勒县以北。

㊸ 时值北魏孝昌二年。

㊹ 前作显新，属天水郡。

㊺ 时值北魏孝昌三年。

㊻ 时值梁大通三年。

㊼ 前作辛琛，此《魏书》作辛琛显、《资治通鉴》作辛显。

㊽ 时值梁中大通三年。

㊾ 记石现存麦积山，应为北宋靖康二年（公元1127年）镌记。

㊿ 时值东魏天平三年。

51 据《周书》为“魏文帝子宜都王式为秦州刺史，以亮为司马”，“宜”、“式”二字有误。

52 即今麦积山第43窟，俗称魏后墓。

53 时值梁承圣三年。

54 北魏太和二十年（公元496年），孝文帝诏改姓，复姓皆改单，至是复旧。

55 公元520～525年。

56 北周·庾信撰，《庾子山集》卷十五。

57 据《周书》列传为武成初（公元559年）。

58 据《周书》帝纪为武成元年冬十月。按，甘肃省武山县拉梢寺摩崖大佛尉迟迥等造像铭称：“维大周明皇帝三年岁次己卯二月十四日使持节柱国大将军陇右大都督秦州□凉〔甘〕□□武岷洮〔邓〕文康十四州诸军事秦州刺史开国公尉迟迥与比丘□□□校□州仙崖敬造释迦牟尼佛一区……”。

59 见58。

60 据《墓志铭》为都督兴梁等十九州诸军事梁州刺史。

61 据《周书》帝纪为二月。

62 据《墓志铭》为都督秦渭等十二州诸军事秦州刺史。

63 据《墓志铭》为都督陕虞等八州甘防诸军事陕州刺史。

64 据庾信《秦州天水郡麦积崖佛龛铭序》为李允信。

65 今麦积山有上七佛阁（第4窟）、中七佛阁（第9窟）。

66 《庾子山集》卷十二。

67 改姓之事，北魏孝文帝诏改复姓为单；西魏宇文泰令改为单者皆复其旧（见54）；是年杨坚复改为单。

68 唐·法琳著。

69 据《隋书》为开皇二年（公元582年）改。

70 时值陈祯明三年。

71 据《隋书》为秦川行军总管。

72 《瑞应寺再葬佛舍利记》:“隋文皇仁寿元年再开龛窟，敕葬舍利，建此宝塔，赐净念寺”;《四川制置使司给田公据》:“大隋敕赐净念寺”; 见⑧。《太平广记》引《玉堂闲话》:“隋文帝分葬神尼舍利于（麦积山）东阁之下，石室之中”。隋·王劭《舍利感应记》:“秦州于静念寺起塔”云云。另见隋文帝立舍利塔诏。

73 北周冀城废入黄瓜县，隋大业二年（公元606年）改黄瓜为冀城县。

74 北魏置曰伯阳县，隋开皇中改名秦岭县。

75 据《隋书》为白瑜妄。

76 北魏南秦州之天水郡，治水南；西魏废帝三年（公元554年）改为长道郡，又立汉阳县属之。北周省水南入长道；隋初罢郡，县属成州。开皇十八年改汉阳县为长道县。大业初置汉阳郡，统上禄、潭水、长道三县。

77 隋冀城县，唐武德三年（公元620年）改为伏羌县，以之及渭州陇西县置伏州。

78 武德二年（公元619年）置文州，以陇城县隶之。

79 《四川制置使司给田公据》:“大唐敕赐应乾寺”。

80 贞观三年（公元629年）置。

81 渭州改为陇西郡，成州改为同谷郡，乾元元年皆复之。

82 据宋·王知彰所记。《秦州杂诗二十首》之十三:“传道东柯谷，深藏数十家……”; 之十六:“东柯好崖谷，不与众峰群……”。东柯谷杜佐草堂遗址见在今天水县街子公社八槐大队。

83 西枝村，今天水县甘泉公社西枝大队，距麦积山十余公里。赞公，原长安大云寺主，谪居秦州。杜诗《宿赞公房》、《西枝村寻置草堂地夜宿赞公土室二首》、《寄赞上人》。

84 墀松德赞，据《旧唐书》传作婆悉笼猎赞，据《新唐书》传作挲悉笼腊赞，天宝十四载（公元755年）立。时值唐大历八年。

85 时值唐建中四年。

86 墀祖德赞，据《新唐书》传作可黎可足，元和十二年（公元817年）立。时值唐长庆二年。

87 时值唐大中二年。

88 宋·秦州雄武军陇城县第六保《瑞应寺再葬佛舍利记》刻石。

89 时值唐大中三年。

90 本隶成州，天宝末（公元756年）废。

91 据《旧五代史》传及《资治通鉴》为光化四年（公元901年）正月。

92 据《新唐书》、《旧五代史》纪为四月。

93 时值后梁乾化元年。岐王李茂贞据凤翔、秦陇，奉唐天祐正朔。

94 时值后梁开平三年（公元909年）六月。

95 即今麦积山第135窟。

96 时值后梁贞明元年、前蜀永平五年。

97 时值后唐同光三年。

98 初，唐于秦州置天雄军，天祐元年（公元904年）军号复置于魏博。

99 后蜀·何光远著。

100 时值后周显德二年。

101 古伏羌地。初，高防知秦州，置采造务，辟地筑堡以戍卒于渭之南采大木以供京师。及吐蕃据渭北，尚波于率众来争。

⑩② 麦积山第59龛墨书景祐二年仲春月二十一日应乾寺重妆塑东西两阁施主舍钱记。
⑩③ 时值西夏拱化二年。
⑩④ 麦积山第168窟（石阶廊道）熙宁三年六月二十四日刻石题壁。
⑩⑤ 今甘肃省陇西县附近，北宋皇祐四（公元1052年）置。
⑩⑥ 时值西夏天赐礼盛国庆五年。
⑩⑦ 麦积山第5窟熙宁八年三月二十四日刻石题记。
⑩⑧ 第5窟元丰四年三月二十六日刻石题记："蒋子奇登麦积山观悬崖置屋之处，知杜诗为不诬矣"。
⑩⑨ 熙宁元年至元丰八年（公元1068～1085年）。
⑪⓪ 《四川制置使司给田公据》。
⑪① 麦积山第4窟廊右壁元祐六年二月三日刻石题记。
⑪② 同⑧⑧。
⑪③ 同⑧⑧。
⑪④ 同⑪⓪。
⑪⑤ 时值金天会六年。
⑪⑥ 时值宋绍兴元年、金天会九年、伪齐阜昌元年。
⑪⑦ 时值伪齐阜昌二年、金天会十年。
⑪⑧ 麦积山自第3窟上登第4窟梯道旁崖面刻石题记："绍兴二年岁在任子兵火毁□"。
⑪⑨ 时值宋绍兴四年、金天会十二年。
⑫⓪ 时值伪齐阜昌七年。
⑫① 时值金天眷二年。
⑫② 时值宋绍兴十一年。
⑫③ 时值金皇统二年。
⑫④ 时值金正隆六年。
⑫⑤ 时值金大定三年。
⑫⑥ 秦、陇、环、原、熙、河、兰、会、洮、商、虢、陕、华等十三州，积石、镇戎、德顺等三军。
⑫⑦ 时值金泰和五年。
⑫⑧ 时值金泰和七年。
⑫⑨ 同⑪⓪。
⑬⓪ 时值金贞祐二年。
⑬① 时值金兴定元年。
⑬② 时值金兴定四年、西夏光定十年。
⑬③ 同⑪⓪。
⑬④ 此碑发现时已折为两段，现合刊于原瑞应寺天王殿墙内。
⑬⑤ 时值蒙古太宗八年。
⑬⑥ 改巩昌府为巩昌路便宜都总帅府，统巩昌、平凉、临洮、庆阳、隆庆五府及秦、陇、会、环、金、德顺、徽、金洋、安西、河、洮、岷、利、巴、河、龙、大安、褒、泾、邠、宁、定西、镇原、阶、成、西和、兰二十七州。至元十三年（公元1276年），立巩昌路总管府。十四年，复行便宜都总帅府事。二十一年（公元1284年），帅府所统者，巩昌、平凉、临洮、庆阳四府，秦、陇、宁、定西、镇原、阶、成、西和、兰、会、环、金、德顺、徽、金洋十五州，陇西、宁远 伏羌、通渭、鄣五县。
⑬⑦ 庄浪、定西、静宁、会州尤甚。震中在今甘肃省会宁县东南，烈度9。
⑬⑧ 时值红巾宋龙凤三年。
⑬⑨ 时值明洪武二年。
⑭⓪ 瑞应寺现存铁钟铭文。
⑭① 震中在今甘肃省武山县，烈度6。
⑭② 震中在今陕西省华县，烈度11。
⑭③ 刻石嵌于麦积山第168窟。
⑭④ 同⑭③。
⑭⑤ 清光绪十五年（公元1889年）任其昌修。
⑭⑥ 同⑭③。
⑭⑦ 麦积山第4窟廊正壁第四号龛上刻字及墨书题记。

⑭⑧ 震中在今甘肃省礼县，烈度为7～8。

⑭⑨ 麦积山第174窟窟顶墨书题记。

⑮⓪ 麦积山第4窟第二、第四、第七号龛内右壁墨书题记。

⑮① 第4窟第一号龛内左壁墨书题记。

⑮② 麦积山第25龛主尊菩萨座左侧墨书题记。

⑮③ 第4窟第五号龛内左壁墨书题记。

⑮④ 震中在今甘肃省徽县，烈度6。

⑮⑤ 第4窟第六号龛内前壁门上墨书题记。

⑮⑥ 烈度7～8。

⑮⑦ 清康熙二十六年（公元1687年）知县王殿元修。

⑮⑧ 碑石现存麦积山第168窟。

⑮⑨ 时值清顺治二年。

⑯⓪ 清康熙二十六年（公元1687年）知县武国栋修。

⑯① 震中在今天水县西南，烈度10。

⑯② 清康熙二十六年（公元1687年）知州赵世德修，抄本。

⑯③ 第4窟第一号龛内右壁墨书题记。

⑯④ 震中在今甘肃省通渭县、甘谷县之间，烈度10。

⑯⑤ 麦积山顶舍利塔石刻题记。

⑯⑥ 麦积山石刻题记。

⑯⑦ 碑石现存麦积山瑞应寺院内。

⑯⑧ 刻石现存麦积山石窟艺术研究所。

⑯⑨ 清光绪五十年（公元1905年）李翊书之瑞应寺壁。

⑰⓪ 瑞应寺大殿墨书题梁。

麦积山石窟内容总录

麦积山石窟艺术研究所编

李西民、蒋毅明整理

说　明

在1952年原西北文化部组成以敦煌文物研究所常书鸿所长为首的勘察组初次勘察麦积山石窟之后，1953年中央文化部组织了吴作人先生为首的麦积山勘察团，对石窟进行了较全面的考察研究，做了文字记录、摄影、临摹、测绘等大量工作，发表了《麦积山石窟内容总录》等文字资料（《文物参考资料》一九五四年第二期）并编辑出版了图录《麦积山石窟》（1954年版），向社会介绍麦积山石窟。1953年9月，成立了麦积山文物保管所，三十余年来负责对麦积山石窟文物保护、管理并开展研究工作，不断修建栈道从而对新通洞窟进行考察。1961年，国务院公布麦积山石窟为第一批全国重点文物保护单位。1976～1984年，由政府拔款进行了大规模的山体维修和加固工程。1986年3月，改保管所为麦积山石窟艺术研究所。

这一《麦积山石窟内容总录》，是在1953年《总录》及其以后各有关研究成果的基础上，由李西民、蒋毅明重新整理而成，注重于内容完整、体例统一，力求简明。通过整理，再次对全部石窟进行了调查，核实并修订了文物的时代和内容，补充记录了原来因栈道不通而无法登临的洞窟。

鉴于麦积山石窟分布于东崖和西崖，窟龛的朝向方位随山体崖面圆转变化，无法一一作绝对的方位确定，因此仍沿用中央文化部勘察团所用的正、左、右、前、后来表述各窟龛内容的相对方位。

麦积山石窟题记，在1953年《总录》中抄录游人漫题较多，或有错录和遗漏，一时难以全面核校，亦限于本书的篇幅，此次所刊，只是举要。

第1窟

修建时代：北魏（唐、宋、明重修）

洞窟形制：三间四柱崖阁，前檐顶已毁，窟平面横长方形、平顶、通正壁佛坛

内容：正壁坛上塑（唐、宋、明重修）佛涅槃像一身，头端、身后塑举哀弟子十身，脚端明塑官服供养人一身。

窟顶明画团花，存三个。

第2窟

修建时代：北周（清重修）

洞窟形制：横长方形盝顶窟

内容：正壁清塑骑狮菩萨（文殊）一身、狮奴一身，左、右弟子、菩萨（狮座、象座）各一身、左、右端弟子、供养人各一身。

左、右壁下部清塑阎王各五身。

清画正壁原三佛项光间菩萨三身，两端天王各一身；左、右壁上部十殿阎王及地狱酷刑；前壁门两侧地狱酷刑；窟顶中央藻井坐佛一身、四披菩萨、天王、八卦、龙、凤、狮、云气。

第3窟

修建时代：北周（明重修）

洞窟形制：十四间人字披顶千佛廊，前檐坍毁

内容：每间石胎泥塑坐佛七身，上下共六层（上数第一、二层明重妆），现存二百九十七身。

题记：上数第一层左起第二身佛左臂刻划“万历八年……”；第六身佛左侧墨书“大明国山西太原府人氏□匠人李登云陕西清平县人氏王金……”；第十二、十三身佛之间墨书“秦州杜□□重修上七□□桥木匠高世班高世祐徒陈世厚一家等二十六□□时吉祥如意……九年四月二十二日工完”。

第二排第三十五身佛项光右侧墨书“秦州雄武军□□□保归朝女倦天水□□□庆元四年”。

第4窟

修建时代：北周、隋（唐、宋、明重修）

洞窟形制：七间八柱单檐庑殿顶崖阁，仅存两边二柱；前部为廊，正壁开方形四角攒尖顶帐形龛七个，廊左、右壁上部各开一耳龛，左壁下部凿石洞通往第5窟

内容：廊正壁左、右两边及各龛之间塑（宋修）天龙八部八身，各龛上塑帐形装饰；上部薄肉塑壁画飞天七方，左起第一、三、五、七方各画伎乐天四身，第二、四、六方各画供养天四身。

第一号龛内宋塑（明修）正壁坐佛一身，左、右弟子（阿难、迦叶）各一身；左、右壁菩萨各三身（共存五身）；三壁影塑千佛七十四身；窟中央宋塑立佛二身。

第二号龛内宋塑（明修）正壁坐佛一身，左、右弟子（阿难、迦叶）各一身；左、右壁菩萨各三身；三壁影塑千佛一百三十身。

第三号龛内宋塑（明修）正壁坐佛一身，左、右胁侍菩萨各一身；左、右壁菩萨各三身；三壁影塑千佛一百二十八身。

第四号龛内宋塑（明修）正壁坐佛一身，左、右弟子（阿难、迦叶）各一身；左、右壁菩萨各三身；三壁千佛一百二十九身。

第五号龛内宋塑（明修）正壁坐佛一身，左、右胁侍菩萨各一身；左、右壁菩萨各三身；三壁影塑千佛一百零三身。

第六号龛内宋塑（明修）正壁坐佛一身，左、右弟子（阿难、迦叶）各一身；左、右壁菩萨各三身；三壁影塑千佛九十八身。

第七号龛内宋塑（明修）正壁坐佛一身，左、右弟子（阿难、迦叶）各一身；左、右菩萨各三身；三壁影塑千佛一百一十一身。

廊左壁耳龛内宋塑（明修）维摩诘一身、弟子一身、天女三身，伞盖式龛顶中心塑莲花；龛下宋塑力士一身。

廊右壁耳龛内宋塑（明修）文殊师利一身、胁侍菩萨一身、弟子三身，伞盖式龛顶中心塑莲花；龛下宋塑力士一身。

廊正壁第一、二号龛之间，第二、三号龛之间，第四、五号龛之间，第五、六号龛之间，第六、七号龛之间天龙八部上方唐画菩萨数身；第一、二号龛上方，第四、五号龛上方，第六、七号龛上方壁画飞天之间唐画说法图各一铺。

廊顶平棋原每间六方，现残存五方，画佛传故事。

各龛内存明画。

题记：由第3窟上登此窟栈梯旁崖面刻“麦积山阁胜迹始建于姚秦成于元魏约七百余年四郡名显绍兴二年岁在壬子兵火毁□至十三年尽境安宁重修再造二十七年丁丑方就绪此□因□迹□□阁桂才刻石以记之。”

廊正壁第一号龛左侧帷幔上墨书”西康马珍孟逊杨征□□□秦绶同故道杜昌等□□□庆元乙未正月上元佳节施灯油于圣寺祈愿永得瞻上圣者谨记”，“右四益昌王国用同张进道赵君玉李押清王才敬并湫池会官文德天到此时淳熙七年三月初二日瞻仰圣像谨题”，“淳熙九年四月武康军王安牛到此”，“利州左三孙农记隆兴三年七月初三日”；刻划“淳熙十五年五月十八日六帅司使臣刘余庆杜课来”。

第四号龛上刻“麦积奇观”，右侧墨书“大明万历十年七月二十八日新建刊字这。”

第一号龛内左壁墨书“惟大明国陕西巩昌府秦州□□民出□□麦积山住持大戒僧慧莲发心承许站佛二尊妆彩贴完慧莲亲弟慧忻师智幻天启六年五月十九日开工□□□□年正月初一日书名”；右壁墨书“西厢里三甲弟子赵永祥妻牛氏男赵乾妻文氏赵明赵五哇赵六哇女二哇九甲弟子强大任妻周氏男强行健阎家代发心补塑圣像全□（完）保佑一家眷□清泰康熙二十七年八月吉日立主持僧人性印”，“麦积大戒比丘僧慧莲领上下众姓人等虔诚发心修贴妆彩菩萨金像天启六年五月十九日开工七月完天启七年正月初一日书名各家二六时中吉祥如意。

第二号龛内右壁墨书“大明国陕西都司巩昌卫后□□□黑风火山西峪沟居住□□□佛妆画贴金发心承舍马一匹□□□万历四十七年四月初八日功完上报”

第四号龛内右壁墨书“发心贴金僧众会首惠䃋□耆丘智亮惠□仁□惠存惠胤汪乾万历□（四）十八年四月□□□□”

第五号龛左壁墨书“清水县信士会首黄加宾曹氏等众会女善发心贴两墻埤诸佛完□（满）姓字于后贴金画匠雍海崇祯三年四月初□（六）日贴金完满吉祥如意”。

第六号龛前壁门上墨书“大明崇祯六年八月十五日开工妆彩贴金画匠陇州南乡梨林里侯家嘴居住信士侯荣侯相弟兄二人侄侯□印三人十月二十妆贴工完满吉祥如意。”

第七号龛左壁墨书“唯大明国陕西等处承宣布政使司巩昌府秦州敕建麦积山上下方圆众信奉佛妆贴圣像姓名于后会首……”；右壁墨书“施主□德□重新□佛堂善念感天地造福自无疆铁匠王化明画匠侯□侯□相天启元年四月二十四日书”。

廊左侧石柱里侧刻“前住持僧智䴘上石刘永安赵沂登顶政和戊戌闰月”。

廊右壁刻“小有洞天”一方，款“泰谿”，上方刻“提点秦凤等路刑狱公事游师雄提举茶马公事仇伯王同登麦积山寺七佛□阁元祐六年二月三日陇城县令杨䳓巡铺马震巡赵远偕至京东副将段缄题”，外侧石柱上刻“权陇城县事赵希安东祖以檄曾游于此岁崇宁五年二月十有八日闲志”，“张保淳刘合同游崇宁壬午十二月望日张闳中后至”，“阎令薛适绍圣乙亥七月丁酉同至”，“南岐故道何元君泽□□赵辅之长举石坡□□往清水迴继程登阁瞻礼圣容钦叹之久抵暮还□水□前归□政和七载丁酉仲冬望日题”。

第5窟

修建时代：隋、唐（宋、明重修）

洞窟形制：三间四柱崖阁，前檐坍毁，仅残存左边石柱，前部为廊，正壁中间开一马蹄形穹窿顶龛，左、右各开一较小圆券浅龛

内容：廊正壁中间龛内塑（明妆）坐佛一身，左、右弟子（阿难、迦叶）各一身、胁侍菩萨各二身；龛外左侧塑（宋、明妆修）摩醯首罗天一身，脚下卧牛。

左侧龛内塑（唐、明妆修）倚坐佛一身，左、右胁侍菩萨各一身。

右侧龛内塑（唐、明妆修）坐佛一身，左、右胁侍菩萨各一身。

廊正壁中间龛顶画（明重画）佛说法、宝塔、莲花、飞天、供养人等。

左侧龛内宋画（明修）佛、菩萨背项光，龛楣明画佛说法图一铺。

右侧龛内宋画（明修）佛、菩萨背项光，火焰纹龛楣；龛上唐画西方净土变一铺,左下女供养人三排，右下男供养人一排。

廊右壁残存唐画经变、飞天、佛说法图。

廊顶平棋壁画仅存一方，画马、象、飞天、火珠等。

题记：廊正壁中间龛外左侧墨书”嘉靖癸亥□□巡按陕西御史三晋韩君恩边备副使金陵张祥分巡检事蜀都甘茹同游书此”；刻“蒋之奇登麦积山观悬崖置屋之处知杜诗为不诬矣元丰四年三月二十六日”。左侧刻“仲文中秋十日独登下观茂林山泉顿觉神往”，“熙宁八年三月二十四日试校书郎赵赡自秦州陇城寨薄权陇城县尉来观麦积山石佛阁因书。”

右壁刻划“崇宁五年□月初一日到此。”

第6龛

修建时代：北周

洞窟形制：圆券龛

内容：龛内塑坐佛一身。

第 7 窟

修建时代：北周（宋重修）
洞窟形制：方形四角攒尖顶窟，正壁开一龛
内容：正壁龛内塑（宋妆）坐佛一身。
　　左、右壁塑（宋妆）坐佛各三身。
题记：左壁前部刻划“大中十年……”。

第 8 龛

修建时代：隋
洞窟形制：券顶龛
内容：龛内塑倚坐佛一身，左、右胁侍菩萨各一身。
　　佛座正面下部左、右画供养菩萨各一身。
题记：右壁前部墨书“发心弟子佛会打扫菩萨金色之石”。

第 9 窟

修建时代：北周（宋、明、清重修）
洞窟形制：七间崖阁，原建前檐已毁，现存木构系后代所修，前部为廊，后部列龛七个
内容：廊后第一号龛内正壁塑（宋、明、清修）坐佛一身，左、右壁胁侍菩萨各一身。
　　第二号龛内正壁塑（宋、明、清修）坐佛一身，左、右壁胁侍菩萨各一身。
　　第三号龛内正壁塑（宋、明、清修）坐佛一身，左、右壁胁侍菩萨各一身。
　　第四号龛内正壁塑（宋、明、清修）坐佛一身，左、右壁弟子（阿难、迦叶）各一身。
　　第五号龛内正壁塑（宋、明、清修）坐佛一身，左、右壁胁侍菩萨各一身（存左壁一身）。
　　第六号龛内正壁塑（宋、明、清修）坐佛一身，左、右壁胁侍菩萨各一身（存左壁一身）。
　　第七号龛内正壁塑（宋、明、清修）坐佛一身，左、右壁胁侍菩萨各一身。
　　明、清壁画第一号龛顶摩尼宝珠；第二号龛顶迦楼罗；第三号龛顶摩尼宝珠；第四号龛顶迦楼罗、迦陵频伽，背光化生童子；第五号龛顶摩尼宝珠；第六号龛顶迦楼罗；第七号龛顶摩尼宝珠。

第 10 窟

修建时代：隋
洞窟形制：拱楣马蹄形穹窿顶窟
内容：窟内塑坐佛一身，左侧胁侍菩萨三身，右侧胁侍菩萨一身，比丘二身。
　　窟顶画千佛。
题记：左侧上部墨书“枯株垭□□□□将化主刘端□同日缘妆銮施□□□□□承信郎骆进施钱□□□□承信郎郭仲□□□□□承信郎朱显施钱□□□太岁□辰淳化□年七月十五日题”，“解连等妆銮发愿……”。
　　右侧墨书“承信郎□□马玉宗施钱保义郎□□□壹道承信郎李□□道承信郎□□□□□□□陈□□忠翼郎彭端半道承信郎□□半道宫使□胜半道□□头朱□□□道□□□发官二□□□道郡指挥使王□半道”；刻划“□□□柱同友人魏璋带佃户毕□到此□仰庆元乙卯记”。
　　窟顶墨书“枯株垭策□□舍钱妆銮记承信郎队将张人各人施钱半道□□冯仲□□……”。

第 11 窟

修建时代：北周（宋、明重修）
洞窟形制：方楣方形四角攒尖顶窟
内容：正壁塑（宋、明修）坐佛一身，左、右宋塑（明修）弟子（阿难、迦叶）各一身。
　　左、右壁宋塑（明修）菩萨各四身。
　　窟顶明画中央莲花一朵，正披画莲花座上草书一方，左、右披及前披莲花各一朵。
　　前壁门上明白描山水人物。
　　正壁底层画佛背光。

第 12 窟

修建时代：北周（明重修）
洞窟形制：方楣方形四角攒尖顶窟，正壁开一龛
内容：正壁龛内塑（明妆）坐佛一身，龛外两侧胁侍菩萨各一身。
　　左、右壁塑（明妆）坐佛各三身。
　　前壁门两侧塑（明妆）弟子各一身
　　四壁明画背项光、云纹。
　　窟顶明画正披佛涅槃，余三披经变。

第 13 龛

修建时代：隋
洞窟形制：摩崖大像
内容：石胎泥塑倚坐佛一身，左、右胁侍菩萨各一身。

第 14 窟

修建时代：北周（隋重修）
洞窟形制：方形四角攒尖顶窟，正壁开一龛
内容：正壁龛内塑（隋修）坐佛一身，龛外两侧隋塑胁侍菩萨各一身。
　　左壁隋塑力士一身。

第 15 窟

修建时代：北魏（宋、明重修）
洞窟形制：横长方形人字披顶窟
内容：正壁宋塑坐佛三身。
　　左、右壁宋塑坐佛各一身。
　　正壁佛座明彩绘。
题记：左壁外侧底层刻“宋国李琦许无仲□高□（成）章以□圣四年闰二月七日同拜”。

第 16 龛

修建时代：北魏
洞窟形制：方形平顶龛，前部坍毁，正壁左、右各开上下二小龛，左、右壁上部各开二小龛
内容：正壁塑坐佛一身，左、右上小龛内立佛各一身；下小龛内立佛各一身、左、右胁侍菩萨各一身。
　　左、右壁塑胁侍菩萨各一身，上部小龛内坐佛各一身，龛侧影塑菩萨、弟子各一身。
　　左侧外壁残存影塑坐佛二身、交脚菩萨二身。
　　右侧外壁有上下二小龛，上小龛内塑思惟菩萨、供

养菩萨、胁侍菩萨各一身。

正壁画佛背光，两侧十弟子，佛座左、右供养人十数身。

第 17 窟

修建时代：北魏

洞窟形制：方形平顶窟，正、左、右壁各开一龛，左、右壁上部各开四小龛

内容：正壁龛内塑坐佛一身，左、右影塑菩萨五身；龛外两侧胁侍菩萨各一身，龛下残像二身。

左壁龛内塑坐佛一身，上部四小龛内存残像。

右壁小龛外影塑坐佛一身。

壁画仅存残迹。

第 18 龛

修建时代：北周

洞窟形制：圆券龛

内容：龛内塑坐佛一身。

第 19 龛

修建时代：北魏

洞窟形制：残龛，正壁左、右各开上下三小龛

内容：正壁存影塑十四身。

第 20 窟

修建时代：西魏

洞窟形制：方形平顶窟，右壁、前壁坍毁

内容：正壁坐佛一身，左、右胁侍菩萨各一身。

左壁塑坐佛一身。

第 21 龛

修建时代：北魏

洞窟形制：圆券龛

内容：龛内塑坐佛一身，右侧下部影塑供养人五身。

右侧下部画供养比丘二身。

第 22 窟

修建时代：北周

洞窟形制：方形平顶窟，正壁开一龛

内容：正壁龛内塑坐佛一身，龛外左侧弟子一身。

左壁塑胁侍菩萨一身。

龛内画天女、弟子、菩萨、火焰忍冬卷草纹佛背光，龛楣画忍冬尾图案。

第 23 窟

修建时代：北魏

洞窟形制：方形平顶窟，前部坍毁

内容：正壁塑坐佛一身。

左、右壁塑胁侍菩萨各一身（存右壁一身）。

正壁画弟子、火焰忍冬纹佛背光，两侧画千佛，下部佛座两侧画男、女供养人各四身。

左、右壁画千佛。

窟顶画莲花、飞天。

第 24 窟

修建时代：隋

洞窟形制：马蹄形穹窿顶窟

内容：窟内塑坐佛一身，左侧胁侍菩萨一身、置残木雕像一身，右侧弟子、菩萨各一身。

第 25 龛

修建时代：隋（明重修）

洞窟形制：圆券龛

内容：龛内明重塑菩萨坐像一身。

龛内明画菩萨项光及龛壁、须弥座云纹等。

题记：座左侧墨书“天启七年四月同妆贴菩萨匠人陇州梨林里侯尽兄弟二人妆彩贴完会首僧人惠莲惠省木匠僧人本羊”。

第 26 窟

修建时代：北周（宋重修）

洞窟形制：方形四角攒尖顶窟，前部坍毁，正壁开一龛

内容：正壁龛内塑（宋修）坐佛一身，龛外两侧塑胁侍菩萨各一身。

左壁塑（宋修）坐佛三身（存一身），佛座浮塑伎乐天（存二身）。

右壁塑（宋修）坐佛三身（存二身），佛座浮塑伎乐天（残存四身）。

三壁上部各画千佛二排。

窟顶正披及左、右披画涅槃经变。

第 27 窟

修建时代：北周（宋重修）

洞窟形制：方形四角攒尖顶窟，前部坍毁，正壁开一龛，左、右壁各开三龛（左壁存二龛，右壁残存一龛）

内容：正壁龛内塑（宋修）坐佛一身，龛外两侧胁侍菩萨各一身。

左、右壁龛内塑（宋修）坐佛各一身。

窟顶正披及左、右披画法华经变。

题记：左壁刻划“郭小普到此淳熙二年四月八日记也”。

正壁龛内右侧刻划“洪武三十一年十一月廿陆刘升□□”。

第 28 窟

修建时代：北魏（宋、明重修）

洞窟形制：三间四柱单檐庑殿顶崖阁，前部为廊，正壁开三马蹄形穹窿顶龛

内容：第一号龛内塑（宋、明修）坐佛一身，左胁侍菩萨一身。

第二号龛内塑（宋、明修）坐佛一身，左、右弟子（迦叶、阿难）各一身、胁侍菩萨各一身。

第三号龛内塑（宋、明修）坐佛一身，左、右胁侍菩萨各一身。

三龛内明画佛背光。

第 29 龛

修建时代：清重修

洞窟形制：敞口龛

内容：龛内清塑坐佛一身，左、右骑狮菩萨（文殊）、骑象菩萨（普贤）各一身。

第 30 窟

修建时代：北魏（宋、明、清重修）
洞窟形制：三间四柱单檐庑殿顶崖阁，前部为廊，正壁开三马蹄形穹窿顶龛
内容：第一号龛内塑（宋、明、清修）坐佛一身，左、右菩萨各三身。
第二号龛内塑（宋、明、清修）坐佛一身，左、右菩萨各三身。
第三号龛内塑（宋、明、清修）坐佛一身，左、右菩萨各三身。
第二号龛内明、清画火焰海水纹佛背光、迦楼罗、乘云伎乐。

第 31 龛

修建时代：北周
洞窟形制：单檐庑殿顶屋形浅龛
内容：正壁影塑千佛上下两排共十身，左、右壁各上下影塑菩萨二身（残存左壁一身）。

第 32 窟

修建时代：北周（宋重修）
洞窟形制：方形四角攒尖顶窟，正壁开一龛
内容：正壁龛内石雕坐佛一身，龛外两侧塑（宋修）胁侍菩萨各一身。
左、右壁塑（宋修）坐佛各三身。
壁画熏黑。
题记：前壁门右侧刻划“仁寿□□”

第 33 龛

修建时代：宋
洞窟形制：圆券龛，前部坍毁
内容：龛内塑坐佛一身、右侧菩萨一身。

第 34 窟

修建时代：北魏（北周、明重修）
洞窟形制：拱楣圆形穹窿顶窟
内容：正壁塑（北周、明修）坐佛一身。

第 35 窟

修建时代：北周（宋、元重修）
洞窟形制：方形四角攒尖顶窟，正壁开一龛
内容：正壁元塑坐佛一身。
左、右壁画坐佛背光各三个。
窟顶左、右披及前披画佛说法图各一铺。

第 36 窟

修建时代：北周（宋重修）
洞窟形制：方形四角攒尖顶窟，前部坍毁，正壁开一龛
内容：正壁龛内塑（宋修）坐佛一身，龛外两侧胁侍菩萨各一身。
左壁塑坐佛三身。
右壁塑（宋重塑）坐佛三身（存二身）。
正壁画火焰纹佛背光。
左、右壁上部画千佛各二排。
窟顶画菩萨、弟子、供养人等。

第 37 龛

修建时代：隋
洞窟形制：圆券龛，前部坍毁
内容：龛内塑倚坐佛一身，右侧胁侍菩萨一身。

第 38 龛

修建时代：不明
洞窟形制：券顶龛
内容：无存。

第 39 龛

修建时代：北周
洞窟形制：方形四角攒尖顶窟，前部坍毁，正壁开一龛
内容：正壁龛内塑坐佛一身。
左、右壁塑坐佛各三身。
壁画熏黑。

第 40 龛

修建时代：北魏（北周重修）
洞窟形制：穹窿顶龛，前部坍毁
内容：正壁塑（北周修）坐佛一身。
正壁残存壁画佛项光等。

第 41 龛

修建时代：北魏（北周重修）
洞窟形制：残龛
内容：龛内塑（北周修）坐佛一身。

第 42 龛

修建时代：北魏（北周重修）
洞窟形制：圆券龛，前部坍毁
内容：龛内塑（北周修）坐佛一身。

第 43 窟

修建时代：西魏（宋、明重修）
洞窟形制：三间四柱单檐庑殿顶崖阁，前部为廊，正壁开一半圆形穹窿顶龛，龛后壁凿出梯形盝顶后室
内容：廊正壁龛内宋塑（明修）倚坐佛一身，两侧胁侍菩萨各一身，后壁宋浮塑龙椅背靠、供养菩萨二身。
廊左、右侧宋塑力士各一身。
后室前部置石雕造像一身，背光浮雕二弟子。
龛内左、右各开一小龛，小龛内各画飞天、忍冬、莲花，左小龛外壁残存供养菩萨等。
题记：龛内左侧小龛下刻划“至正元年□□□□”；右侧刻划“嘉奉元年□□□”
注：据考证，此窟即西魏文帝皇后乙弗氏墓，号寂陵，其后室即墓穴，入葬于大统六年（公元 540 年），废帝时（公元 552～553 年）迁葬长安永陵。

第 44 窟

修建时代：西魏
洞窟形制：方形四角攒尖顶窟，前部坍毁，正壁开一龛
内容：正壁龛内塑坐佛一身，龛外两侧胁侍菩萨各一身。
左壁塑弟子一身。
壁画仅存龛内右侧持花菩萨一身。

第 45 龛

修建时代：北周
洞窟形制：圆券龛，前部坍毁
内容：龛内塑坐佛一身，左、右胁侍菩萨各一身。
左壁塑坐佛一身。

第 46 龛

修建时代：北周
洞窟形制：残龛
内容：龛内塑坐佛一身，左侧弟子一身、菩萨一身。

第 47 龛

修建时代：北周（宋重修）
洞窟形制：·圆券龛
内容：龛内塑（宋修）坐佛一身，左侧石雕立佛一身，右侧石雕菩萨一身。

第 48 窟

修建时代：北周（宋、元重修）
洞窟形制：拱楣马蹄形穹窿顶双龛
内容：左龛内元塑四臂菩萨坐像（观音）一身，浮塑背光狮、象纹。
右龛内元塑坐佛一身，浮塑背光狮、象纹。
左右两龛间、右龛外右侧各塑（宋修）力士一身。
壁画残破模糊。
题记：龛门顶刻划“大中二十年十月六日到此”。

第 49 窟

修建时代：西魏（宋重修）
洞窟形制：单檐庑殿顶崖阁，前檐两边有柱，前部为廊，正壁开一方楣长方形穹窿顶窟，窟内正、左、右壁各开一龛
内容：窟内三壁龛内塑倚坐佛各一身。

第 50 龛

修建时代：宋
洞窟形制：穹窿顶浅龛
内容：龛内宋塑高僧坐像一身。
胡床上宋画花卉。

第 51 龛

修建时代：北魏（宋、明重修）
洞窟形制：方形平顶龛，正壁左、右上部各开一小龛
内容：正壁塑（宋、明修）坐佛一身，左、右弟子（迦叶、阿难）各一身、胁侍菩萨各一身。
左、右壁塑（宋、明修）坐佛各一身。
明代重画正壁帝释天及侍从、天王，左、右壁天王各二身，龛顶迦楼罗、童子飞天及仙鹤、乐器、鸾鸟等。
正壁底层北魏画飞天等。

第 52 窟

修建时代：北周
洞窟形制：方楣方形四角攒尖顶窟
内容：正壁塑胁侍菩萨残存一身。
左壁塑倚坐佛一身。
右壁塑坐佛一身。

第 53 龛

修建时代：北魏（北周、宋重修）
洞窟形制：券顶龛
内容：龛内塑（北周、宋修）坐佛一身。
正壁佛身后画二力士、二菩萨、二弟子。
左、右壁画弟子（迦叶、阿难）各一身。
窟顶画伎乐天四身。

第 54 龛

修建时代：西魏（北周重修）
洞窟形制：圆券龛
内容：龛内塑（北周修）坐佛一身，左、右胁侍菩萨各一身、弟子各一身（存左侧一身）。
龛内画火焰忍冬纹佛背光、忍冬联珠纹菩萨项光。
题记：右侧墨书：“天圣七年正月三日到此贵寺”。
窟顶墨书“秦亭人事王志寅略阳秦勉同曹君同游益昌永泰□□年丙申四月初四日”，“陈州迭步二将校乔森到此时嘉靖十二年正月初四日远游。”

第 55 龛

修建时代：北周
洞窟形制：圆券龛，前部坍毁
内容：龛内塑坐佛一身，左、右胁侍菩萨各一身。
右壁存石雕立佛一身，莲台浮雕动物，右侧存坐佛一身。

第 56 龛

修建时代：北魏
洞窟形制：方形平顶龛
内容：龛内塑坐佛一身。

第 57 窟

修建时代：不明
洞窟形制：天然窟，内有残龛痕迹，自然渗水，又名湫洞
内容：窟内存残石雕四件。

第 58 龛

修建时代：宋（明重修）
洞窟形制：敞口龛，龛顶坍毁
内容：龛内右侧塑（明修）水月观音一身，右侧男供养人一身，龛壁山岩、虎、龙头，座下山林、荷花、水。

第 59 龛

修建时代：宋

洞窟形制：摩崖墨书题记
内容：宋景祐二年乙亥岁仲春月二十有一日麦积山应乾寺重妆塑东西两阁施主舍钱记。

第60龛

修建时代：西魏（隋重修）
洞窟形制：拱楣坡顶龛
内容：龛内塑（隋修）坐佛一身，左侧塑胁侍菩萨一身，右侧隋塑胁侍菩萨一身。
龛内画火焰、忍冬、联珠纹佛背光。

第61窟

修建时代：不明
洞窟形制：残窟，已坍毁
内容：无。

第62窟

修建时代：北周
洞窟形制：方楣方形四角攒尖顶窟，正、左、右壁各开一龛
内容：正壁龛内塑坐佛一身，龛外两侧胁侍菩萨各一身。
左壁龛内塑坐佛一身，龛外两侧胁侍菩萨各一身。
右壁龛内塑坐佛一身，龛外两侧胁侍菩萨各一身。
前壁门两侧塑弟子各一身。
窟外壁左侧塑力士一身。
窟顶正披画二飞天供宝，左、前、右披千佛。
三壁龛内画佛背光。
题记：前壁门上刻划“光天元年一月”。
门道右壁刻划“广政十五年正月十三日当寺继□□”。

第63窟

修建时代：不明
洞窟形制：方形覆斗顶窟
内容：无。

第64窟

修建时代：北魏
洞窟形制：方形覆斗顶窟，正、左、右壁各开一龛
内容：正壁龛内塑坐佛一身。
左壁龛内塑坐佛一身，龛外右侧弟子（比丘）一身。
右壁龛内塑坐佛一身，龛外左侧弟子（比丘尼）一身。

第65窟

修建时代：北周
洞窟形制：方形四角攒尖顶窟，正壁开一龛
内容：正壁龛内塑坐佛一身，龛外两侧胁侍菩萨各一身。
左、右壁塑坐佛各三身。
前壁门两侧塑胁侍菩萨各一身。
正壁龛内画火焰忍冬纹佛背光，龛上左、右画千佛。
左、右壁各画千佛。
题记：右壁刻划“庆元六年四月初五日”。
前壁刻划“兴元六□□……”；壁角刻划“时绍熙五年正月中旬”。
窟外壁墨书“乾隆四十一年四月十□日朝”。

第66窟

修建时代：不明
洞窟形制：拱楣方形穹窿顶窟
内容：无。

第67龛

修建时代：北周
洞窟形制：圆券龛
内容：龛内塑倚坐佛一身，左侧胁侍菩萨一身，右侧菩萨一身、力士一身，力士台下浮塑卧虎一身。

第68龛

修建时代：北魏
洞窟形制：圆券龛
内容：龛内塑坐佛一身，右侧胁侍菩萨一身。

第69龛

修建时代：北魏
洞窟形制：圆券龛，与第169龛合为双龛
内容：龛内塑坐佛一身，左、右胁侍菩萨各一身。
壁画忍冬卷草纹佛背光。

第70龛

修建时代：北魏
洞窟形制：圆券龛
内容：龛内塑坐佛一身，左、右胁侍菩萨各一身。
壁画火焰化佛莲花联珠纹佛背光，左、右弟子各一身。

第71龛

修建时代：北魏
洞窟形制：圆券龛
内容：龛内塑坐佛一身，左、右胁侍菩萨各一身。
壁画火焰化佛莲花纹佛背光，左、右弟子各一身。

第72窟

修建时代：北魏
洞窟形制：方形平顶窟，正、左、右壁各开一龛
内容：正壁龛内塑坐佛一身，龛外两侧壁角胁侍菩萨各一身。
左、右壁龛内塑坐佛各一身。
窟顶画蟾蜍、莲花、水草等。

第73龛

修建时代：北魏
洞窟形制：圆券龛
内容：龛内塑坐佛一身，左侧胁侍菩萨一身。

第74龛

修建时代：北魏（清重修）
洞窟形制：敞口平顶龛，正壁上部左、右各开一小龛
内容：正壁塑（清修）坐佛一身，左、右塑胁侍菩萨各一身；上部左侧小龛内思惟菩萨一身，左、右胁侍菩萨各一身。
左、右壁塑坐佛各一身。
正壁画火焰忍冬卷草纹佛背光、化佛佛项光，佛右肩上飞天一身，左侧上部小龛内坐佛一身。
左、右壁画千佛佛项光。
龛顶画千佛（存数身）。

第75龛

修建时代：北魏（隋重修）
洞窟形制：残龛，前部坍毁
内容：龛内塑坐佛一身。

第76窟

修建时代：北魏
洞窟形制：方形平顶窟，正壁上部左、右各开一小龛，左、右壁上部各开六小龛
内容：正壁塑坐佛一身，上部左、右小龛内坐佛各一身，下部佛座左、右影塑男、女供养人各一身。
左壁塑胁侍菩萨一身，上部六小龛内坐佛各一身（存三身），下部胁侍菩萨左、右影塑供养人各一身。
右壁塑胁侍菩萨一身，上部六小龛内坐佛各一身，下部胁侍菩萨左、右影塑供养人各一身。
正壁画火焰纹佛背光，左右化佛各三身。
左、右壁各画供养人、比丘数身。
窟顶画莲花居中、飞天七身。
题记：佛座正面底层墨书“南燕主安都侯□□□姬□□□后□造……”。

第77窟

修建时代：北魏
洞窟形制：圆券龛
内容：龛内塑坐佛一身，右侧胁侍菩萨一身（倒毁后残件存文物库房）。

第78龛

修建时代：北魏（北周、隋重修）
洞窟形制：敞口平顶龛，正壁上部左、右各开一小龛
内容：正壁塑坐佛一身，左侧胁侍菩萨一身，右侧隋塑胁侍菩萨一身；上部左、右小龛内塑思惟菩萨、交脚菩萨各一身。
左、右壁塑坐佛各一身（存右壁一身）。
正壁右侧上部及龛顶画千佛。佛坛右面画供养人。
右壁画千佛。
题记：佛坛右面供养人题名墨书“仇池镇……□（经）生王□□供养十方诸佛时”。

第79窟

修建时代：不明
洞窟形制：残窟（仅存一角）
内容：无。
注：山体维修加固工程中被填封。

第80窟

修建时代：北魏（明、清重修）
洞窟形制：方形平顶窟，前部坍毁，正壁左、右各开上下二小龛
内容：正壁塑（明、清修）坐佛，左、右上小龛内塑坐佛各一身，下小龛内各并坐二佛，下部佛座左、右影塑供养人各三身。
左壁后部塑胁侍菩萨一身，下部胁侍菩萨右侧影塑供养人一身。
右壁后部塑胁侍菩萨一身，上部小龛残，存影塑佛三身。

第81窟

修建时代：北魏
洞窟形制：方楣方形覆斗顶窟，正、左、右壁各开一龛
内容：正壁龛内塑坐佛一身，龛外两侧胁侍菩萨各一身。
左、右壁龛内塑坐佛各一身。
前壁两侧塑弟子各一身。
三壁龛内各画火焰纹背光，正壁左侧、左壁右侧上部画佛、弟子、菩萨。

第82龛

修建时代：隋
洞窟形制：圆券龛
内容：龛内塑坐佛一身，左、右胁侍菩萨各一身。
龛内画火焰纹背光、飞天二身。
龛上画千佛。

第83窟

修建时代：北魏
洞窟形制：方楣方形叠涩顶窟，正、左、右壁各开一龛
内容：正壁龛内塑坐佛一身，龛外两侧胁侍菩萨各一身。
左壁龛内塑坐佛一身，龛外右侧胁侍菩萨一身。
右壁龛内塑坐佛一身，龛外两侧胁侍菩萨各一身。
前壁门左侧塑力士一身，右侧弟子一身。
壁画熏黑。
题记：左壁龛内刻划“庆元三年□（十）□月初八日……”。

第84窟

修建时代：北魏
洞窟形制：方楣方形覆斗顶窟，正、左、右壁各开一龛
内容：正壁龛内塑坐佛一身，龛外两侧存胁侍菩萨各一身。
左、右壁龛内塑坐佛各一身。
前壁门左、右存菩萨各一身。
注：菩萨四身系别处移来置此。

第85窟

修建时代：北魏
洞窟形制：方形平顶窟
内容：正壁塑坐佛一身，左、右胁侍菩萨各一身。
左壁塑坐佛一身，右侧弟子一身，左侧胁侍菩萨一

身。

右壁塑坐佛一身，左侧弟子一身。

壁画熏黑。

题记：左壁弟子项光边缘刻划“熙宁元年三月十七日”。

右壁右侧原菩萨项光内刻划“天福四年四月八日佃应院僧”。

第86窟

修建时代：北魏

洞窟形制：方形平顶窟，前部坍毁，正壁左、右各开上下二小龛，左壁上部三小龛，右壁上部残存二小龛

内容：正壁塑坐佛一身，左、右影塑飞天各一身；左、右上小龛内坐佛各一身；左下小龛内左、右胁侍菩萨各一身；右下小龛内交脚佛一身，左、右胁侍菩萨各一身；下部佛座左侧影塑女供养人三身。

左壁上部三小龛内塑坐佛各一身（残存二身），龛下影塑坐佛一身。

右壁前置高僧坐像一身，后部影塑坐佛一身。

壁画熏黑。

第87窟

修建时代：西魏

洞窟形制：方形覆斗顶窟，正、左、右壁各开一龛

内容：正壁龛内塑坐佛一身，龛外两侧胁侍菩萨各一身。

左壁龛内塑坐佛一身，龛外右侧胁侍菩萨一身，左侧弟子（阿难）一身。

右壁龛内塑坐佛一身，龛外左侧胁侍菩萨一身，右侧弟子（迦叶）一身。

壁画熏黑。

题记：正壁龛内墨书“崇祯六年三月二十一日宁远县滩哥川万寿寺僧人师傅李自□徒侄李道敏李道玺李道□到此”；龛外左侧刻划“至和二年”。

左壁龛外右侧刻划“大观元年四月□□□□”，龛上刻划“庆历□年仙人崖僧儒亮□□”。

第88窟

修建时代：西魏（北周重修）

洞窟形制：方形平顶窟，左、右壁各开一龛，四壁上部原开小龛于重修时被覆盖（露出五龛）

内容：正壁塑（北周修）坐佛一身，左、右塑胁侍菩萨各一身（右侧菩萨残，身躯置于左壁左侧）。

左壁龛内塑坐佛一身，右侧胁侍菩萨一身。

右壁龛内塑坐佛一身，左侧胁侍菩萨一身。

前壁门两侧塑弟子各一身。

壁画熏黑。

题记：左壁刻划“万历七年七月十五日”，“万历三十七年□□十九日”。

第89窟

修建时代：北魏

洞窟形制：方形平顶窟，正壁左、右各开上下二小龛；左、右壁后部各开上下三小龛，前部各开上下二小龛

内容：正壁塑坐佛一身，左、右下小龛内坐佛各一身。

左壁后部中小龛、前部下小龛内塑坐佛各一身。

右壁后部上小龛、前部上小龛内塑坐佛各一身。

前壁门上塑影塑坐佛七身（残存六身）。

第90窟

修建时代：北魏（宋重修）

洞窟形制：方形穹窿顶龛

内容：正壁宋重塑坐佛一身，左、右弟子（迦叶、阿难）各一身。

左、右壁宋重塑坐佛各一身。

正壁画化佛、火焰纹佛背光，左、右卷蔓忍冬纹弟子项光、供养人数身。

左、右壁画化佛、火焰忍冬纹佛背光。

题记：正壁右侧弟子项光与右壁佛背光之间墨书“□水渭州都□道□中散大夫□法相……”；佛背光与左侧弟子项光之间墨书“□水□□□□雄武军厅吏……”；左侧弟子项光与左壁佛背光之间刻划“凤翔金匠时平到此四度丁亥武政记志”。

第91窟

修建时代：北魏（宋重修）

洞窟形制：方形穹窿顶窟

内容：正壁宋重塑坐佛一身，左、右壁角上部影塑坐佛各六身（左壁角存三身、右壁角存六身）。

左、右壁塑胁侍菩萨各一身，右壁下部胁侍菩萨左侧塑弟子一身。

窟顶右侧影塑飞天一身。

正壁画飞天、火焰纹佛背光，左、右壁角影塑坐佛上方各画宝盖。

第92窟

修建时代：北魏

洞窟形制：方形平顶窟

内容：正壁塑坐佛一身，左侧存影塑坐佛一身，右侧二身。

左、右壁后部塑菩萨、弟子各一身。

正壁画火焰纹佛背光，下部两侧画供养人数身。

左、右壁上部画千佛。

前壁门右侧画菩萨、供养人。

窟顶画飞天、火焰宝珠。

第93窟

修建时代：北魏（宋重修）

洞窟形制：方形平顶窟，窟外右侧上下有不规则排列的圆券形小龛四个

内容：正壁塑（宋修）坐佛一身，左侧影塑上数第二层菩萨二身，第三层立佛一身，第五层女供养人残存三身；右侧第三层立佛三身，第四、五层男供养人各三身。

左壁宋塑弟子（阿难）一身；右侧影塑上数第二层坐佛、菩萨各一身，第三层立佛二身，第四层女供养人二身（存一身），第五层女供养人二身。

右壁宋塑弟子（迦叶）一身；左侧影塑上数第一层坐佛十身（存八身），第二层坐佛二身（存一身），第三层立佛一身，第四层男供养人一身，第五层男供养

人二身。

窟外右侧上数第一小龛内塑交脚菩萨、思惟菩萨、胁侍菩萨各一身，第二小龛内塑坐佛一身、左胁侍菩萨一身，第三小龛内塑坐佛一身，左、右胁侍菩萨各一身，第四小龛内塑坐佛一身。

第 94 窟

修建时代：北周
洞窟形制：方形平顶窟
内容：正壁塑坐佛一身。
左、右壁塑胁侍菩萨各一身、弟子各一身。
正壁画忍冬纹佛项光。

第 95 窟

修建时代：不明
洞窟形制：方形平顶窟
内容：无。

第 96 龛

修建时代：北魏（宋重修）
洞窟形制：残圆券龛
内容：龛内塑（宋重塑）坐佛一身。
龛壁表层宋画云纹佛背光。

第 97 龛

修建时代：北魏
洞窟形制：圆券龛
内容：龛内塑（宋修）坐佛一身。

第 98 龛

修建时代：北魏（宋、元重修）
洞窟形制：摩崖大像
内容：石胎泥塑（宋、元修）立佛一身，左、右胁侍菩萨各一身（存左侧一身）。
大像右上方崖面画花卉、供养菩萨等。

第 99 龛

修建时代：北魏
洞窟形制：圆券龛
内容：龛内塑坐佛一身。

第 100 窟

修建时代：北魏（宋重修）
洞窟形制：方楣马蹄形平顶窟，正壁左、右各开上下三小龛；左、右壁前部各开一龛，上部各开六小龛
内容：正壁塑（宋修）坐佛一身；左侧上小龛内塑思惟菩萨一身，下二小龛内各塑并坐二佛；右侧上小龛内塑交脚菩萨、胁侍菩萨各一身，下二小龛内各塑并坐二佛，下部影塑菩萨二身。

左壁后部塑胁侍菩萨一身；前部龛内塑（宋修）坐佛一身，两侧影塑坐佛三身，龛楣影塑飞天一身；上部六小龛内塑坐佛各一身，第三、四小龛内胁侍菩萨各一身。

右壁后部塑胁侍菩萨一身，下部影塑菩萨一身；前部龛内塑（宋修）坐佛一身，左侧小龛内坐佛一身；上部六小龛内塑坐佛各一身，第一小龛内左侧胁侍菩萨一身。

左、右壁前部龛内画飞天、火焰纹佛背光。

题记：右壁龛内佛背光刻划“□□银同谷记此张十二六月二十八日同藏念二郎到此耳乾道六年”，“乾道九年四月初八日藏念二郎同王十五□吉□□□”。

第 101 窟

修建时代：北魏
洞窟形制：方形平顶窟
内容：正壁塑坐佛一身，左、右弟子（比丘尼、比丘）各一身。
左壁塑交脚菩萨一身。
右壁塑坐佛一身、左侧胁侍菩萨一身。
三壁画火焰纹佛、弟子、菩萨背、项光。
窟顶画飞天数身。
题记：右壁左侧菩萨背光刻划“嘉泰元年三月二十九日”；佛背光刻划“天福二年”。

第 102 窟

修建时代：西魏
洞窟形制：方形四角攒尖顶窟
内容：正壁塑坐佛一身，左侧胁侍菩萨一身，右侧弟子一身。

左壁居士（维摩诘）一身，左、右胁侍菩萨各一身。

右壁倚坐菩萨（文殊）一身，右侧胁侍菩萨一身。

注：窟内胁侍菩萨、弟子位置均已扰乱，左壁右侧菩萨系别处移来。

第 103 窟

修建时代：北魏（宋、元重修）
洞窟形制：方形覆斗顶窟，正、左、右壁各开一龛
内容：正壁龛内塑坐佛一身。

第 104 窟

修建时代：西魏
洞窟形制：方形平顶窟，正壁开一龛
内容：左、右壁及前壁、窟顶画千佛。

第 105 窟

修建时代：西魏（宋重修）
洞窟形制：方形平顶窟，正、左、右壁各开一龛
内容：正壁龛外右侧塑胁侍菩萨一身，左侧置弟子（迦叶）一身。

左壁龛内宋塑坐佛一身，龛外左侧塑弟子（阿难）一身，右侧置菩萨一身。

右壁龛内宋塑坐佛一身，龛外两侧胁侍菩萨各一身。

左、右壁及前壁、窟顶画千佛。

注：正壁弟子应原在右壁右侧，左壁右侧菩萨应原在正壁左侧，右壁右侧菩萨应原在左壁右侧。

第 106 龛

修建时代：北魏（宋重修）
洞窟形制：浅龛
内容：龛内塑（宋修）坐佛一身。

第 107 龛

修建时代：北魏（宋重修）
洞窟形制：券顶龛
内容：残存影塑供养菩萨一身。

龛内表层宋画火焰纹佛背光，底层北魏画飞天、莲花、火焰。

第 108 窟

修建时代：北魏（宋重修）
洞窟形制：方形平顶窟
内容：左壁置坐佛一身、胁侍菩萨二身、力士一身。

右壁置坐佛一身。

门道右侧塑胁侍菩萨一身。

正壁左、右宋画菩萨各一身。

左、右壁宋画菩萨各四身。

前壁门左、右宋画菩萨各一身。

四壁底层画千佛。

题记：前壁门上刻划“□□□□□先和上□麦兴化三年二月廿日”，“嘉泰□年”。

注：窟内造像位置均已被扰乱，多从别处移来。右壁残存坐佛一身，系自第 109 窟移来。

第 109 窟

修建时代：西魏（明重修）
洞窟形制：方形覆斗顶窟，正壁开一龛
内容：正壁龛内置坐佛一身。

左、右壁塑坐佛各三身（各存二身）、弟子各一身。

前壁门两侧塑力士各一身。

窟顶藻井浮塑莲花。

四壁及窟顶画千佛。

题记：左壁上部帐楣刻划“开运四年正月十九日法福记”。

右壁上部帐楣刻划“佛像年深昔有□□圣廷虚空□□□□□□（经）明代□重修补”、“长兴二年三月□□□□□□”。

前壁门上刻划“元祐三年四月三日勾氏□”

注：正壁龛内原塑坐佛一身已佚，现龛内所置坐佛系由侧壁移来，侧壁另一坐佛现置第 108 窟右壁前。

第 110 窟

修建时代：西魏
洞窟形制：方形平顶窟
内容：左壁前置坐佛一身。

右壁影塑菩萨残存二身。

右壁画供养人。

前壁门左侧画供养人，门上画一佛二菩萨（无尽意菩萨、观世音菩萨）一铺。

题记：右壁供养人墨书题名：“玄宝妻……”，“□□画工郑□女供养佛时”，“夏侯妻皇□□□□”，“□妻春花供养佛时”，“谈妻王胜供养佛时”。

前壁门左侧供养人墨书题名“陈益公亡父供养佛时”，“贾伏生亡父供养佛时”，“侔玄宝亡父供养佛时”。

第 111 龛

修建时代：北魏（宋重修）
洞窟形制：方口浅龛
内容：龛内宋重塑坐佛一身。

第 112 窟

修建时代：北魏
洞窟形制：方形平顶窟，正、左、右壁各开一龛
内容：正壁左、右龛楣柱上影塑坐佛各一身，左侧上部影塑坐佛一身。

左壁龛内塑坐佛一身、影塑坐佛二身，龛外左侧影塑供养菩萨一身。

右壁龛内塑坐佛一身、影塑菩萨一身。

前壁门两侧塑力士各一身，门上影塑坐佛一身。

左、右壁龛内画火焰纹佛背光，龛楣各画火焰纹。

窟顶画莲花、飞天。

题记：正壁佛背光右侧刻划“至正十四年三月二十六日”。

第 113 窟

修建时代：北周（宋重修）
洞窟形制：方形覆斗顶窟
内容：正壁塑（宋修）坐佛一身，左侧弟子一身。

左壁塑胁侍菩萨一身

右壁置胁侍菩萨一身。

正壁画火焰忍冬蔓草佛背、项光。

题记：正壁佛左侧刻划“猪角镇□云中僧□广□年”，右侧刻划“至正十四年三月二十六日来此记”。

第 114 窟

修建时代：北魏
洞窟形制：方形平顶窟，左、右壁前部各开一龛
内容：正壁塑坐佛一身。左、右影塑各上下二层：左侧上层思惟菩萨一身，左、右胁侍菩萨各一身，右上飞天一身；右侧上层交脚菩萨一身，左、右胁侍菩萨各一身，左上飞天一身；下层左、右坐佛各二身。

左壁后部塑胁侍菩萨一身，上部影塑坐佛四身；前部龛内塑坐佛一身。龛上左、右影塑飞天各一身。

右壁后部塑胁侍菩萨一身，上部影塑坐佛三身；前部龛内塑坐佛一身，龛上左、右影塑飞天各一身（存左侧一身）。

正壁画佛背光

左壁龛内画佛背光，两侧飞天、菩萨。

右壁龛内画佛背光，两侧飞天、菩萨。

窟顶画莲花、飞天、天花。

题记：正壁左侧墨书“嘉定十四年六月十九日□节郎□□□□前游步四队时武章到此□记游”，佛背光上部刻划“□熙十六年四月八日慕□□故京ム人慕二记”。

左壁龛外左侧刻划“□（熙）宁元年三月十六日重行马四哥”；龛内右侧刻划“雍熙三年秦州王觉禅院僧□□□□”，“兴元□年□□□”。

右壁菩萨背光刻划“治平二年四月上……”，龛内左上刻划“熙宁三年□□□□”，“吉安陇州□年□□□□”。

第115窟

修建时代：北魏
洞窟形制：方形平顶窟
内容：正壁塑坐佛一身。

左壁塑胁侍菩萨一身，左、右上部影塑坐佛各二身。

右壁塑胁侍菩萨一身，右侧上部影塑坐佛二身。

正壁及左、右壁各画飞天、火焰纹佛、菩萨背光，三壁画因缘故事，左壁前部画一供养比丘。

窟顶画盘龙、飞天。

题记：佛座正面墨书“唯大代景明三年九月十五日遣上邽镇司□张元伯稽首白常住三宝今在此麦积□□□□□□□为菩萨造石室一区愿三宝兴□法轮常转众僧□□天所□□右愿国祚□（乃）昌万代不绝八方偻负天人庆儨右愿第子所有诸师父母命之者神生儿拏□□□尊□□（飡）□教悟无生忍□（右）现在之右愿使四大□（康）像六□□烦□□二宜命不□□□□弟子夫妻媳□现世之中众灾消灭百□□□常为国之良辅学者联□□箧内列诸典记□□□历代不□及一切众生普同成佛愿子□养大愿是见佛”。

第116龛

修建时代：北魏（宋重修）
洞窟形制：券顶龛
内容：龛内宋塑坐佛一身。

正壁画火焰纹佛背光，左、右各二弟子、莲花宝珠忍冬簇。

左、右壁画供养菩萨各一身及忍冬等。

龛顶左、右画飞天各一身。

题记：正壁佛背光刻划“应□□年□□”。

第117窟

修建时代：北魏（宋重修）
洞窟形制：方形平顶窟
内容：正壁石雕坐佛一身，背光右侧浮雕阿难一身。

左、右壁塑（宋修）坐佛各一身。

壁画熏黑。

题记：石雕佛座刻“游礼圣像故记之□来与隽石孙博士同光天元年五月三日晨时”，“至元二十年□□□□王得诏到”，“太平兴国九年四月二人□□寺主□□“。

第118窟

修建时代：北魏（宋重修）
洞窟形制：券顶龛
内容：龛内宋塑坐佛一身。

第119龛

修建时代：北魏（宋重修）
洞窟形制：浅龛
内容：龛内宋塑坐佛一身。

第120窟

修建时代：北魏
洞窟形制：方形平顶窟
内容：正壁塑坐佛一身。

左壁塑坐佛一身，右侧胁侍菩萨一身。

右壁塑坐佛一身，左侧胁侍菩萨一身。

前壁门两侧塑弟子各一身。

正壁画佛背光，左、右画供养人。

题记：正壁左侧供养人墨书题名“比丘颜集供养佛时”、“比丘才嶷供养佛时”、“亡□比丘进度供养佛时”、“亡弟天水郡□□真供养佛时”，“亡□□督骁骧将军天水太守王宗供养佛时”、“……武□（兴）镇将王胜□（供）□□□（时）”、“□叔假伏波将军□石县令王□供养佛时”。右侧供养人墨书题名“比丘尼法静供养佛时”、“亡祖母□供养佛时”。左侧上部红地题榜内墨书“孙三郎同□□□□妆塑生佛”。

第121窟

修建时代：北魏（宋重修）
洞窟形制：方形覆斗顶窟，正、左、右壁各开一龛
内容：正壁龛内正壁塑坐佛一身，左、右上部塑听法弟子各五身（存左侧五身、右侧三身）。龛外两侧壁角塑弟子（比丘、比丘尼）各一身。

左壁龛内宋重塑坐佛一身，龛外右侧壁角塑胁侍菩萨一身。

右壁龛内宋重塑坐佛一身，龛外左侧壁角塑胁侍菩萨一身。

前壁门两侧宋塑力士各一身。

三壁画佛、菩萨、弟子火焰纹背光，供养人、莲花等。

窟顶藻井周围画飞天十数身。

第122窟

修建时代：北魏（宋重修）
洞窟形制：方形平顶窟
内容：正壁塑坐佛一身，左、右壁角胁侍菩萨、弟子（比丘）各一身；影塑坐佛十三身。

左壁塑坐佛一身，右侧壁角弟子（比丘尼）一身；影塑坐佛十七身；上部浮塑莲花。

右壁塑坐佛一身，左侧壁角胁侍菩萨一身，右侧壁角弟子一身；影塑坐佛十五身；上部浮塑莲花。

三壁宋画花卉图案佛背光、火焰纹菩萨背光。窟顶宋画莲花。

左壁底层佛背光上画菩联数身，窟顶飞天数身。

第123窟

修建时代：西魏
洞窟形制：方形平顶窟，正、左、右壁各开一龛
内容：正壁龛内塑坐佛一身，龛外两侧胁侍菩萨各一身。

左壁龛内塑居士（维摩诘）一身，龛外右侧弟子（阿难）一身，左侧侍者（童男）一身。

右壁龛内塑菩萨（文殊）一身，龛外左侧弟子（迦叶）一身，右侧侍者（童女）一身。

窟顶画飞天数身。

题记：正壁刻划“乾德四年□月二十日”，“熙宁八年四月吴□哥□□□”，“崇宁八年”。

左壁刻划“开宝九年四月五日到此”，“长兴元年六月七日……”，“天圣□□六年四月十八日”，“□定国僧缘起□□三人天□四年七月武正国”。

前壁刻划“太平兴国玖年□□□王浩等□□□”，“政和三年□（二）月七日天水李桂成□□□”。

第124龛

修建时代：北魏（宋重修）

洞窟形制：圆券龛

内容：龛内塑（宋修）坐佛一身，左、右胁侍菩萨各一身。

壁画火焰纹佛背光。

题记：佛项光左侧刻划“邠州开元寺可□洵”。

第125龛

修建时代：北周

洞窟形制：圆券龛

内容：无。

注：龛内原塑坐佛一身，现藏麦积山石窟艺术研究所库房。

第126窟

修建时代：北魏

洞窟形制：方形平顶窟

内容：正壁塑坐佛一身，左侧胁侍菩萨一身，右侧弟子一身，上部两侧影塑坐佛七身。

左壁塑天王一身，右侧影塑坐佛一身、菩萨四身、莲花若干，左侧影塑坐佛一身。

右壁塑力士一身，左侧影塑坐佛三身，右侧影塑坐佛五身、菩萨二身、女供养人一身、莲花若干。

前壁门上影塑坐佛五身、菩萨一身、莲花若干，门右侧影塑菩萨一身。

窟顶影塑飞天二身。

正壁佛两侧画供养比丘、供养菩萨数身。

窟顶画飞天、莲花。

题记：右壁力士右侧墨书“至治三年四月初八日一行人□□□□”。

第127窟

修建时代：西魏（宋、元重修）

洞窟形制：横长方形盝顶窟，正、左、右壁各开一龛

内容：正壁龛内石雕坐佛一身，左、右胁侍菩萨各一身，佛项光浮雕化佛一身、伎乐天十二身，背光弟子二身、供养天四身、供养人四身。

左壁龛内塑（宋重塑）坐佛一身，左、右胁侍菩萨各一身。

右壁龛内塑（宋重塑）坐佛一身，左、右胁侍菩萨各一身。

窟中央宋塑坐佛一身，左、右（元重塑）胁侍菩萨各一身。

正壁画涅槃经变一铺。

左壁画维摩诘经变一铺。

右壁画西方净土变一铺。

前壁上部画七佛，下部门两侧画十善十恶图一铺。

窟顶天井画帝释天，正披画本生故事，左、右披画萨埵太子本生，前披画睒子本生。

题记：正壁龛内右侧菩萨项光刻划“龙纪元年”；佛右侧刻划“山西平定州高罕至正十二年四月初八日上香”，“正统四年□月初一日”；“左侧菩萨项光刻划“雍熙三年二月”，“凤翔押衙买□木赵仁蕴雷司马同游圣境此时开宝四年五月十三日记之”，“李敬能游此天成四年”。

左壁龛内右侧刻划“咸通三年□□□”，龛内左侧刻划“赵□□天复八年十月□（三）日到□□”，“绍熙八年□□□。”

右壁左侧刻划“嘉定二年三月二十日”。

前壁右侧刻划“乾□（宁）元年二月二十三日凉州山客人□□□”，“天复□年正月□□□”。

第128窟

修建时代：北魏

洞窟形制：方形平顶窟，正壁左、右各开上下三小龛，左、右壁前部各开一龛，左壁上部开三小龛，右壁上部开六小龛，前壁门上上下各开七小龛

内容：正壁塑坐佛一身，左上小龛内思惟菩萨一身，右下小龛内并坐二佛（残存左侧坐佛一身）。

左壁后部塑胁侍菩萨一身；前部龛内塑坐佛一身，两侧各开上下二小龛，上小龛内坐佛各一身，下小龛内各并坐二佛；上部第一小龛内塑坐佛一身，第三小龛横长，原塑并坐像五身。

右壁后部塑胁侍菩萨一身；前部龛内塑坐佛一身，两侧各开上下二小龛，上小龛内坐佛各一身，下小龛内各并坐二佛；上部第一、二小龛内塑坐佛各一身。

前壁门两侧塑菩萨各一身；门上上层七小龛内塑坐佛各一身，下层中间龛内塑坐佛一身，左、右胁侍菩萨各一身，左右六小龛内塑坐佛各一身（残存三身）。

左、右壁后部各画菩萨背、项光，前部龛内各画飞天及化佛、火焰纹佛背、项光。

前壁门两侧各画菩萨项光。

左、右壁龛楣及龛内佛座均为后代重画。

题记：右壁龛内左侧刻划“天水□□安孝先戊戌三月清明后三日到此”；后部胁侍菩萨项光右侧刻划“河池吕公佺□身”。

129龛

修建时代：北魏

洞窟形制：券顶龛

内容：龛内塑坐佛一身，左侧胁侍菩萨一身。

注：原残存右侧胁侍菩萨一身，已毁。

第130窟

修建时代：北魏

洞窟形制：圆券龛

内容：龛内塑坐佛一身。

第 131 窟

修建时代：北魏
洞窟形制：方形平顶窟
内容：正壁塑坐佛一身。

左壁上下影塑七层，第一层坐佛三身，第二层坐佛七身，第三层坐佛七身，第四层比丘五身，第五层供养菩萨一身，第六层男供养人二身。壁前存一坐佛。

右壁前置坐佛一身。

前壁上下影塑三层，存坐佛八身。

正壁、前壁门左侧各画莲花纹背光。

题记：前壁门右侧刻划"天圣二年重□新□"。

第 132 窟

修建时代：西魏
洞窟形制：圆券龛
内容：龛内塑坐佛一身，左、右胁侍菩萨各一身。

壁画火焰纹佛、菩萨背、项光，右侧上部画飞天一身。

第 133 窟

修建时代：北魏（宋重修）
洞窟形制：方楣，前部横长方形，后部成两进后室，平顶，前部右侧覆斗形顶，周壁上下两层开十六龛。窟内存石刻造像碑十八通。
内容：第一号龛内正壁塑坐佛一身，左、右壁后部胁侍菩萨各一身；上下影塑十一层，现存坐佛、供养人八十一身。

第二号龛内正壁塑坐佛一身。

第三号龛内塑坐佛一身，左、右胁侍菩萨各一身。

第四号龛内正壁塑坐佛一身。

第五号龛内正壁石雕坐佛一身，左、右胁侍菩萨各一身。

第六号龛内正壁塑坐佛一身，右壁胁侍菩萨一身，上部影塑坐佛五身（残存三身）。

第七号龛内正壁塑（宋修）坐佛一身，左、右石雕胁侍菩萨各一身。

第八号龛内正壁塑交脚菩萨一身。

第九号龛内正壁塑坐佛一身，右壁弟子（阿难）一身。

第十号龛内正壁塑坐佛一身。

第十一号龛内正壁塑坐佛一身，龛楣塑兽面，龛楣上浮塑佛、菩萨、飞天、山水、动物等。

第十二号龛内残存影塑二身。

第十三号龛内塑坐佛一身，左侧胁侍菩萨一身，影塑千佛二十八身，龛外壁左侧影塑千佛十一身。

第十四号龛内正壁塑坐佛一身，右侧置石雕菩萨一身，左侧置坐佛一身。右壁影塑千佛七十二身。

第十五号龛内塑坐佛一身，左、右胁侍菩萨各一身、供养菩萨各一身，龛门右侧影塑坐佛一身，龛外下部左、右影塑供养菩萨各三身（共存四身）。

第十六号龛内左壁影塑五百五十八身，右壁影塑六十一身。

窟内各壁上部满贴影塑，现存前部正壁上部六十二身，

窟前部中央宋塑立佛（释迦）一身，右侧弟子（罗睺罗）一身。

前壁门左侧宋塑菩萨（立像）一身，右侧菩萨（坐像）一身。

窟顶画乘龙、乘凤天人、供养天。前部右侧覆斗顶画千佛、忍冬等。

第十一号龛楣画坐佛，左、右供养人数身。

第十二号龛顶画莲花、飞天。

第一号碑雕碑额佛说法一龛（碑阳），佛禅定一龛（碑阴），侧面山峦猛虎。碑身四面雕千佛。

第二号碑雕千佛。

第三号碑雕千佛，中央并坐二佛一龛。

第四号碑雕千佛。

第五号碑雕千佛。

第六号碑雕千佛。

第七号碑雕千佛。

第八号碑雕千佛，中央佛说法一铺。

第九号碑雕千佛。

第十号碑雕佛传故事。

第十一号碑上、下段雕千佛，中段佛说法一铺。

第十二号碑雕千佛。

第十三号碑雕千佛。

第十四号碑雕千佛。

第十五号碑雕千佛。

第十六号碑雕上段佛说法一铺，下段千佛。

第十七号碑雕千佛，中央佛说法一龛。

第十八号碑雕千佛。

题记：第五号龛内墨书"清水□雄途中雨灾时……宋嘉祐……"，"季夏□□月二日政和甲午□□□□"。

第七号龛佛座墨书"延祐三年九月初六日"；佛座左侧壁上"至正二年四月八日奉元主人□在秦州东□……"，至和元年六月十三日巩昌古渭游□僧人万寿寺屈吉祥宝庆寺行镃行剑□□□福寺□□兴国寺□□一行廿人"。

第十号碑刻划"天顺四年五月二十日有本局作头王文智到同日本局作头高敬贾牛儿□"，"秦州住人任侍诏王侍诏兄弟等绘加妆銮一堂佛像至元二十一年四月初八日"，"秦亭工段□吉同□立……登此万佛堂丁未三月廿八日□记"。

第九号碑碑阴朱书"大宋熙宁八年三月二十六日赵瞻书石"。

第二号碑墨书"席天禄妆佛一十五尊陈世安銮佛一尊姚大都銮佛一尊韩君鸥銮佛一尊□□弟妆佛□□尊"。

右壁墨书"特□□□妆□□（立）养育舍财□释迦佛一尊菩萨一尊保佑□□"。

第 134 龛

修建时代：北魏（北周重修）
洞窟形制：圆券龛
内容：龛内塑（北周修）交脚菩萨一身，右侧胁侍菩萨一身。

第 135 窟

修建时代：西魏（北周、宋重修）
洞窟形制：横长方形平顶窟，正壁开一龛，左、右北周各开一龛；左、右壁各开一龛；前壁门上开三明窗
内容：正壁中间龛内塑坐佛一身，左、右胁侍菩萨各一身。左侧龛内北周塑（宋修）坐佛一身，左、右置北周塑坐佛、倚坐佛各一身。右侧龛内北周塑（宋修）坐佛一身，左侧胁侍菩萨一身，龛下置残石雕交脚菩萨一身。
左壁龛内塑坐佛一身，左、右胁侍菩萨各一身。
右壁龛内塑坐佛一身，左、右胁侍菩萨各一身。
正壁画涅槃经变一铺。
左壁龛上画佛说法图三铺，龛外两侧维摩诘变一铺，龛内飞天、火焰纹佛背光。
右壁龛上画佛说法图三铺，龛外两侧佛说法图各一铺。
前壁上部明窗之间画佛说法图三铺，门上及门两侧佛说法图数铺。
窟顶画飞天等。
窟中央偏左石雕立佛一身，左、右石雕（宋补塑）胁侍菩萨各一身。
题记：正壁中间龛右侧刻划“□炎二年三月……”，墨书“纳僧赋性好游山今日游山非等闲履步重登□□□当来重证极乐□开戒监莲花山释道□明宗如净明贵如海如惩”；龛外左侧刻划“绍兴二十三年”。
左壁南侧刻划“至正□□□□”。
右壁左侧刻划“太平兴国六年□月八日徐印”，“同光四年四月……”；右侧刻划“开宝六年四月六日□□□□记”，“大明国陕西巩昌府秦州永川里”，龛内右侧刻划“天顺二年闰二月二十八日到万佛堂”。
前壁明窗内刻划“天和贰年□□”，“天和六年”；甬道顶刻划“乾元元年四月八日史山刘□□□记”。
石雕立佛胸部刻“上邽纪文到此”，袈裟左边刻“开元八年卢俊义”，背后腰部刻“天光七年四月初八日秦安梁□□”，莲座刻“嘉靖三年四月初八日朝山贾廷贵傅□山张九思张永智苗得雨刊”。

第 136 窟

修建时代：北周（宋重修）
洞窟形制：方形四角攒尖顶窟
内容：正壁塑（宋修）坐佛一身。
左、右壁宋塑菩萨坐像各一身。
壁画表层宋画熏黑。底层正壁两侧画弟子各一身，窟顶正披莲花。
三壁莲座上宋画花卉。
题记：左壁刻划“凉州卫二僧道明□□”。

第 137 龛

修建时代：北魏
洞窟形制：圆券龛
内容：龛内塑坐佛一身，右侧胁侍菩萨一身。

第 138 龛

修建时代：北魏
洞窟形制：圆券龛
内容：龛内塑坐佛一身。

第 139 窟

修建时代：北魏
洞窟形制：方楣方形平顶窟
内容：正壁塑坐佛一身，右侧弟子（阿难）一身。
左壁塑胁侍菩萨一身，前部力士一身。
右壁前部塑力士一身。

第 140 窟

修建时代：北魏
洞窟形制：拱楣方形平顶窟
内容：正壁塑坐佛一身，左侧胁侍菩萨一身。
左壁塑坐佛一身，左侧置胁侍菩萨一身。
右壁塑坐佛一身，右侧弟子（比丘尼）一身，左侧胁侍菩萨一身。
三壁各画火焰纹佛背光及二弟子。左、右壁前部画庭院、树木，后部画供养人。
窟顶画莲花、飞天。
题记：左壁右侧墨书“至元四年四月初八日孙伯元到此，左侧“正统十年二月二十四日兰县和尚到此”。
右壁刻划“孙持于成一行五人至元五年二月初八日”，“正德六年正月十三日”。
前壁右侧刻划“正统十年二月三日凉州□僧人□□□”。
窟顶右侧刻划“泾州龙兴寺僧”。
注：左壁置胁侍菩萨应原在正壁右侧。

第 141 窟

修建时代：北周
洞窟形制：方形覆斗顶窟，正壁开一龛，左、右壁各开三龛，右壁中间龛被后代凿穿，与第 140 窟相通
内容：正壁龛内塑坐佛一身，龛外两侧胁侍菩萨各一身。
左壁左右二龛内塑坐佛各一身。
右壁左右二龛内塑坐佛各一身。
前壁门左侧置菩萨一身。
窟顶藻井浮塑莲花。

第 142 窟

修建时代：北魏
洞窟形制：方形平顶窟
内容：正壁塑坐佛一身，左、右胁侍菩萨各一身。左侧壁角影塑上数第一、二层牛头山瑞像；第四层坐佛一身，左、右弟子各一身；第五层左、右菩萨、弟子各一身。右侧壁角影塑第一、二层象头山瑞像；第三层母子供养人；第四层坐佛一身，左、右胁侍菩萨各一身；第五层坐佛、弟子各一身。
左壁后部塑弟子（比丘）一身，中间坐佛一身。右侧影塑上数第三层坐佛二身；第四层坐佛一身，左、右弟子、胁侍菩萨各一身；第五层坐佛一身，左侧弟子二身，右侧菩萨一身。
右壁后部塑弟子（比丘尼）一身，中间交脚菩萨一身。左侧影塑上数第一层立佛一身，第二层坐佛一身，第三层坐佛二身，第四层坐佛一身，第五层坐佛

二身。右侧影塑第二层立佛二身，第三层坐佛二身，第四层坐佛二身，第五层女供养人三身。

前壁门右侧塑力士一身。

三壁画火焰忍冬纹佛、菩萨、弟子背、项光。影塑之间画供养人、弟子、莲花等。

窟顶画莲花、飞天。

第 143 龛

修建时代：北魏（北周重修）

洞窟形制：残龛

内容：正壁塑坐佛一身，佛座右侧坐佛一身，右侧北周塑胁侍菩萨一身。

右壁下部影塑男供养人一身。

第 144 窟

修建时代：北魏

洞窟形制：方形平顶窟，前部坍毁，正壁左、右各开上下三小龛

内容：正壁塑坐佛一身。左侧下小龛内残塑一身。右侧上小龛内交脚菩萨一身，左、右胁侍菩萨二身；中小龛内并坐二佛；下小龛内并坐二佛。

右壁塑胁侍菩萨一身。

第 145 窟

修建时代：北魏

洞窟形制：方形平顶窟，前部、右壁坍毁，正壁、左壁各开一龛

内容：正壁龛内塑坐佛一身，龛外右侧胁侍菩萨一身。

左壁龛内塑坐佛一身，龛外右侧弟子一身。

第 146 窟

修建时代：北魏

洞窟形制：方形平顶窟，前部坍毁，正壁开一龛。

内容：正壁龛内塑坐佛一身，龛外右侧胁侍菩萨一身。

龛外右侧画弟子数身。

窟顶后部右侧画一飞天。

第 147 龛

修建时代：北魏

洞窟形制：残龛，正壁开一龛

内容：正壁龛内塑坐佛一身，龛外右侧残存菩萨一身。

龛内画火焰纹佛背光，左、右菩萨各一身。

第 148 窟

修建时代：北魏

洞窟形制：方形平顶窟，正壁左、右各开上下三小龛，左、右壁各开一龛，右壁上部开四小龛

内容：正壁塑坐佛一身。左上小龛内思惟菩萨一身，左、右胁侍菩萨各一身；下二小龛内各并坐二佛。右上小龛内交脚菩萨一身，左、右胁侍菩萨各一身；下二小龛内各并坐二佛。

右壁龛内左壁上下二小龛，下小龛内塑并坐二佛。上部第二、三、四小龛内各并坐二佛，第一小龛内存一佛。

正壁龛内画火焰纹佛背光。

底层早期画化佛项光。

第 149 窟

修建时代：不明

洞窟形制：残窟

内容：无。

第 150 窟

修建时代：不明

内容：残窟

内容：无。

第 151 窟

修建时代：不明

洞窟形制：残窟

内容：无。

第 152 窟

修建时代：北魏（隋重修）

洞窟形制：残龛

内容：龛内塑（隋修）坐佛一身。

第 153 龛

修建时代：不明

洞窟形制：圆券龛

内容：无。

第 154 窟

修建时代：北魏

洞窟形制：方形平顶窟

内容：正壁塑坐佛一身，左、右力士各一身。

左壁塑坐佛一身，左、右胁侍菩萨各一身。

右壁塑坐佛一身，左、右胁侍菩萨、弟子（比丘尼）各一身。

前壁门两侧塑力士各一身。

左、右壁画火焰、云纹佛、菩萨背光，右壁间画二弟子。

窟顶画赴会菩萨、弟子及飞天、仙鹤、灵鸟等。

题记：右壁前部墨书："□□□□比丘僧果供养佛时"。

注：正壁二力士、左壁二菩萨均由别处移入。

第 155 窟

修建时代：北魏

洞窟形制：方形平顶窟。正壁开一龛，左、右各开上下三小龛。左、右壁前部各开一龛，左壁上部开六小龛，右壁上部开七小龛。前壁上部开十小龛

内容：正壁龛内塑坐佛一身，左、右影塑各二层，上层坐佛各三身，下层交脚佛各四身。龛楣影塑坐佛一身，左、右胁侍菩萨各一身、飞天各三身（左侧三身，右侧残存二身）、供养菩萨各一身。龛外左侧塑胁侍菩萨一身。左侧上小龛内塑思惟菩萨一身，左、右胁侍菩萨各一身。

左壁后部塑弟子一身。前部龛内塑坐佛一身，上部

六小龛内塑坐佛各一身（残存五身）。

右壁前部龛内坐佛一身。上部七小龛内塑坐佛各一身（存二身）。

前壁上部十小龛内塑坐佛各一身（存九身）。门左、右两侧影塑坐佛各三层，左侧存坐佛六身，右侧存八身。

三壁龛内各画背光，左、右飞天各一身及莲花。

窟顶画莲花五朵、飞天十数身。

注：正壁左、右下二小龛被后补塑胁侍菩萨、弟子所封堵。

第156窟

修建时代：北魏

洞窟形制：方形平顶窟，前部坍毁

内容：正壁塑坐佛一身。左、右影塑各二层，右侧上层交脚菩萨、胁侍菩萨各一身；左、右下层坐佛各一身。下部佛座右侧影塑供养人一身。

右壁塑胁侍菩萨一身。左侧影塑二层，上层菩萨一身，下层坐佛一身。

正壁画火焰纹佛背光，

右壁下部菩萨左侧画坐佛二身。

第157龛

修建时代：北周

洞窟形制：圆券龛，前部坍毁

内容：龛内塑坐佛一身，左、右弟子各一身，左侧置残弟子一身。

第158窟

修建时代：北魏

洞窟形制：方形平顶窟，正、左、右壁各开一龛

内容：三壁龛内塑坐佛各一身。

第159窟

修建时代：北魏

洞窟形制：方楣方形平顶窟

内容：正壁塑坐佛一身。左、右影塑各三层，左侧上层左、右胁侍菩萨各一身；中层思惟菩萨一身，左、右胁侍菩萨各一身；下层女供养人五身。右侧上层立佛一身，左、右胁侍菩萨各一身；中层交脚菩萨一身，左、右胁侍菩萨各一身；下层男供养人四身。

左壁塑胁侍菩萨一身。左、右影塑各三层，右侧上层坐佛二身；中层交脚佛身；下层女供养人三身。左侧上层坐佛二身；中层坐佛二身；下层男供养人三身。

右壁塑胁侍菩萨一身。左、右影塑各三层，左侧上层坐佛二身（存一身）；中层交脚佛二身，下层男供养人四身。右侧上层坐佛二身；中层坐佛二身；下层女供养人一身。

三壁画火焰纹佛、菩萨背光，下部影塑之间画莲池、莲花。

前壁画佛二身。

窟顶画莲花、飞天。

题记：正壁右侧供养人墨书题名“比丘僧果供养佛”，“亡父李道生供养”，“亡兄阿舍供养佛”，“亡兄阿□供养”；左侧“亡母龙欢□供养”、“亡姨三双□□□”。

右壁供养人墨书题名“□□阿和供养佛”，“亡侄阿也供养”，“亡侄孟虎供养”，“亡息阿奴供养”。

第160窟

修建时代：北魏（隋重修）

洞窟形制：方楣方形平顶窟

内容：正壁隋画莲花。底层画飞天、火焰纹佛背光。

右壁隋画胁侍菩萨项光，供养人八组，每组二身。底层画比丘。

窟顶隋画飞天七身、坐佛一身。

题记：右壁供养人墨书题名“姜氏妹小晖□□供养佛时”，“妹小□持花供养”、“妹□晖持花供养佛时”，“祖母齐供养□□”，“母田持花供□□□”，“母□□持花供养佛时”，“卫□洪晖供养佛时”。

第161窟

修建时代：北魏

洞窟形制：方形平顶窟

内容：正壁塑坐佛一身，左、右弟子（迦叶、阿难）各一身。

正壁佛背光两侧上部画弟子各三身，中部禅定比丘各一身，下部佛座两侧各画莲花、火焰。

左壁上部画女供养人二身，下部力士一身。

右壁下部画力士一身。

第162窟

修建时代：北魏

洞窟形制：方楣方形平顶窟

内容：正壁塑坐佛一身，左侧影塑立佛、菩萨各一身。

左壁塑坐佛一身，右侧影塑菩萨一身。

右壁塑坐佛一身，坛基上置影塑立佛、菩萨各一身。

三壁画火焰纹佛背光，背光上画花卉。

窟顶画飞天二身。

第163窟

修建时代：北魏

洞窟形制：方形平顶窟；正壁左、右各开上下三小龛；左、右壁前部各开一龛，上部各开七小龛（左壁存六小龛，右壁七小龛）；前壁右侧上部存三小龛

内容：正壁塑坐佛一身。左侧上小龛内右侧塑供养菩萨一身；中小龛内右侧胁侍菩萨一身，下小龛内左、右胁侍菩萨各一身；龛外影塑交脚菩萨三身、菩萨一身、供养菩萨五身。右侧中小龛内右侧塑胁侍菩萨一身；下小龛内左、右胁侍菩萨各一身；龛外影塑交脚菩萨三身、供养菩萨四身。

左壁后部塑胁侍菩萨一身；右侧影塑交脚菩萨二身、坐佛三身。前部龛内塑交脚菩萨一身。上部六小龛内胁侍菩萨各一身。

右壁后部塑胁侍菩萨一身；左侧影塑坐佛一身，右侧上方坐佛二身。前部龛内塑倚坐佛一身；龛外右侧影塑坐佛二身、立佛一身、供养菩萨三身、女供养人

三身。上部七小龛内坐佛各一身（存五身），左、右胁侍菩萨各一身（存十身）。

前壁右侧上部小龛内影塑坐佛一身、供养菩萨三身。

正壁画飞天、化佛、火焰纹佛背光。

左、右壁各画化佛、火焰纹佛、菩萨背光。

窟顶画菩萨。

题记：正壁右侧墨书“比丘尼□□供养佛时”，□女大赵□主供养佛时”，“清信□香供养佛时”，“清信□姜供养佛时“，”清信赵□婆供养佛时”。

第164龛

修建时代：北魏

洞窟形制：圆券龛

内容：龛内塑坐佛一身。

第165窟

修建时代：北魏（宋重修）

洞窟形制：横长方形平顶窟

内容：正壁宋塑菩萨坐像一身，左、右侍者各一身。

左、右壁宋塑菩萨各一身。右壁前置北魏塑菩萨一身。

三壁北魏画化佛、火焰纹菩萨背光。正壁上部画千佛，底层早期画飞天。左壁上部画伎乐天。

题记：左壁菩萨背光墨书“惟大宋庆元丙辰四月初八日……”。

第166窟

修建时代：北魏

洞窟形制：方形平顶窟，正壁左、右各开上下三小龛

内容：正壁塑坐佛一身。

第167窟

修建时代：北魏

洞窟形制：圆券龛

内容：存须弥座及壁画佛背光。

注：被第98龛立佛足下云头打破。

第168窟

修建时代：北周

洞窟形制：石阶廊道

内容：石阶左下嵌石碑四通：姚江胡安《游麦积山次泰豁甘公韵》，嘉靖庚申孟冬□（衰）北海少州冯惟讷书《游麦积山四首》，邺郡西埜李篴题《隆庆元年四月望日登麦积岩小憩二绝》，嘉靖甲子夏蜀人秦豁甘茹识《重游麦积山六首与乐山胡公同赋》。壁前立崇祯十五年九月十五日庚午举人姚隆运撰《麦积山开除常住地粮碑》。

廊下嵌石碑一通：万历乙卯四山君《宿麦积禅林》。

题记：石阶壁上刻“武城李琦□河南赵明伯同游乙亥七夕”，“贾源　按部游政和戊戌九月十八日书”，“留题二首路入青松翠霭间斜阳倒影下溪湾此中猿鹤休相顾谢傅东归自有山大抵襟怀要自然圣贤事业本优闲东山不负苍生望更有何人继谢安陈留李师中罢使与傅君□陈君琪庞君元直吕君大忠游遂宿弟纯中男称优侍行熙宁三年六月二十四日□令吴安规供职事以□”。

第169龛

修建时代：北魏

洞窟形制：圆券龛，与第69龛合为双龛

内容：龛内塑交脚菩萨一身，左侧胁侍菩萨一身，座左侧塑狮子一身。

龛外壁与第69龛之间浮雕交龙。

第170龛

修建时代：北魏

洞窟形制：圆券龛

内容：龛内左侧影塑胁侍菩萨一身、飞天一身。

第171龛

修建时代：不明

洞窟形制：浅龛

内容：无。

第172窟

修建时代：西魏

洞窟形制：方形平顶窟，前部、右壁坍毁，正、左壁各开一龛

内容：正壁龛内塑坐佛一身，龛外左侧胁侍菩萨一身。

左壁龛内塑坐佛一身，龛外右侧弟子一身。

正壁龛内画佛背光，左、右弟子各一身。

第173窟

修建时代：不明

洞窟形制：窟，已坍毁

内容：无。

第174窟

修建时代：不明

洞窟形制：残窟

内容：无

题记：窟顶墨书“万历四十五年重建天桥……张兴樊氏李门马氏陈孟宣李氏刘进学杨氏光道张氏”。

第175龛

修建时代：北魏（宋重修）

洞窟形制：马蹄形平顶龛，前半部、窟底坍毁

内容：正壁画火焰纹佛背光，上部二飞天，左右坐佛各二身。

龛顶宋画流云、飞天等。

第176窟

修建时代：不明

洞窟形制：残窟，前部坍毁

内容：无。

第177窟

修建时代：不明
洞窟形制：残窟，前部坍毁
内容：无。

第 178 窟

修建时代：不明
洞窟形制：残窟，前部坍毁
内容：无。

第 179 龛

修建时代：不明
洞窟形制：残龛
内容：无。

第 180 龛

修建时代：不明
洞窟形制：圆券龛
内容：仅存须弥座石胎。

第 181 龛

修建时代：北魏（宋重修）
洞窟形制：浅龛
内容：龛内塑（宋重塑）坐佛一身。

第 182 龛

修建时代：不明
洞窟形制：圆券龛
内容：无。

第 183 龛

修建时代：北魏
洞窟形制：浅龛
内容：残存壁画白描人物。

第 184 龛

修建时代：不明
洞窟形制：圆券龛
内容：无。

第 185 龛

修建时代：不明
洞窟形制：圆券龛
内容：无。

第 186 龛

修建时代：不明
洞窟形制：圆券龛
内容：无。

第 187 龛

修建时代：不明
洞窟形制：圆券龛
内容：无。

第 188 龛

修建时代：不明
洞窟形制：浅龛
内容：无

第 189 龛

修建时代：隋
洞窟形制：残龛壁画
内容：壁画千佛（仅存数身）

第 190 龛

修建时代：不明
洞窟形制：圆形穹窿顶龛
内容：龛内原置石雕佛一铺，现存于文物库房。

第 191 龛

修建时代：西魏（宋重修）
洞窟形制：摩崖造像，上部开一圆券龛
内容：上部龛内宋塑倚坐佛一身，右侧弟子一身。龛外两侧塑（宋重修）交脚菩萨各一身。龛下塑（宋修）迦楼罗一身，左、右下方塑（宋修）蹲狮各一身。

第 192 龛

修建时代：不明
洞窟形制：残龛
内容：无。

第 193 龛

修建时代：不明
洞窟形制：残龛
内容：无。

第 194 龛

修建时代：不明
洞窟形制：残龛
内容：石雕、泥塑造像残迹。

THE GROTTO ART OF CHINA

THE MAIJISHAN GROTTOES

COMPILED AND EDITED BY

THE ART INSTITUTE OF THE MAIJISHAN GROTTOES, TIANSHUI

CULTURAL RELICS PUBLISHING HOUSE

BEIJING

TABLE OF CONTENTS

LIST OF PLATES

47. Worshipper, mold, stucco, lower right part, main wall, Northern Wei, cave 76.

48. Worshippers, mural painting, front part, left wall, Northern Wei, cave 76.

49. Worshipper, mold, stucco, lower rear part, right wall, Northern Wei, cave 76.

50. Worshippers, mold, stucco, lower left part, main wall, Northern Wei, cave 76.

51. Cross-legged bodhisattva and left attending bodhisattva, stucco, Northern Wei, niche 169.

52. Interior view, niche 69.

53. Right attending bodhisattva, detail, stucco, right wall, Northern Wei, niche 69.

54. Molds, stucco, right part, main wall, Northern Wei, cave 93.

55. Interior view, cave 115.

56. Right attending bodhisattva, stucco, right wall, Northern Wei, cave 115.

57. Left attending bodhisattva, stucco, left wall, Northern Wei, cave 115.

58. Seated buddha, stucco, main wall, Northern Wei, cave 115.

59. Cause and condition narrative scene, mural painting, rear part, main wall, Northern Wei, cave 115.

60. Seated buddha, stucco, main wall, Northern Wei, cave 114.

61. Seated buddha and right attending bodhisattva, stucco, left wall, Northern Wei, cave 114.

62. Seated buddha and left attending bodhisattva, stucco, main wall, Northern Wei, cave 155.

63. Half-cross-legged bodhisattva, stucco, upper niche, left part, main wall, Northern Wei, cave 155.

64. Niches and *Kāśyapa*, stucco, left wall, Northern Wei, cave 155.

65. Seated buddha and right attending bodhisattva, stucco, main and right walls, Northern Wei, cave 23.

66. Worshippers, mural painting, lower right part, main wall, Northern Wei, cave 23.

67. Nun, stucco, front part, right wall, Northern Wei, cave 154.

68. *Apsaras*, mural painting, ceiling, Northern Wei, cave 154.

69. *Lishi*, stucco, detail, left part, front wall, Northern Wei, cave 154.

70. *Lishi*, stucco, detail, left part, main wall, Northern Wei, cave 154.

71. *Kāśyapa*, stucco, detail, rear part, right wall, Northern Wei, cave 85.

72. Right attending bodhisattva, stucco, detail, front part, left wall, Northern Wei, cave 85.

73. *Lishi*, stucco, detail, left part, front wall, Northern Wei, cave 83.

74. *Lishi*, stucco, detail, right part, front wall, Northern Wei, cave 112.

75. Nun, stucco, detail, left part, main wall, Northern Wei, cave 122.

76. Monk and right attending bodhisattva, stucco, detail, right corner, main wall, Northern Wei, cave 122.

77. Monk and right attending bodhisattva, stucco, right corner, main wall, Northern Wei, cave 121.

78. Disciples, stucco, area in the niche, main wall, Northern Wei, cave 121.

79. Monk and right attending bodhisattva, stucco, detail, right corner, Northern Wei, cave 121.

80. Nun and left attending bodhisattva, stucco, left corner, main wall, Northern Wei, cave 121.

81. Nun and left attending bodhisattva, stucco, detail, left corner, main wall, Northern Wei, cave 121.

82. Nun, stucco, left part, main wall, Northern Wei, cave 101.

83. Monk and right attending bodhisattva, stucco, main and right walls, Northern Wei, cave 101.

84. Cross-legged bodhisattva, stucco, detail, left wall, Northern Wei, cave 101.

85. Nun, stucco, detail, left part, main wall, Northern Wei, cave 101.

86. Interior view, front part, Northern Wei and Song, cave 133.

87. *Rāhula* receiving Buddha's prophecy, stucco, detail, front part, Song, cave 133.

88. Niche 3, Northern Wei, cave 133.

89. Right attending bodhisattva, stucco, right wall, Northern Wei, niche 1, cave 133.

90. Lintel above niche, Northern Wei, niche 11, cave 133.

91. Right attending bodhisattva, stucco, detail, right wall, Northern Wei, niche 6, cave 133.

92. *Ānanda*, stucco, detail, right wall, Northern Wei, niche 9, cave 133.

93. Stele 1, face, stone carving, Northern Wei, cave 133.

94. Stele 1, reverse, stone carving, Northern Wei, cave 133.

95. Stele 10, face, stone carving, Northern Wei, cave 133.

96. Stele 11, face, stone carving, Northern Wei, cave 133.

97. Stele 11, face, stone carving, detail, Northern Wei, cave 133.

98. Stele 11, face, stone carving, detail, Northern Wei, cave 133.

99. Stele 12, face, stone carving, Northern Wei, cave 133.

100. Stele 13, face, stone carving, Northern Wei, cave 133.

101. Stele 16, face, stone carving, Northern Wei, cave 133.

102. Seated buddha, stucco, Northern Wei, niche 138.

103. Left attending bodhisattva and *lishi*, stucco, left wall, Northern Wei, cave 139.

104. Interior view, Northern Wei, cave 139.

105. Mural painting, front part, right wall, Northern Wei, cave 140.

106. Left attending bodhisattva, stucco, main wall, Northern Wei, cave 140.

107. Nun, stucco, detail, front part, right wall, Northern Wei, cave 140.

108. Main wall, Northern Wei, cave 142.

109. Left wall, Northern Wei, cave 142.

110. Right wall, Northern Wei, cave 142.

111. Right attending bodhisattva and nun, stucco, right corner, main wall, Northern Wei, cave 142.

112. Left attending bodhisattva and monk, stucco, left corner, main wall, Northern Wei, cave 142.

113. Auspicious figures at *Xiangtoushan*, stucco, right corner, main wall, Northern Wei, cave 142.

114. Auspicious figures at *Niutoushan*, stucco, left corner, main wall, Northern Wei, cave 142.

115. Seated buddha and right attending bodhisattva, stucco, main and right walls, Northern Wei, cave 159.

116. Right attending bodhisattva, stucco, right wall, Northern Wei, cave 159.

117. Molds, stucco, left corner, main wall, Northern Wei, cave 159.

118. Cross-legged bodhisattva and attending bodhisattvas, mold, stucco, right part, main wall, Northern Wei, cave 159.

119. Worshippers, mold, stucco, right part, main wall, Northern Wei, cave 159.

120. Chaired buddha, stucco, right wall, Northern Wei, cave 163.

121. Left attending bodhisattva, stucco, detail, right wall, Northern Wei, cave 163.

122. Left wall, Northern Wei, cave 163.

123. Big standing buddha and right attending bodhisattva, stucco, detail, Northern Wei, open on the cliff 98.

124. Big standing buddha, stucco, detail, Northern Wei, open on the cliff 98.

125. Seated buddha, stucco, main wall, Northern Wei, cave 16.

126. Seated buddha, stucco, detail, main wall, Northern Wei, cave 120.

127. Left attending bodhisattva, stucco, detail, right wall, Northern Wei, cave 120.

128. Worshippers, mural painting, right part, main wall, Northern Wei, cave 120.

129. Worshippers, mural painting, left part, main wall, Northern Wei, cave 120.

130. Seated buddha, stucco, detail, main wall, Western Wei, cave 102.

131. *Mañjuśrī*, stucco, detail, right wall, Western Wei, cave 102.

132. *Ānanda*, stucco, detail, right part, main wall, Western Wei, cave 102.

133. Standing bodhisattva, stucco, detail, left part, main wall, Western Wei, cave 102.

134. *Vimalakīrti*, stucco, left wall, Western Wei, cave 102.

135. Main wall, Western Wei, cave 123.

136. Right wall, Western Wei, cave 123.

137. Left wall, Western Wei, cave 123.

138. *Mañjuśrī*, stucco, right wall, Western Wei, cave 123.

139. *Vimalakīrti*, stucco, left wall, Western Wei, cave 123.

140. Female attendant, stucco, front part, right wall, Western Wei, cave 123.

141. Male attendant, stucco, front part, left wall, Western Wei, cave 123.

142. Female attendant, stucco, detail, front part, right wall, Western Wei, cave 123.

143. Male attendant, stucco, detail, front part, left wall, Western Wei, cave 123.

144. Exterior view, cave 43.

145. Exterior view, cave 30.

146. Left attending bodhisattva, stucco, detail, Song, cave 43.

147. Right attending bodhisattva, stucco, detail, Song, cave 43.

148. Worshipping bodhisattva, low relief, stucco, left part, main wall, Song, cave 43.

149. *Lishi*, stucco, detail, front corridor, left part, Song, cave 43.

150. *Lishi*, stucco, detail, front corridor, right part, Song, cave 43.

151. Niche, main wall, Western Wei, cave 127.

152. *Apsaras*, halo, stone carving, detail, niche, main wall, cave 127.

153. *Apsaras*, halo, stone carving, detail, niche, main wall, cave 127.

154. Right attending bodhisattva, stone carving, niche, main wall, Western Wei, cave 127.

155. Right attending bodhisattva, stucco, detail, niche, left wall, Western Wei, cave 127.

156. Left attending bodhisattva, stucco, detail, niche, right wall, Western Wei, cave 127.

157. Scenes from Nirvana sutra, mural painting, right part, area above niche, main wall, Western Wei, cave 127.

158. Left attending bodhisattva, stucco, detail, niche, left wall, Western, Wei, cave 127.

159. Scenes from Nirvana sutra, mural painting, detail, left part, area above niche, main wall, Western Wei, cave 127.

160. Scenes from *Vimalakīrti-nirdeśa-sūtra*, mural painting, area above niche, left wall, Western Wei, cave 127.

161. Scenes of the Western Paradise, mural painting, area above niche, right wall, Western Wei, cave 127.

162. Seven buddhas, mural painting, detail, right part, area above opening, front wall, Western Wei, cave 127.

163. Ten virtues and ten vices, mural painting, detail, left part, area above opening, front wall, Western Wei, cave 127.

164. Prince *Sattva* jataka, mural painting, detail, right slant, ceiling, Western, Wei, cave 127.

165. Prince *Sattva* jataka, mural painting, detail, left slant, ceiling, Western Wei, cave 127.

166. Jataka scenes, mural painting, detail, rear slant, ceiling, Western Wei, cave 127.

167. Prince *Suyāma* jataka, mural painting, front slant, ceiling, Western Wei, cave 127.

168. *Śakra devendra*, mural painting, ceiling, Western Wei, cave 127.

169. Prince *Sattva* jataka, mural painting, detail, Western Wei, right slant, ceiling, cave 127.

170. Prince *Suyāma* jataka, mural painting, detail, left part, front slant, ceiling, cave 127.

171. Prince *Suyāma* jataka, mural painting, detail, left part, front slant, ceiling, cave 127.

172. Niche, left wall, Western Wei, cave 135.

173. Standing buddha and attending bodhisattvas, stone carving, Western Wei and Song, cave 135.

174. Chaired buddha, stucco, detail, left niche, main wall, Northern Zhou, cave 135.

175. Scenes from Nirvana sutra, mural painting, detail, area above central niche, main wall, Western Wei, cave 135.

176. Scenes from Nirvana sutra, mural painting, detail, area above right niche, main wall, Western Wei, cave 135.

177. Scenes from Nirvana sutra, mural painting, detail, area above left niche, main wall, Western Wei, cave 135.

178. Mural painting, area above opening, front wall and ceiling, Western Wei, cave 110.

179. Exterior view, cave 20.

180. Seated buddhas and left attending bodhisattva, stucco, main and left walls, Western Wei, cave 20.

181. Seated buddha, stucco, main wall, Western Wei, cave 20.

182. Seated buddha and right attending bodhisattva, stucco, main wall, Western Wei, cave 44.

183. Seated buddha, stucco, detail, main wall, Western Wei, cave 44.

184. Right attending bodhisattva, stucco, detail, main wall, Western Wei, cave 44.

185. *Ānanda*, stucco, detail, left wall, Western Wei, cave 44.

186. *Kāśyapa*, stucco, detail, front part, right wall, Western Wei, cave 87.

187. Left attending bodhisattva, stucco, detail, Western Wei, cave 88.

188. Seated buddha, left attending bodhisattva and disciple, stucco, main and left walls, Western Wei, cave 172.

189. Interior view, niche 132.

190. Seated buddha, stucco, detail, main wall, Western Wei, niche 146.

191. Right attending bodhisattva, stucco, main wall, Western Wei, niche 146.

192. Seated buddha, stucco, main wall, Western Wei, niche 147.

193. Standing bodhisattva, stucco, left wall, Western Wei, cave 92.

194. Monk, stucco, right wall, Western Wei, cave 92.

195. Main and left walls, Western Wei, cave 162.

196. Seated buddha, stucco, detail, main wall, Western Wei, cave 161.

197. *Kāśyapa*, stucco, detail, left wall, Western Wei, cave 161.

198. *Ānanda*, stucco, detail, right wall, Western Wei, cave 161.

199. Interior view, niche 60.

200. Right attending bodhisattva, stucco, detail, Sui, niche 60.

201. Left attending bodhisattva, stucco, Western Wei, niche 60.

202. Seated buddha, stucco, detail, Western Wei and Sui, niche 60.

203. Seated buddha, stucco, detail, Western Wei and Northern Zhou, niche 54.

204. Left attending bodhisattva, stucco, detail, Western Wei and Northern Zhou, niche 54.

205. Seated buddha, stucco, main wall, Northern Zhou, cave 141.

206. Left attending bodhisattva, stucco, detail, main wall, Northern Zhou, cave 141.

207. Seated buddha, stucco, rear part, right wall, Northern Zhou, cave 141.

208. Seated buddha, stucco, rear part, left wall, Northern Zhou, cave 141.

209. Seated buddha and left attending bodhisattva, stucco, Northern Zhou, niche 45.

210. Seated buddha, stucco, Northern Zhou, niche 55.

211. Seated buddha, stucco, detail, Northern Zhou, niche 18.

212. Left attending bodhisattva, stucco, main wall, Northern Zhou, cave 36.

213. Seated buddha, stucco, detail, rear part, right wall, Northern Zhou and Song, cave 36.

214. Right attending bodhisattva, stucco, detail, main wall, Northern Zhou, cave 36.

215. Seated buddha and disciple, stucco, main wall, Northern Zhou, cave 22.

216. Disciple and left attending bodhisattva, stucco, left corner, main wall, Northern Zhou, cave 22.

217. Seated buddha, stucco, detail, main wall, Northern Zhou, cave 22.

218. Main wall, Northern Zhou, cave 62.

219. Left wall, Northern Zhou, cave 62.

220. Right wall, Northern Zhou, cave 62.

221. Two attending bodhisattvas, stucco, left corner, main wall, Northern Zhou, cave 62.

222. Myriad buddhas corridor, Northern Zhou, open on the cliff 3.

223. Low reliefs, stucco, Northern Zhou, niche 31.

224. Front corridor, Northern Zhou, cave 4.

225. Niche depicting *Vimalakīrti-nirdeśa-sūtra*, upper left wall, front corridor, Northern Zhou and Song, cave 4.

226. Niche depicting *Vimalakīrti-nirdeśa-sūtra*, upper right wall, front corridor, Northern Zhou and Song, cave 4.

227. *Lishi*, stucco, left wall, front corridor, Song, cave 4.

228. *Lishi*, stucco, detail, right wall, front corridor, Song, cave 4.

229. The eight heavenly beings and dragons(1), low relief, stucco, main wall, front corridor, Northern Zhou, cave 4.

230. The eight heavenly beings and dragons(2), low relief, stucco, main wall, front corridor, Northern Zhou, cave 4.

231. The eight heavenly beings and dragons(3), low relief, stucco, main wall, front corridor, Northern Zhou, cave 4.

232. The eight heavenly beings and dragons(4), low relief, stucco, main wall, front corridor, Northern Zhou, cave 4.

233. The eight heavenly beings and dragons(5), low relief, stucco, main wall, front corridor, Northern Zhou, cave 4.

234. Ceiling, right part, front corridor, Northern Zhou, cave 4.

235. *Apsaras*, mural painting, area above niche, front corridor, Northern Zhou, cave 4.

236. Mural painting, ceiling, right part, front corridor, Northern Zhou, cave 4.

237. Mural painting, ceiling, left part, front corridor, Northern Zhou, cave 4.

238. *Apsaras*, mural painting, area above niche, main wall, front corridor, Northern Zhou, cave 4.

239. *Apsaras*, mural painting, area above niche, main wall, front corridor, Northern Zhou, cave 4.

240. *Apsaras*, mural painting, area above niche, main wall, front corridor, Northern Zhou, cave 4.

241. *Apsaras*, mural painting, area above niche, main wall, front corridor, Northern Zhou, cave 4.

242. *Apsaras*, mural painting, detail, area above niche, main wall, front corridor, Northern Zhou, cave 4.

243. *Apsaras*, mural painting, detail, area above niche, main wall, front corridor, Northern Zhou, cave 4.

244. *Apsaras*, mural painting, detail, area above niche, main wall, front corridor, Northern Zhou, cave 4.

245. Seated buddha, disciple and standing bodhisattvas, stucco, main and right walls, Sui, Song and Ming, niche 7, cave 4.

246. Standing bodhisattva, stucco, left wall, Sui, Song and Ming, niche 6, cave 4.

247. Standing bodhisattva, stucco, right wall, Sui, Song and Ming, niche 6, cave 4.

248. Interior view, cave 9.

249. *Lishi*, stucco, detail, right part, area out of niche, Northern Zhou, cave 48.

250. Seated bodhisattva, stucco, left niche, Yuan, cave 48.

251. *Lishi*, stucco, detail, area between niches, Northern Zhou, cave 48.

252. Scenes from Nirvana sutra, mural painting, detail, rear slant, ceiling, Northern Zhou, cave 26.

253. Scenes from Nirvana sutra, mural painting, detail, right slant, ceiling, Northern Zhou, cave 26.

254. Scenes from Nirvana sutra, mural painting, detail, left slant, ceiling, Northern Zhou, cave 26.

255. Scenes from Nirvana sutra, mural painting, detail, right part, rear slant, ceiling, Northern Zhou, cave 26.

256. Scenes from Lotus sutra, mural painting, detail, rear slant, ceiling, Northern Zhou, cave 27.

257. Scenes from Nirvana sutra, mural painting, detail, left part, rear slant, ceiling, Northern Zhou, cave 26.

258. Scenes from Lotus sutra, mural painting, detail, left slant, ceiling, Northern Zhou, cave 27.

259. Interior view, niche 94.

260. Right attending bodhisattva and disciple, stucco, Sui, niche 94.

261. Left attending bodhisattva and disciple, stucco, Sui, niche 94.

262. Chaired buddha and left attending bodhisattva, stucco, Sui, niche 67.

263. *Lishi*, stucco, detail, Sui, niche 67.

264. Left attending bodhisattva and *lishi*, stucco, left corner, main wall, Sui, cave 14.

265. Left attending bodhisattva, stucco, detail, main wall, Sui, cave 14.

266. Big chaired buddha with surrounding caves and niches, open on the cliff 13.

267. Right attending bodhisattva, stucco, detail, main wall, Sui, cave 12.

268. Left attending bodhisattva, stucco, detail, main wall, Sui, cave 12.

269. Disciple, stucco, detail, left part, front wall, Sui, cave 12.

270. Disciple, stucco, detail, right part, front wall, Sui, cave 12.

271. Right attending bodhisattva, stucco, detail, main wall, Sui, niche 37.

272. Right attending bodhisattva, stucco, detail, main wall, Sui, cave 24.

273. Left attending bodhisattva, stucco, detail, main wall, Sui, cave 24.

274. Disciple, stucco, detail, right part, main wall, Sui, cave 24.

275. Worshippers, mural painting, right wall, Sui, cave 160.

276. *Apsaras*, mural painting, right part, ceiling, Sui, cave 160.

277. Exterior view, cave 5.

278. *Maheśvara*, stucco, left part, main wall, front corridor, Sui and Ming, cave 5.

279. Right niche, main wall, front corridor, Sui and Ming, cave 5.

280. Mural painting, lintel and area above lintel, right part, main wall, Tang, cave 5.

281. Mural painting, ceiling, right part, front corridor, Tang, cave 5.

282. Scenes of the Western Paradise and worshippers, mural painting, detail, area above right niche, main wall, front corridor, Tang, cave 5.

283. Worshippers, mural painting, detail, area above right niche, main wall, front corridor, Tang, cave 5.

284. Seated bodhisattva, female attendant and left attending bodhisattva, stucco, main and left walls, Northern Wei and Song, cave 165.

285. Right attending bodhisattva and female attendant, stucco, right corner, main wall, Song, cave 165.

286. Right attending bodhisattva, stucco, detail, right wall, Song, cave 165.

287. Left attending bodhisattva, stucco, detail, left wall, Song, cave 165.

288. Female attendant, stucco, detail, right part, main wall, Song, cave 165.

289. Female attendant, stucco, detail, left part, main wall, Song, cave 165.

290. Cross-legged bodhisattva, stucco, right part, area out of niche, Song, niche 191.

291. Cross-legged bodhisattva, stucco, left part, area out of niche, Song, niche 191.

292. Chaired buddha, stucco, detail, Song, niche 191.

293. Disciple, stucco, detail, right part, niche, Song, niche 191.

294. *Garuḍa*, stucco, detail, lower part, area out of niche, Song, niche 191.

295. Lion, stucco, detail, lower left part, area out of niche, Song, niche 191.

296. Seated buddha, stucco, main wall, Yuan, cave 35.

297. Bodhisattva, stucco, detail, Ming, cave 25.

298. Buddha in Nirvana, stucco, detail, Ming, cave 1.